KB182994

탑골공원의
역사적 의미

탑골 공원의 역사와 의미

초판 1쇄 발행 / 2024년 12월 15일
지은이 / 탑골공원성역화추진위원회
펴낸이 / 이연숙

펴낸곳 / 도서출판 덕주
출판등록 / 제2024-000061호
주소 / 서울시 종로구 삼일대로457 1502호(경운동)
전화 / 02-734-1470
팩스 / 02-6280-7331
이메일 / duckjubooks@naver.com
블로그 / blog.naver.com/duckjubooks

ISBN: 979-11-988146-6-1(93910)

ⓒ 탑골공원성역화추진위원회, 2024

출판사와 저작권자의 허락 없이 이 책의 도판과 텍스트 사용을 금합니다.
책값은 뒤표지에 있습니다. 잘못된 책은 구입처에서 바꾸어 드립니다.
저작권자와협의하에 인지를 붙이지 않습니다.

The center of Seoul
It's located in Tapgol Park
fusion analysis

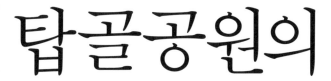

탑골공원의
역사적 의미

| 탑골공원성역화추진   위원회편 |

양홍진

임정규

최건업

김영수

김명구

장우순

김지영

성강현

김동환

복기대

 덕주

『탑골공원의 역사적 의미』의
출간에 부쳐

──────── 이종찬

우당 이회영지사의 손자.
중국 상해출생, 4선의원, 정무장관, 국정원장 역임.
現(재)우당이회영선생교육문화재단 이사장,
광복회장,
탑골공원성역화 추진위원장

4

1.

1945년, 일제로부터 해방이 되자 할아버님과 아버님으로부터 말로만 듣던 조국, 대한민국에 들어왔다. 8살이라는 나이의 나는 조국이라는 것이 무엇인지 잘 몰랐지만 일제 밀정의 고발로 잡혀 타국에 몇 년간 옥살이를 한 아버님, 그리고 그 옥바라지를 다하신 어머님께서 이러저러다 할 말씀도 없으시면서 눈물을 흘리시는 것을 보았다. 중국에서 망명정부의 짐을 지고 이리저리 떠도실 때의 아픈 눈물과는 달리 그저 기쁜 모습으로 흘리는 눈물이었다. 기쁜 마음으로 어딘지도 모르는 살 집으로 들어가셨다. 어린 나는 거리를 돌아다니며 엊그제까지 썼던 중국말을 쓰지 않고 한국말로 동네 어르신들에게 인사도 하고 새로 만난 친구들과 얘기를 했다. 참으로 즐거웠던 시절이다.

지금이야 초등학교라 하지만 그때는 소학교라 하였는데 집에서 가까운 창신초등학교를 다니면서 어르신들의 심부름도 다니고 서울 구

1945년 상해로부터 귀국 기념사진(앞줄 가운데 태극기를 든 소년이 이종찬)

경도 할 겸 어기저기를 돌아다니며 처음으로 탑골공원을 구경하게 되었다. 중국에서 어렴풋이 듣기로 만세운동을 처음 시작하였다는 탑골공원을 들어가 본 것이다. 탑이 우뚝 솟아 있었고, 그 주위에 야트막하게 지어진 시설물이 있었다. 아버님, 어머님, 그리고 할아버님께 자주 들었던 곳이라 남다른 새김이 있는 장소였다.

초등학교를 졸업하고 경기고등학교를 다닐 때는 탑골공원은 늘 그 앞을 지나다니는 등하교 길이었기에 나에게는 일상생활이었다. 그곳에서 친구들과 많이 놀기도 하였고, 당시 경기여고를 다니던 집사람과 같이 앉아 얘기하기도 했던 곳이기도 하다. 이런 탑골 공원은 6·25를 견디고, 1950년대 한국의 살아 있는 정치현장이 되었고, 4·19때는 민주주의 지키겠다는 서울 시민들의 함성이 모아진 곳이기도 하다. 사관학교를 졸업하고 공무원으로 공직생활을 하면서 나의 생활공간은 해외근무를 제외하고는 탑골의 13층 해시계를 거의 벗어나지 않았다.

2.

그런 생활을 하다가 1980년대 종로구를 지역구로 하는 국회의원에 당선되면서 본격적으로 탑골공원에 대한 관심을 갖게 되었다. 그래서 현장을 자주 찾았고 어떻게 이 역사의 현장을 전국민의 공간으로 활용하도록 할까 하는 고민을 하면서 지역주민들과 협의를 하면서 하나씩 하나씩 문제를 풀어 나갔다.

1981년 당시 내가 한 일은 탑골공원을 둘러싸고 있던 상가건물

1982년 탑골공원 모습. —파고다아케이드로   1차 정비사업을 끝낸 후
둘러 쌓여있음(네이버).

'파고다 아케이드'를 허물고 환한 공간을 만든 일이었다. 당시 탑골
공원은 주변이 모두 상가로 둘러싸여 있어서 시민이 공원내부를 좀
처럼 보기 힘들었다. 이 문제를 풀기 위하여 우선 서울시와 협의 하
에 아케이드를 헐어내었다. 이 사업도 만만하지 않았는데, 아케이드
를 소유한 상점주들의 반발이 컸다. 마침 종로 지하상가와 2호선 지
하철상가를 활용할 수 있어서 이분들에게 손해 입히지 않고 옮기기
로 하였다. 그럼에도 적지 않은 민원이 발생하였지만 원만히 수습하
여 원래 계획대로 정비사업을 마칠 수 있었다. 두 번째 정비사업은
88서울올림픽을 앞두고 다시 시작했다. 담장도 다시 개방식으로 열
고 외부에서 공원의 내부를 볼 수 있도록 정비하였다.

　지난 일이지만 그때 협조를 해주신 많은 분들게 늦게나마 고마운
말씀을 전하는 바이다.

　그 뒤로도 많은 일들이 있었지만 하나하나 해결해가면서 이렇게
도 해보고, 저렇게도 해보면서 탑골공원의 오늘에 이른 것이다. 그
런데 두 번에 걸친 사업에서 가장 큰 문제는 낙원상가 아파트였다.
이 건물이 북편을 가로 막고 있어 탑골공원을 아무리 정비해도 빛
이 나질 않았다. 낙원아파트는 70년대 김현옥 서울시장 시절에 세워

탑골에서 본 낙원아파트

졌다. 도로 위에 아파트를 건립하여서 밑으로 차를 다닐 수 있게 한 작품인데 처음에는 도로의 효용도를 높이는 뉴 아이디어로 건설되었는지 모르나 이렇게 도시공간을 점유한 방법은 아마 세계적으로 유례가 없을 것이다. 더구나 시간이 지나면서 아파트는 낡아지고 도시의 흉물이 되었다. 그렇지만 여러 사정상 그대로 둘 수밖에 없었다.

그런데 언제부터인가 탑골 공원에 대한 안 좋은 소식이 들렸는데, 그 중에는 글로 남기기 민망할 정도의 안 좋은 얘기도 들렸다. 그런 소식을 들은 후 한참 후에 공원에 가봤는데, 말로 듣는 것보다 더 안 좋은 모습들이었다. 그런 모습을 보았지만 나이도 들었고 현실 정치를 떠난 지가 오래라 무엇 하나를 할 수 있는 처지가 아니었다. 그저 오다가다 보게 되면 아쉬운 마음만이 남을 뿐이었다.

3.
그러는 중에 지난 22년 지방 선거에서 젊은 시절 나와 같이 정치를 하였던 정재철 전 의원의 아들인 정문헌 전 의원이 종로구청장이

우리는 하나 입니다.

되었는데, 나와 잘 아는 구청장의 지인으로부터 구청장이 탑골공원을 정비할 생각을 가지고 있다는 것과, 그러면서 동시에 나에게 좋은 말씀을 해달라는 소식을 듣게 되었다. 그 소식을 전해 듣고 이제는 나이도 들고, 앞으로는 젊은 사람들이 일을 해야 한다고 거절을 하면서 필요할 때 경험담은 전해주겠다는 말을 들려 보냈다. 그렇게 하고 어떻게 진행할 것인지를 지켜보고 있는데, 나를 잘 아는 독립운동단체의 김삼열 회장께서 우리 집으로 찾아와 이 얘기를 다시 꺼냈고, 여러 사람들의 의견이라 하면서 다시 한 번 앞장서줄 것을 부탁하였다. 김회장님의 간곡한 부탁과 신임청장의 의견을 생각해보니 어쩌면 이국 땅 중경에서부터 들어왔던 그곳, 현실정치를 하면서 마음 두었던 곳, 그리고 지금 변한 탑골공원의 모습을 다시 우리 모든 국민의 공간으로 되돌려야 한다고 생각했던 그 바람을 실천해야 하는 것이 아닌가 하는 생각이 들었다. 결국 나와 평생을 같이한 황원섭, 심재득, 최창혁, 김기찬 등등 종로의 동지들과 협의하여 전면에 나서기로 결정하였다.

7대 종단 대표들이 참석한 성역화 선포식

성역화추진위원 위촉장 전달식

동지들의 뜻으로, 순수한 민간단체를 만들어 단체의 경비는 절대로 구청이나 다른 기관에서 지원을 받지 않도록 했다. 임시로 '탑골공원 성역화 주비위원회'를 구성하여 뜻이 있는 분들에게 설명하면서 동참하도록 설득하였고, 구청에도 이런 뜻을 전달하였다. 구청에서는 흔쾌히 동의하였고, 행정적으로 도울 것이 있으면 돕겠다고 하여 서로 도와 일을 추진하는 것으로 하였다. 이렇게 뜻을 모은 민관은 먼저 탑골공원의 성역화는 몇 사람을 위한 것이 아니고 전국민이 참여해야 의미가 있기 때문에 각계를 설득하였고, 그 결과 한국 종교의 대표격인 7대 총단에서 모두 참여하기로 하였다. 참 뜻깊은 일이다. 어쩌면 1919년 3·1항쟁 이후 우리나라의 7대 종단 대표들이 이런 행사에 모두 참여하는 것이 처음이 아닌가 하는 생각도 들었다. 그리고 더욱 뜻깊은 일은 2023년 3·1항쟁 기념식에 대한민국 임시정부 이승만 초대대통령의 손주 며느리와 김구 주석의 손자가 같이 손을 잡고 7대 종단의 대표들, 그리고 성역화추진위원들이 참여하는 기념식을 치른 것이다. 많은 사람들이 생각하기를 이승만 대통령과 김구 주석과는 사이가 좋지 않은 것으로 알려져 있으나 전혀 그렇지 않았다는 것을 이 자리에서 밝혀두는 바이다.

그 후 위원회는 자주 모임을 가지면서 일들을 해나갔는데, 성역화추진위원회는 주비위원회를 거쳐 추진위원회로 거듭났고, 많은 분들의 의견을 모아 종로 세무서에 임의단체로 등록을 하였다.

동시에 탑골공원을 학술적으로 연구해 볼 필요가 있었다. '성역'이라는 의미 있는 장소를 만들기 위해서는 학술적으로도 그 분명한 근거가 있어야 하기 때문에 종합적인 연구를 해보기로 한 것이다.

이틀에 걸쳐 학술회의를 진행하였는데 그동안 3·1항쟁의 성지로

성역화추진위원회 집행부의 간담회 모습

만 생각했던 그곳이 그 이상으로 많은 의미를 가지고 있었던 곳이라는 것을 알게 되었다. 나는 집안이 대일항쟁이라는 피어린 투쟁을 해온 집안으로, 이런 항쟁이 있기 전에 우리 역사는 어떠했을까 하는 많은 생각을 해본 적이 많이 있다. 서양이 근대를 형성하는 시기인 18·19세기에 조선에는 고루한 성리학자들만이 있었던 것이 아니고, 이 백탑 아래에서 박제가를 비롯한 선비들이 모여 조선의 앞날을 토론했다는 사실을 알게 된 것이다. 다만 그들의 뜻이 받아들여지지 않아 역사의 아픔을 겪어야 했던 것이다. 또 다른 하나는 이 원각사지 13층 석탑은 그 탑이 세워진 이래로 조선 지리의 중심이었고, 시계가 없던 그 시절에 한양의 시계가 되어 많은 백성들이 그 탑을 중심으로 시간을 알고 살았다는 것이다. 이런 사실을 비롯하여 더 많은 사실도 있는 것이 확인되면서 이곳은 대한민국의 여러 성지 중에 하나가 될 수 있는 충분한 역사적 근거가 있다는 것을 더욱더 확신하게 되었다.

탑골공원의 학술적 가치 조명을 위한 학술회의

이런 결과들을 가지고 추진위원회는 우선적으로 오세훈 서울시장과 면담하여 낙원아파트 철거문제를 건의하였다. 건의의 주요지는 '탑골공원은 현재 한국의 역사유적 중에서 영욕이 모두 남아 있는 곳이고, 최근 연구에 의하면 옛 한양의 중심이었다. 뿐만 아니라 종로는 동서로 관통하는 도로지만 종로에서 남북으로 관통하는 도로는 그리 많지 않다. 만약 낙원아파트가 헐린다면 탑골공원 일대는 서울의 센트럴 파크로서의 역할이 가능하고 종로에서 북촌까지 크게 또 멀리 조망되는 길이 생길 것이다. 그야말로 일석삼조의 효과를 볼 수 있을 것'이었다. 오세훈 시장은 이미 그 중요성을 알고 있었다.

"사실 시장되기 전 15년 전부터 필요성을 절감하고 있습니다. 다만 예산이 막대하여 엄두를 내지 못하고 있는데 반드시 실현하여야 합니다"

4.

탑골공원성역화 사업은 많은 분들의 순수한 바람으로 분명하게 그 방향을 잡았다. 이제는 한 단계 더 진전하여 실질적인 공사도 해야 된다. 이 공사에는 많은 어려움이 있을 것이다. 최근 코로나 이후로 전세계가 경제적으로 어려움을 겪고 있는데, 이런 어려움이 이 성역화 과업에 지장을 주지 않을까 걱정이 앞선다.

그러면서도 한편으로 내가 기억하는 1940년 이후 대한민국의 임시정부는 대부분의 사람들이 떠나갔지만 남은 어르신들이 피땀으로 간직한 대한민국 임시정부의 간판으로 해방을 맞이했고, 도망가던 조선총독부도, 해방군으로 들어온 미군정도 대한민국 임시정부 요인들과 대한민국의 미래를 상의하였던 것이다.

나는 어려서 대한민국 임시정부를 지키던 분들을 보고 자랐다. 그래서 누가 뭐래도 김구 주석을 존경하고, 이승만 대통령도 존경하는 것이다. 그렇게 어려운 시기에도 대한민국임시정부를 지켰는데, 지금 세상이 그 옛날보다는 비교가 안 될 정도의 시대인데 이 성역화과업을 이뤄내지 못한다는 것은 말이 되지 않는다고 생각하면서 해내기로 마음을 다져 먹은 것이다. 다만 이 사업이 종로구청의 힘만으로는 쉽지 않다. 그러나 종로구청이 중심이 되어야 하고, 그 종로구청에 조그만 힘이라고 되고자 내 나이 90을 바라보면서 이 과업을 이뤄내기 위해 나섰다. 내가 더 무엇을 바라겠나! 더디더라도 많은 사람들이 힘을 모아서 우리의 미래 세대들이 공감할 수 있는 이 나라의 성지가 만들기 위함뿐이다.

지금도 여러 가지 계획을 세우고 있지만 궁극적으로는 낙원아파트를 철거해야 근본문제가 해결될 수 있다고 모두 공감하고 있다. 우리는 희망을 갖고 있고 우리의 희망보다 더 큰 마음을 가지고 있는 서울시장도 있다는 것을 알게 되었다는 사실이 우리에게 용기를 주었다.

이종찬위원장 주재회의

탑골공원성역화사업은 종로에서 시작하였지만, 온 서울로 퍼지고, 그 힘이 온 대한민국으로 퍼져 나가야 한다. 그리고 그 힘을 받아서 한국의 중앙공원이라는 명물을 만들어 서울의 역사, 현재, 그리고 미래를 상상할 수 있는 공원으로 거듭날 수 있도록 최선을 다하자고 다시 한 번 다짐한다.

지금까지도 많은 분들이 힘을 모아주셨고 그분들에게 무한히 고맙다는 말씀을 드리면서 앞으로도 많은 도움을 부탁드린다는 말씀을 드리며 나의 소회를 마치고자 한다.

2024년 11월 26일
탑골공원 성역화추진위원장 이 종 찬 드림

630년 대한(大韓)의 중심에서 대동(大同) 세상을 꿈꾸다

정문헌

서울 종로 출생
정치학박사
17,19대 의원
유암장학재단 이사장 現종로구청장

16

1.

"오호라, 후세에 영토의 경계를 상세하게 고찰하지 않고, 망령되게 한사군의 땅을 모두 압록강 안쪽으로 몰아넣고 사실을 억지로 이끌어 구구하게 분배(分排)했다. 다시 '패수'를 그 안에서 찾아서 혹은 압록강, 혹은 청천강, 혹은 대동강을 패수라고 지칭했다. 그래서 조선의 강토는 싸우지도 않고 저절로 줄어들었다. 이는 무슨 까닭인가? 평양을 한 곳에 정해 놓고 패수의 위치를 그때그때 사정에 따라 앞으로 나가고 뒤로 물리기 때문이다."

연암 박지원의 열하일기(熱河日記) 中

우리 역사의 강역이 잘못된 역사 인식으로 축소되어버린 사실에 대한 박지원의 개탄은 오늘날까지 우리에게 많은 것들을 시사한다. 과감하게 의심하고 올바른 역사에 귀 기울이며 역사의 진실에 비추어 나아갈 때, 비로소 이전과는 다른 미래를 열 수 있다.

630년 서울의 길, 종로에 '탑골공원 성역화 범국민추진위원회'가 꾸려진 지 2년, 그간의 연구와 분석을 담은 『탑골공원의 역사적 이해』가 출간됐다. 많은 시민들과 함께 숙독(熟讀)할 수 있는 기회가 마련돼 매우 의미 있게 생각한다.

탑골공원은 단순한 역사 공간이 아니다. 서구식 근대화의 상징물에서 멈추어서도, 무심하게 방치되어서도 안 되는, 수많은 세상을 열었던 대한민국의 중요한 시대 표상이다.

대한민국 최초의 공원은 왕과 양반 등 지배계층이 소유하던 세상의 시간을 만백성도 차별 없이 누릴 수 있는 대동의 공간이었고, 중화사상에 젖어있던 지배계층 내부에서 세상의 흐름을 따라 새로운 희망의 싹을 틔우려고 했던 자성과 자강의 공간이었으며, 왕조의 시대에서 자유·민주·공화의 시민사회로 나아가기 위해 우리의 태를 묻은 탄생의 공간이었다.

『탑골공원의 역사적 이해』에는 탑골공원의 다양한 시·공간적 서사가 씨실과 날실이 되어 조화롭게 엮여졌다. 통시적 관점으로 바라본 탑골공원의 역사적 울림을 통해, 새로운 미래를 여는 깊이 있는 혜안을 마주할 수 있을 것이라 기대한다.

탑골공원에서 꿈꿨던 새로운 세상, 새로운 패러다임이 켜켜이 쌓여 지금의 대한민국으로 이어졌다. 하얗게 빛났던 국보 제2호 원각사지 13층 석탑은 보호각 안에, 모두가 한 공간에서 문화예술을 즐기고 누렸던 팔각정은 한적한 쉼터가 되었다. 다양한 빛으로 가득했던 그 때의 공간은 아니지만, 630년이 지난 지금도 자랑스럽게 일구

1884년의 백탑(경향신문 참조)

어낸 수많은 가치들과 치열하게 마주했던 수많은 희망만큼은 퇴색되지 않고 선명하게 살아 숨 쉬고 있다.

2.

동서남북 교차점, 경복궁과 창덕궁 한가운데, 세상의 중심에서 모두에게 평등하게 닿았던 자각의 빛은 마치 아르키메데스의 유레카였다. 자격루와 앙부일구를 통해 소수만이 누렸던 시간 세상이 활짝 열렸다.

과거 고려 남경의 중심, 복이 일어난다는 뜻을 지닌 흥복사는 세조 때 원각사로 확장되면서 도성 안에 가장 큰 사찰이 되었다. 그 자리에 함께 들어선 지금의 '원각사지 13층석탑'의 그림자가 오늘날 시계 시침과 분침이 되어주었다. 남산과 동일 남북 자오선(子午線) 상에 위치해 있었던 탑골공원에서 매일 남산의 가장 높은 봉우리에 걸린 해를 보며 만백성은 정오를, 시간을 인지했다. 이 세상에서만큼은 모두가 공평했다.

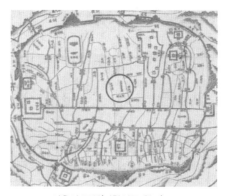

서울의 중심(경향신문 참조)

파동이 모여 거대한 에너지를 만들 듯, 조선의 개화 물결도 그러했다. 하얗고 아름다운 석탑 주위로 발산된 자성(自省)의 빛은 조선의 변혁을 이끌었다. 연암 박지원, 홍대용, 박제가 등 젊은 북학파 지식인들은 백탑을 중심으로 실용적 근대화를 갈망했다. 시대를 지배하고 있는 구 패러다임인 사대주의와 주자학설을 버리고 조선의 현실에 맞는 문물을 주체적으로 받아들이고자 했다.

백탑시사(白塔詩社)를 열며 천하를 논했던 18세기 조선의 신(新)지식인들은 개화의 선각(先覺)으로 스스로 국력을 튼튼하고 강하게 만들기 위해 고군분투했다. 그렇게 변법자강(變法自彊)의 태동이 시작됐다.

쉼 없이 뛰는 맥동은 대일항쟁기 10년, 1919년 3월 1일, 민족의 구심점이 되어 새로운 세상을 갈망했던 마음만큼이나 커다란 들불이 되어 퍼져나갔다. 팔각정을 드리웠던 '너와 내가 다르지 않다'는 홍익인간 정신은 숨 막히는 현실의 알을 깨고 또다시 새로운 희망의 문

〈탑원도소회지도(塔園屠蘇會之圖)〉 안중식, 1912 (우리문화 신문)

2023년 탑골공원 3·1항쟁 기념식

을 열게 해주었다.

"吾等(오등)은 (자)에 我(아) 朝鮮(조선)의 獨立國(독립국)임과 朝鮮人
(조선인)의 自主民(자주민)임을 宣言(선언)하노라. 此(차)로써 世界萬邦
(세계만방)에 告(고)하야 人類平等(인류평등)의 大義(대의)를 克明(극명)하
며, 子孫萬代(자손만대)에 誥(고)하야 民族自存(민족자존)의 正權(정권)
을 永有(영유)케 하노라."

"조선은 독립국이며 그 국민은 자유롭고 평등한 자주민이다."
왕조의 시대에서 시민의 시대로 나아가자는 민주공화국의 선포였
다. 더 이상 외세의 내정간섭을 받지 않는 독립주권국가임을, 일본의
총칼에 맞선 당당한 자주민임을 목 놓아 외쳤다.
탑골공원에 운집한 만백성의 공허했던 지난 10년의 시간이 민족

104주년 3·1항쟁기념식 및 탑골공원 성역화 선포식

의 빛으로 가득 채워진 순간이었다.

3.

탑골공원을 채운 역사의 순간들은 또 다른 세상으로 이끌었다. 인류공영과 세계 평화를 열었던 단호한 천명은 제헌헌법에, 나아가 우리 헌법을 통해 지금까지도 이어지고 있고, 한국전쟁을 겪고 한강의 기적을 보란 듯이 이뤄내며 산업화와 민주화를 성공적으로 이룩했다. 단 60여년 만에 경제 대국이 되기까지 수많은 역경 속에서도 다시 일어서 결국에는 멋진 결과를 이끌어낼 수 있었던 데에는 탑골공원에서 발원된, 지금도 쉼 없이 맥동하고 있는 생명력 넘치는 태동 덕분일 것이다.

시간의 중심, 자성의 중심, 민의의 중심이었던 탑골공원은 다시 그 위상을 회복해 모두가 함께하는 시민 공원으로 재정비된다. 탑골공원 성역화 범국민추진위원회가 꾸려지고 많은 것들이 개선됐다. 무료급식소를 이용하는 어르신들을 위한 대책을 마련하는 한편, 노점 및 노상적치물을 정비하는 등 안전하고 쾌적한 환경을 만들기 위해 모두가 마음을 모았다. 공간을 가로막았던 담장을 단계적으로 해체하는 사업을 본격화하며 올해 8월에는 폐쇄됐던 북문과 동문을 공식적으로 개방했다. 잠겨있던 빗장이 열리며 단절됐던 갇힌 공간이 열린 하나의 공간으로 연결됐다.

4.

탑골공원에 대한 성역화 사업이 시작되면서 대한민국 정체성과 역사적 의미를 되찾고 재조명하기 위한 고증 연구가 계속되고 있다.

탑골공원 성역화 추진위원 위촉장 전달식

단순한 휴게공간이 아닌 3·1운동의 의미와 교훈을 되새길 수 있는 시민공원으로의 준비도 함께한다. 『탑골공원의 역사적 이해』를 통해 탑골공원의 제대로 된 역사를 마주하며 진정한 복원의 의미를 함께 생각해보는 계기가 되었으면 한다.

시간은 흘렀지만, 여전히 우리 앞에 놓인 현실은 혹독하다. 우리 나라, 우리 겨레가 바람 앞의 등잔불 앞에 있을 때 우리의 아버지, 어머니가 그러했듯이, 우리는 우리의 미래인 아이들을 위해서 지금까지 그래왔듯, 한걸음씩 담대하게 미래를 열어가야 한다.

건국이념인 홍익인간의 정신을 살려, 인간애와 인간 존중, 동료 시민에 대한 공감과 연대 의식의 실천으로, 이분법적 사고, 이념적 갈등을 지양하고 하나로 뭉쳐야 한다. 각각의 다름을 인정하고 공존과 통합을 향해 통합정신을 갖추어 나갈 때, 우리는 더 큰 미래를 열 수 있다.

김진(김구주석 손자)과 조혜자여사(이승만대통령 며느리)

　모든 동력의 발원지는 630년 대한(大韓)의 중심 종로, 바로 탑골공원이 될 것이다. 새로운 세상을 몇 번이고 열었던, 탑골공원에 응축된 에너지는 다시 더 큰 꿈을 꿀 수 있는 커다란 기운이 되어, 종로가 세계의 본이 되고 대한민국의 울림으로 연결될 수 있도록 이끌어 줄 것이다. 탑골공원 성역화 범국민추진위원회와 함께, 대한민국의 모든 시민들과 함께 하나를 외치며 공동체를 회복해 나가기를 희망한다. 전 세계를 선도할 새로운 종로, 새로운 대한민국, 그리고 다시 찬란히 빛날 탑골공원과 함께.

2024년 11월 26일
종로구청장 정 문 헌

■ 『탑골공원의 역사적 의미』의 출간에 부쳐 _이종찬 _4

■ 630년 대한(大韓)의 중심에서 대동(大同) 세상을 꿈꾸다 _정문헌 _16

서울의 중심 탑골공원 입지의 융합적 분석 _ 양홍진·임정규

1. 머리말 _34

2. 탑골공원 입지에 관한 기초자료 조사 _38
   1) 탑골공원의 역사 _38
   2) 탑골공원의 위치 _39
   3) 조선초 한성의 중심 흥복사 _41
   4) 국책사업으로 진행된 원각사 창건 _42
   5) 탑골공원(원각사)의 지리적 특징 _43
   6) 도읍지의 배치 기준과 특징 _45

3. 탑골공원 위치에 관한 분석 _47
   1) 지도에서 찾은 탑골공원의 지리적 위치 _47
   2) 탑골공원의 천문학적 특징 _47

4. 원각사지 석탑과 천문학 _51

5. 현대 관측장비를 활용한 탑골공원 위치 분석 _53
   1) 한양성 대표 관문 동대문과 탑골공원의 위치 비교 _53
   2) 한양성 대표 지표지형 남산, 관상감과 탑골공원의 위치 비교 _55

6. 결론 _59

CONTENTS

홍복사지와 원각사의 역사적 의미 _최건업

1. 들어가는 말 _64

2. 홍복사의 흥망과 원각사의 창건 _67
   1) 홍복사의 흥망 _67
   2) 원각사의 창건 _68

3. 원각사의 건립배경 _71
   1) 정통성의 확보 _71
   2) 도덕성 회복과 왕권의 강화 _72
   3) 원각경과 원각사의 명칭 _74
   4) 한양의 중심에 원각사 건립 _76

4. 원각사의 역할과 기능 _79
   1) 한글 금속활자 제조와 백성의 개안 _80
   2) 수륙재와 빈민구제 _81
   3) 왕실행사와 국행제례 수행 _84
   4) 원각사의 쇠퇴 _85

5. 나오는 말 _87
   1) 결론 _87
   2) 제언 _90

대한제국 탑골공원의 탄생과 운영 _김영수

1. 머리말 _96

2. 탑골공원의 조성 배경 : 원각사지십층석탑의 훼손 _101

3. 탑골공원의 조성과 주체 _106

4. 탑골공원의 운영과 서양인의 탑골공원 방문 _121
   1) 탑골공원의 운영 _121
   2) 서양인의 탑골공원 방문 _126

5. 맺음말 _130

기독교의 근대의식과 삼일항쟁, 그리고 YMCA와 탑골공원 _김명구

1. 서언 _136

2. 기독교 병원과 기독교 학교의 역할 _139

3. 의료·교육선교를 통한 의식화 _142
   1) 의료·교육선교의 전개 _142
   2) 의료와 교육선교의 특성 _146

4. 기독교 학생들의 근대 의식화와 교육선교의 정치학 _149
   1) 기독교 학생들의 근대 의식화 _149
   2) 교육선교의 정치학 _152

5. 2·8독립선언 _155

6. 3·1항쟁 _159
   1) 그 전개 _159
   2) 그 기획 _163

7. 3·1항쟁에 있어서의 YMCA의 위치와 역할 _163
   1) 서울YMCA와 그 위치 _167
   2) 3·1항쟁에서 YMCA의 역할과 공헌 _171

8. 탑골공원 설립의 이념 _175

9. 여언 _183

'3·1혁명정신'과 '독립정신' _장우순

1. 서론 _190

2. '독립정신' _192
  1) 3·1혁명 이전 _192
  2) 3·1혁명 이후의 '독립정신' _198

3. '독립정신'의 기원 _206
  1) '독립정신'과 한국의 전통사상 _206
  2) 독립정신과 서구의 평등사상 _213

4. 3·1혁명과 독립정신 _218

5. 결론 _222

 3·1운동의 세계사적 의의 _김지영

1. 서론 _228

2. 『3·1운동과 한국의 상황』 나타난 외국인의 보고 및
   해외 언론의 보도 내용 _233

3. 결론 _253

천도교의 3·1독립운동 활동과 탑골공원 _성강현

1. 들어가며 _258

2. 동학·천도교의 민족운동 _261

3. 탑골공원과 3·1독립운동 _267

4. 탑골공원의 의암 손병희 동상 건립 _284

5. 나가며 _302

 대종교와 3·1운동의 연관성에 대한 검토 _김동환

1. 머리말 _308

2. 일제강점기 대종교적 공간으로서의 종로 _313

3. 대종교와 3·1운동 _320
   1) 시대적 배경 _320
   2) 「대동단결선언」 _328
   3) 「대한독립선언」 _332
   4) 대종교와 3·1운동 _342

4. 맺음말 _350

CONTENTS

탑골 공원의 역사와 의미 _복기대

1. 들어가는 말 _358

2. 탑골공원의 역사 _361
   1) 고려의 흥복사지 _361
   2) 흥복사에서 원각사로 _362
   3) 원각사의 새로운 시대 _364
   4) 백탑파의 출연 _367
   5) 선교사들의 등장 _369
   6) 고종을 위한 서양식 건축 _371
   7) 3·1항쟁 선언 _372
   8) 한국사 세우기 _374

3. 맺음말 _375

양홍진

한국천문연구원 고천문연구센터장 (책임연구원)
과학기술대학원대학교 (UST) 교수
한국천문학회 이사,
민주평화통일 자문위원
국립중앙과학관 과제 평가위원
통일과학기술연구협의회 회장

2005 세계 5대 천문학 저널 표지 논문 선정, 세계인명사전 등재
2006 한국과학기술총연합회 우수논문상 수상
2022 과학기술유공 과기정통부 장관상 수상

저서
디지털 천상열차분야지도 (2014), 천문을 담은 그릇 (2014),
천문고고통론(역, 2017), 북한천문용어집과용어사전(2021),
Handbook of Archaeoastronomy and Ethnoastronomy (2014, Springer) 외

임정규

구자곡초등학교 교장
인하대학교대학원 융합고고학과 박사과정수료
우리겨레박물관 운영위원장

논저
『인천의 원도사제 연구』(공저),
「입간측영(立竿測影)을 통해 만들어지는 각도기 기원에 관한 연구」(2021).
「해바라기 태양광 발전 창안 지도」(1998)
「바람의 영향을 덜 받는 구멍 뚫린 대형표지판 창안 지도」(2000),
「쉽고 정확한 만능 별자리 지시 세트 창안 지도」(2004) 등

서울의 중심 탑골공원 입지의
융합적 분석

머리말

탑골공원이 위치한 한양의 도시계획에는 유교의 예제와 풍수가 영향을 주었는데, 새 도읍지에 들어설 궁궐과 종묘 등의 주요 건축들이 위치할 장소나 도로의 계획은 모두 예제를 바탕으로 건설하였다. 예제 못지않게 한양의 입지와 공간 구성에 큰 영향을 준 것은 풍수였다. 한양은 풍수에 의해 백악산, 인왕산, 목멱산(남산), 낙산의 내사산으로 둘러싸인 위치에 위치하게 되었다.[2]

태조는 도읍지의 명칭을 한성부로 고치고 수도를 5부(部) 52방(坊)의 행정구역으로 분할하였다. 탑골공원은 중부 경행방(中部 慶幸坊)에 소속되어 한양의 중앙에 위치하게 되었다.

조선 세조 2년인 1456년 3월 28일 집현전 직제학 양성지는 '조선은 고려와 다르므로 악진해독에 대한 제도를 바꾸어야 한다'고 상소하였다. '개성을 기준으로 동해·남해·서해의 신사(神祠)를 정하였기 때문

---

2 『紫禁城과 景福宮의 空間構造比較研究』, 우박함, 석사학위논문, 대구대학교대학원, 2015.

에 조선의 방위와는 어긋난다'[3]는 것이었다.

양성지는 천자(天子)의 예에 의하여 오악(五岳)과 오진(五鎭), 사해(四海), 사독(四瀆)을 설치할 것을 건의하였는데, 세조는 이를 기꺼이 받아들였다.

빌건대 예관(禮官)에게 명하여 고정(考定)을 상세히 더하게 하고, 삼각산(三角山)을 중악(中岳)으로 삼고, 금강산을 동악(東岳)으로 삼고, 구월산(九月山)을 서악(西岳)으로 삼고, 지리산(智異山)을 남악(南岳)으로 삼고, 장백산(長白山)을 북악(北岳)으로 삼고, 백악산(白岳山)을 중진(中鎭)으로 삼고, 태백산(太白山)을 동진(東鎭)으로 삼고, 송악산(松嶽山)을 서진(西鎭)으로 삼고, 금성산(錦城山)을 남진(南鎭)으로 삼고, 묘향산(妙香山)을 북진(北鎭)으로 삼을 것입니다. 또 동해신(東海神)을 강릉(江陵)에, 서해(西海)는 인천(仁川)에, 남해(南海)는 순천(順天)에, 북해(北海)는 갑산(甲山)에 이제(移祭)하고, 용진(龍津)을 동독(東瀆)으로 삼고, 대동강(大同江)을 서독(西瀆)으로 삼을 것입니다. 한강(漢江)을 남독(南瀆)으로 삼고 두만강(豆滿江)을 북독(北瀆)으로 삼고, 또 목멱산(木覓山)·감악산(紺岳山)·오관산(五冠山)·계룡산(鷄龍山)·치악산(雉岳山)·오대산(五臺山)·의관령(義館嶺)·죽령산(竹嶺山)을 명산(名山)으로 삼고….

탑골공원의 원형이 된 원각사는 천자(天子)의 예에 의하여 오악(五岳)과 오진(五鎭), 사해(四海), 사독(四瀆)을 설치한 후인 세조 10년 4월

---

3 『세조실록』3권, 세조 2년3월28일 정유 3번째 기사 '且東、南、西海神祠, 皆自開城而定之, 亦乖方位'

국왕이 주도해 창건하였다. 그 조성에는 2,100명의 군인을 동원하였고, 50명의 장인을 사역시켰으며 자발적으로 참여한 이들도 있었다. 유교를 숭상하는 조선의 도성에서 대규모 사찰 건립은 세조의 전폭적 지지 없이는 불가능한 국책사업이었다.

원각사의 입지 선정 및 조영은 공식기구를 구성해 지원하였다. 왕실 종친 6인, 의정부 대신, 예조·호조·병조·이조의 판서 등 당시 조선의 핵심 인물이 참여하였다[4].

탑골공원의 위치는 백악산, 인왕산, 목멱산(남산), 낙산의 내사산으로 둘러싸인 한양분지의 중앙이고, 조선시대 행정구역상 중부 경행방에 있으며, 주요 행정 관청이 동서남북에 포진하여 있다. 특히, 한성부 주요 도로망이 동서 및 남북으로 탑골공원 인근을 지난다.

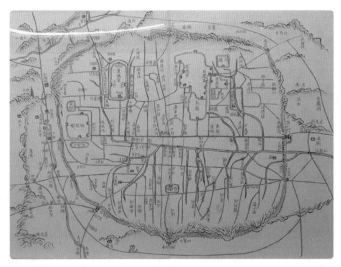

〈그림 1〉 경조오부도

4   『조선전기 원각사의 조형과 운영』, 이병희 한국문화사학회 문화사학 제34호 2010.2

원각사 위치 관련 선행연구를 조사하던 중 김일권의『한양도성의 중심점 원각사의 십층탑과 대종에 대한 土中 공간론과 佛天의 시공간학 코스몰로지』에서 '세조의 원찰로 개창된 원각사의 위치가 한양도성도의 중심점에 위치한 점을 확인하여, 이를 땅의 중심으로서 택중(宅中), 국중(國中)의 의미를 지니는 토중(土中) 세계론으로 조망하였다. 또한, 원각사에 걸렸던 이른바 원각사 대종(세조 11, 1465.1)이 임진왜란(1592)으로 종루의 시보종이 불타 깨지면서 선조는 이를 대체하는 용도로 원각사종을 남대문에 걸어 타종하였고,(1594.11) 이윽고 광해조가 이를 새로 지은 종각으로 옮겨와 내걸면서(1619.11) 조선후기 3백년간 한양도성의 아침저녁 시간을 알리는 시보대종으로 대활약을 하였다'는 내용이 눈길을 끌었다.

　　김일권의 논문 내용에 큰 흥미가 생겨 탑골공원(원각사)의 위치를 지리적, 천문학적 관점에서 바라본 연구결과를 찾아보았으나 찾을 수 없었다.

　　본 연구자는 탑골공원의 전신인 원각사가 〈그림 1〉과 같이 서울 중앙에 배치된 것을 보고 지리학과 천문학 관점에서는 어떤 의미가 있는지 궁금했다. 그래서, 탑골공원의 위치에 대해 다양한 학문을 적용하여 융합적으로 분석해 보고자 한다.

2

탑골공원 입지에 관한
기초자료 조사

1. 탑골공원의 역사

탑골공원 터에는 조선 초기 흥복사라는 사찰이 있었고, 세조대에 원각사가 창건되었지만, 성종대 이후 폐허가 되어 민가가 빼곡히 들어섰다. 연산군 10년에 원각사에서 승려를 내쫓고 다음 해에는 장악원(掌樂院)을 이곳으로 옮기면서 사찰로서의 기능은 중단되었다.[5]

이후 대한제국 정부는 원각사지 석탑을 중심으로 공원을 조성하였다. 공원 안에는 팔각정이 세워지고 대한제국 군악대가 연주하면서 공원의 모습을 갖추어갔지만, 당시의 탑골공원은 대한제국 정부가 소유한 황실 공원이었다.[6]

1919년 3·1운동이 탑골공원의 팔각정에서 시작되자, 이후 탑골공원은 3·1운동이 시작된 역사적 장소가 되어 오늘에 이르고 있다.

5 　『朝鮮前期 圓覺寺의 造營과 運營』, 이병희, 문화사학 제34호, 한국문화사학회
6 　『대한제국기~식민시기 탑골공원의 운용과 활용』, 최인영, 박희용

2. 탑골공원의 위치

탑골공원 위치는 1900년 전후 조성과 개원을 통해 오늘날로 이어져 큰 변화가 없으나, 그 이전의 흥복사, 원각사의 위치 자료는 고지도와 원각사지 석탑, 문헌의 기록 정도이다.

〈그림 2〉 대일항쟁기 탑골공원 인근 지도[7]

탑골공원의 위치는 대일항쟁기 조선총독부에서 만든 지도를 통해 알 수 있고, 조선시대 위치는 고지도의 탑골공원 인근 지명으로 「塔洞」, 「大寺洞」을 찾을 수 있어 흥복사와 원각사의 위치를 대략적으로 알 수 있다. 그중 원각사는 원각사지석탑이 남아있어 그 위치를 파악하는데 도움이 되고 있다.

---

7   블로그, 네이버스토어 미디어마인, 서울의 고지도 모음

〈그림 3〉 18세기 「도성도」의 탑동과 대사동[8]

학계의 연구 결과를 정리한 김윤주는 논문에서 흥복사 창건에서 원각사 재건까지의 위치에 대해 아래와 같이 정리하였다.

흥복사는 1398년 태조 7년 무렵에 조계종의 본사가 되었다. 흥복사는 중부 경행방(中部 慶幸坊)에 있었는데, 현재의 탑골공원 자리이다. 경복궁과 창덕궁 사이 지세가 넓고 평평한 곳이었고, 그 앞에는 시전이 있어서 사람의 왕래도 많았던 곳이다. 그리하여 백성들의 삶과 꽤 밀착되었을 것이라 여겨진다. 1422년 세종 4년 흉년과 기근이 심각했을 때 흥복사에 구료소를 설치하여 걸식하는 백성들을 구휼하기도 했다. 그리고 흥복사가 가진 지리적 이점으로 인해 그 자리에 태평관을 이전하고 대신 시전도 다른 곳으로 옮기자는 논의가 있기

---

8   블로그, 역사북아트, 역사교육, 탑골공원(파고다공원) 원각사 10층 석탑

도 했었다. 이후 불교 교단 정리의 일환으로 1424년 세종 6년 무렵에 폐지되어 관청 건물이 되었다가 1464년 세조 10년 세조가 이전 흥복사를 재건하여 원각사(圓覺寺)로 삼았다.[9]

위 연구 결과로 보아 흥복사와 원각사 그리고 탑골공원은 같은 장소로 위치가 비정된다.

3. 조선초 한성의 중심 흥복사

한양은 고려시대 남경이었고, 남경의 한복판에 흥복사가 있었다. 1394년 태조 3년 10월, 고려의 수도였던 개경에서 한양으로 수도를 옮겼다. 조선 천도 이후 자연 지형을 따라 한양 성곽이 축성되었는데 흥복사는 그 중앙에 위치하게 되었다. 흥복사의 위치는 조선시대 고지도의 대사동, 또는 탑동이 있는 것을 보아 탑골공원 근처로 추측된다.

수도를 옮긴 조선은 종묘 건축을 시작으로 한양건설을 추진했다. 기본궁전인 경복궁, 별궁인 창덕궁의 건설, 수도의 성곽 쌓기, 오늘날의 청계천인 하수도용 개천 공사 등이 이 시기에 이루어졌다.[10] 흥복사는 주궁인 경복궁과 별궁인 창덕궁, 두 궐 사이의 너른 땅에 위치하게 되었다.

흥복사는 1398년 태조 7년 무렵에 조계종의 본사가 된 것으로 보아 매우 중요한 위치를 차지하고 있었다. 숭유억불 정책을 편 조선시대에 흥복사가 동대문에서 서대문으로 가는 대로의 중앙에 위치하고 조계종 본사가 된 것으로 보아 한양성 건설 당시 태조의 전폭적인 지

9   김윤주, 「조선초기 수도 한양의 불교 사찰 건립과 불사 개설」, 서울학연구, Vol.-No.66[2017] 2017
10   한국고중세사사전, 네이버 지식백과

지가 있었던 것으로 보인다.

4. 국책사업으로 진행된 원각사 창건

원각사는 세조 10년 4월 국왕이 주도해 창건하였다. 그 조성에는 2,100명의 군인을 동원하였고, 50명의 장인을 사역시켰으며 자발적으로 참여한 이들도 있었다. 유교를 숭상하는 조선의 도성에서 대규모 사찰 건립은 세조의 전폭적 지지 없이는 불가능한 사업이었다.

효령대군이 화엄사에서 원각법회를 설행 할 때 이적이 나타났는데 이를 계기로 세조가 흥복사를 복립해 원각사로 삼고자 하였다.[11]

조계종이 혁파되어 공청이 된 지 40년이 넘었다. 흥복사 터에는 민가가 들어서 있었다. 원각사의 창건으로 인해 집을 철거당한 200여 호 민가에게 쌀 수 백석과 보리 백여석을 제공하였다. 원각사의 조영은 공식기구를 구성해 지원하였다. 왕실 종친인구 6인, 의정부 대신, 예조·호조·병조·이조의 판서가 있다. 당시의 조선 핵심 인물이 참여하였음을 보여준다.[12]

또한, 원각사에 있던 원각사지 석탑이 현재 탑골공원에 남아있다. 이 석탑이 이전되었다는 기록이 없고 탑골, 탑동 등의 지명으로 남아있는 것으로 보아 원각사의 위치는 현재의 탑골공원으로 보는 것이 타당하다고 생각된다.

---

11 『세조실록 33권』, 세조 10년 5월 2일 갑인 1번째기사 1464년 명 천순(天順) 8년
  予欲復立興福寺爲圓覺寺, "다시 흥복사(興福寺)를 세워서 원각사(圓覺寺)로 삼고자 한다."
12 「조선전기 원각사의 조형과 운영」, 이병희, 한국문화사학회《문화사학》제34호 2010.2

5. 탑골공원(원각사)의 지리적 특징

탑골공원(원각사)은 두 가지 도읍지 배치 기준인 풍수와 천문학이 모두 반영된 장소로 보인다. 현재 탑골공원이 있는 곳은 한양의 동대문인 흥인지문(興仁之門)과 서대문인 돈의문(敦義門)과 비슷한 위도(緯度) 선상에 위치하며[13] 조선의 경복궁과 창덕궁의 가운데 부근에 있다.

〈그림 4〉 수선전도에 나타난 탑골공원 위치

원각사지 탑이 있는 이곳은 고려부터 사찰이 있던 곳에 세조가 원각사를 세우고 높은 탑을 세운 곳으로 조선시대 사람들의 왕래가 가

---

13   탑골공원과 사대문(四大門) 그리고 경복궁과 창덕궁의 위치는 조선과 현대 지도에서 확인할 수 있다. 지도에서 눈여겨봐야 할 곳은 흥인지문과 돈의문 외에 남산과 탑골공원의 위치이다. [지도1] 참조.

장 많은 거리이기도 했다. 그림 4에서 보면 탑골공원은 한양을 둘러 싸고 있는 초록색 표시 성곽의 중심에 위치하고 있는데, 이 지도에서 탑골공원과 함께 남산의 위치를 눈여겨봐야 한다. 이 둘은 동일 자오선(子午線)에 위치하고 있는데 이에 대해서는 아래에서 다시 설명하겠다.

사람의 생활에서 중요한 기준은 방향과 시간이다. 기계 시계가 발명된 18세기 전까지 시간은 물시계와 해시계에 의존해 왔다. 오랜 시간 인류는 해시계를 사용해 왔지만, 야간 시각을 알기 위해 물시계를 발명해 사용하였다. 조선시대는 계절에 따라 시각의 길이가 변하는 경점(更點)법[14]을 사용하였는데 이를 통해 당시에는 물시계가 표준 시계로 사용되었음을 알 수 있다. 세종대에 만든 자격루는 조선의 대표 시계로 잘 알려져 있으며 한양의 사대문(四大門)도 물시계를 기준으로 문을 여닫았다. 그러나 조선시대 자격루는 왕궁의 보루각에 설치되어 있었기 때문에 일반인이 직접 시각을 확인하기는 어려웠다. 이러한 이유로 세종은 세종 16년(1434년)에 탑골공원 인근 한양 거리에 앙부일구(仰釜日晷)를 두어 백성들이 시각을 알 수 있도록 하였다.[15]

실록에도 언급되었듯이 혜정교와 종묘 앞은 당시 사람들의 왕래가 가장 잦았던 장소로 보인다. 탑골공원는 좌측에 혜정교, 우측에 종

---

14 경점법은 일몰 이후부터 일출 전까지의 시각을 다섯 등분으로 나누어 5경(1경~5경)으로 불렸으며 각 경은 다시 5점으로 나누어 사용한 시각 제도이다. 1경의 시작과 5경의 마지막은 혼명(昏明) 시각을 제외하며 혼명 시각은 시대에 따라 달라진다.

15 『세종실록 66권』, 세종 16년(1434) 10월 2일 을사 4번째 기사
   初置仰釜日晷於惠政橋與宗廟前, 以測日影. 集賢殿直提學金墩爲銘曰: 凡所設施, 莫大時也. 夜有更漏, 晝難知也. "처음으로 앙부일구(仰釜日晷)를 혜정교(惠政橋)와 종묘(宗廟) 앞에 설치하여 일영(日影)을 관측하였다. 집현전 직제학(直提學) 김돈(金墩)이 명(銘)을 짓기를, "모든 시설(施設)에 시각보다 큰 것이 없는데, 밤에는 경루(更漏)가 있으나 낮에는 알기 어렵다."

묘가 있으므로 시간을 관측하여 알려주는 중요한 천문 관측 지점에 위치하고 있는 것이다.

6. 도읍지의 배치 기준과 특징

고대와 중세 도읍지를 살펴보면 몇 가지 구조적 특징을 보이는데 특히 동북아 지역에 있는 한국과 중국의 도읍지는 도읍지 건설이나 건물 배치에 있어 크게 두 가지 기준을 활용한 것으로 보인다.

첫째, 풍수를 기준으로 한 건물이나 도읍지의 배치이다. 조선 초기 한양 천도 과정에서도 알려진 것처럼 한양과 경복궁 터의 결정에 풍수가 중요한 요소로 작용했다고 알려져 있다. 풍수는 산의 배치와 물의 흐름을 기준으로 결정하는 것이니, 바로 지리를 기준으로 한다고 볼 수 있다. 풍수는 한국과 중국에서 오랜 시간 영향을 미쳐 왔다. 우리 삶에 직접 영향을 주는 양택 풍수뿐 아니라 죽은 자를 위한 음택 풍수까지, 그리고 국가의 수도 터를 결정하고 왕궁의 기준이 되기도 하였다. 한양의 경복궁은 철저히 풍수를 기준으로 설계된 것으로 알려져 있다. 북한산을 기준으로 인왕산과 응봉 자락에 경복궁과 창덕궁을 배치하였으며 남쪽에는 남산을 기준하고 그 아래에 한강이 흐르는 곳에 터를 잡은 조선의 수도 한양은 지금까지도 풍수론에 있어 좋은 길지(吉地)로 알려져 있다.

둘째, 천문학을 이용해 배치와 방향의 기준을 잡는 것이다. 지리적 기준과 함께 더 오랜 시간 도읍지 건설의 기준이 된 것은 천문학이다. 이것은 고대 도읍지나 건물에서 방향 설정의 대표적인 기준이 된다. 천문학적 방향은 다시 두 가지로 나눌 수 있는데 하나는 정오 때 남중하는 해의 그림자가 가리키는 자오선 방향을 기준으로 하는 것이다. 이것은 고대의 제단이나 도읍지 건설에 기준이 되며 이러한 방향성은 이집트의 룩소르(Luxor), 과테말라 우샥툰(Uaxactun) 등 세계 여러 고대유적에서 발견된다.[16] 다른 하나는 특정한 시각에 보이는 상징적인 천체를 건축물의 기준으로 정하는 것이다. 마야 문명의 마추픽추(Machu Picchu) 건물이나 이집트의 쿠푸왕 피라미드(Great Pyramid of Giza, Pyramid of Khufu) 그리고 유럽의 일부 무덤 등에서 이러한 특징이 나타난다.

16   『고대 하늘의 메아리』 E,C.Krupp, 정재현 역, 1994, 이지북

3

탑골공원 위치에 관한 분석

1. 지도에서 찾은 탑골공원의 지리적 위치

조선시대 사람들이 만든 지도를 살펴보면 실제 지형도 반영하지만, 그 시대 사람들의 생각을 반영하는 경우가 많다. 실제 서울 한성의 모습과 고지도의 모습은 많이 다름을 알 수 있다. 조선시대 사람들은 한성을 동그라미나 네모처럼 균형 잡힌 성곽으로 표현하였다.

아래 〈그림 5〉 한양도성 옛지도와 〈그림 6〉 서울시 발행 관광 안내도를 보고 한양 성곽을 비교해 보자. 조선시대 사람들이 생각한 성곽과 현재의 실측 성곽을 비교해 보면 모양은 다르나 탑골공원이 조선 도성의 중앙에 위치해 있다는 것을 수 있다.

2. 탑골공원의 천문학적 특징

조선시대 고지도를 보면 남쪽이나 북쪽의 진산을 중심으로 주요 건물을 배치하였고, 동서남북에 중심이 되는 성문이나 도로를 표시하였다.

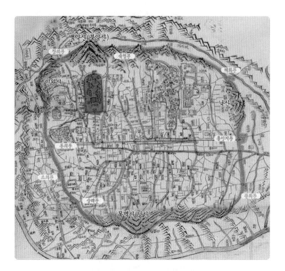

〈그림 5〉 한양도성 옛지도

〈그림 6〉 서울시 발행 한양 성곽 안내도

조선시대 수선전도에서도 북쪽의 삼각산과 남쪽의 남산을 진산으로 표시하였고 동쪽과 서쪽에 성문과 함께 주요 도로를 표시하였다. 수선전도에서 탑골공원을 중심으로 북쪽에 휴암(鵂岩부엉이바위) 남쪽에 남산으로 하는 배치도가 그려져 있다.

　풍수를 중심으로 배치된 경복궁을 비롯한 한양의 도읍지 배치에서 현재 탑골공원이 있는 원각사 터는 천문학적으로 중요한 의미가 있다. 탑골공원이 〈그림 7〉 수전전도를 보면 탑골공원이 한양전도의 성곽 중심에 위치할 뿐만 아니라 남산(南山)과 같은 경도선, 즉 동일 자오선상에 있기 때문이다. 남산은 왕궁을 비롯해 당시 한양에서 남쪽을 기준 삼을 수 있는 가장 대표적인 지형물이다. 항시 물시계를 볼 수 없는 상황에서 태양은 시각을 가늠할 수 있는 가장 쉽고 유일한 천체이다. 태양의 출몰 시각은 계절에 따라 달라지며 출몰 방위도 매우 다르게 나타난다. 특히 산과 성곽 등으로 둘러싸인 한양 도심에

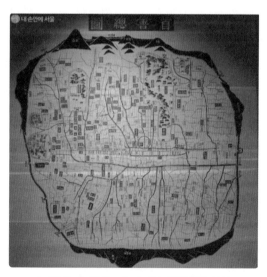

〈그림 7〉 수선전도에 나타난 탑골공원 위치

서 출몰 시각이나 방위로 낮의 시각을 가늠하기는 어려운 일이다. 이런 환경에서 남산은 정오를 알려주는 중요한 지표가 된다. 남산은 도성 안의 사람들이 항상 쉽게 볼 수 있는 유일한 남쪽 지형물이었기 때문이다. 그러나 경복궁을 비롯한 한양의 모든 장소에서 정확한 정오 시각을 알기는 어렵다. 관측자의 위치에 따라 지형물의 방위가 바뀌고 이에 따라 태양의 위치도 달라지기 때문이다. 특히 기준 지형물이 가까이에 있는 경우 관측자의 위치 문제는 더욱 중요해진다.

남산의 높은 봉우리에 해가 위치할 때 한양의 정오는 남산과 동일 자오선에 있는 곳에서 관측하는 것이 가장 정확하다. 조선시대의 천문학은 이를 충분히 알고 있었고 한양에서의 정오를 확인하기 위해 가장 적당한 장소로 찾은 곳이 원각사 터라고 생각된다.

원각사 터는 남산과 동일 자오선 상에 위치하며 경복궁과 창덕궁 그리고 종묘에서 멀지 않고 쉽게 접근할 수 있으며 백성들이 쉽게 찾을 수 있는 곳이기 때문이다. 이러한 원각사 터에서 보았을 때, 남산 가장 높은 곳에 해가 있는 시점이 바로 한양의 정오가 된다. 조선시대 목멱산으로도 불린 남산은 실제로 천체 관측을 위해 천문관이 직접 관측을 다니던 곳으로 천문과 깊은 관련이 있는 장소이며[17], 하늘에 제를 지내거나 기우제를 지내는 등 조선에서 중요하게 여기던 곳이다.

---

17 『영조실록 47권』, 영조 14년(1738) 12월 16일 갑오 1번째 기사
味爽月食. 先是, 觀象監奏曰: "以四篇法推之, 則《大明曆》當不食, 而《時憲曆書法》當初虧卯初三刻,《內篇法》當初虧於卯正二刻,《外篇法》當初虧於卯正初刻云. 闕庭難於候望, 請登木覓山看候, 日未出時, 如有虧缺, 放火箭相報, 以行救食." 從之.
매상(味爽)에 월식(月食)했다. 이보다 앞서 관상감에서 아뢰기를, "4편의 역법(曆法)을 고찰해 보건대, 대명력(大明曆)에는 월식하지 않는다 하였고, 시헌역서법(時憲曆書法)에는 당초 묘시(卯時) 초 3각(三刻)에 이지러진다 하였고, 내편법(內篇法)에는 당초 묘정(卯正) 2각에 이지러진다 하였고, 외편법(外篇法)에는 당초 묘정 초각(初刻)에 이지러진다고 하였습니다. 대궐 뜰에서는 후망(候望)하기 어려우니, 목멱산(木覓山)에 올라가 후망하다가, 아직 해가 뜨지 않았을 때 혹시라도 이지러진 데가 있으면 화전(火箭)을 쏘아 서로 보고하여 구식(救食)을 행하게 하소서."하니, 그대로 따랐다.

4

원각사지 석탑과 천문학

　조선시대의 천문학은 일식 예보뿐 아니라 역법도 매우 정밀하게 계산할 수 있었다. 그러나 정오를 확인하고 남북 방향을 측정하는 것은 당시에도 해 그림자를 이용하였다. 수직 막대(表)를 세워 해의 그림자가 가장 짧아지는 시각이 정오가 되는데 정오 때에 표(表)의 그림자의 방향을 연장하면 정남북 방향이 된다. 정오와 정남북 방향 측정에 사용하던 천문 관측 기기가 규표(圭表)였으며 서양에서는 Gnomon이라 불렀다. 세조 때 만든 원각사 탑은 당시에 정남북 방향을 보여주는 멋진 규표 역할을 충분히 할 수 있었을 것이다.

　태양이 남산의 가장 높은 곳에 있을 때 높이 솟은 원각사지 석탑의 그림자는 한양 도심의 중요한 방향 기준이 된다. 이 기준에 따라 한양 도성의 남북 선이 놓였을 것이며 이를 기준으로 동서 기준선이 정해졌을 것이다. 한양전도 〈그림 1〉, 〈그림 8〉를 보면 경복궁을 비롯해 종묘와 창덕궁 등 조선의 주요한 장소의 아래에 있는 남북 방향의 도로는 남산과 탑골공원을 잇는 남북 자오선과 수평하게 배치되

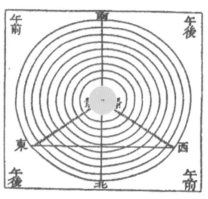

〈그림 8〉 원각사지13층석탑(좌)과 고대에 그림자를 이용한 방위작도법(우)

어 있음을 알 수 있으며, 원각사 터를 기준으로 동서대로(東西大路) 또
한 수직으로 교차하고 있음을 볼 수 있다. 이것은 현대 지리상의 위
치에서도 확일할 수 있다.

원각사 터가 있던 탑골공원은 어쩌면 당시 한양의 지리적 중심이
며 시각의 기준이 되는 장소로 활용된 곳이 아니었을까 짐작해 본
다. 조선 세조 때 조성된 원각사 탑을 기준으로 주변의 건물 배치를
알 수 있다면 이러한 궁금증을 다소 해소할 수 있을 것이다.

5

현대 관측장비를 활용한
탑골공원 위치 분석

탑골공원에서 동서남북에 위치한 주요 지점인 동대문, 흥화문, 남산, 휴암, 관상감 등의 주요 지점 경위도 값을 알아보았다. 동대문은 성루의 중앙, 탑골공원은 탑골공원의 중심부, 남산은 남산타워 중앙부의 경도와 위도 값을 구글어스를 통해 알아보았다.

1. 한양성 대표 관문 동대문과 탑골공원의 위치 비교

한양성 수계를 대표하는 것이 청계천이다. 한양성에 비가 내리면 대부분의 물이 청계천으로 흘러간다. 한양 도성의 도로를 건설할 때 청계천 흐름 방향을 중심으로 도로를 〈그림 9〉과 같이 구성했다.

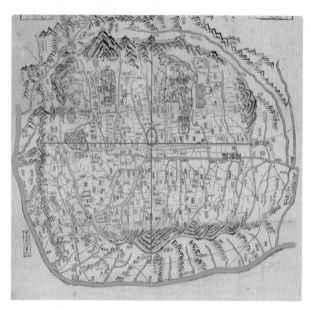

〈그림 9〉 한양도성 수계, 도로망, 방향 배치도

한양성 동쪽 동대문과 서쪽 경희궁(慶熙宮) 동문인 흥화문까지 동
서대로가 건설되었다. 그 중심에 탑골공원이 있었다. 동대문 성루 중
심과 탑골공원 중심 그리고 경희궁 숭정전 숭정문(崇政門)의 위도값
을 알아보았다.

〈그림 10-1〉 위도상 위치 비교 대상지(경희궁 숭정문, 탑골공원, 동대문)

〈그림 10-2〉 위도상 위치 비교 대상지(경희궁 숭정문, 탑골공원, 동대문)

〈표 1〉 탑골공원의 동쪽, 서쪽 주요 건축물의 위도값 비교표

구분	경희궁 숭정문	탑골공원 중심	동대문 중심
위도	위도 37.5711	위도 37.5711	위도 37.5711
경도	경도 126.9683	경도 126.9883	경도 127.0096

　탑골공원과 동서방향에 있던 3곳의 위치를 알아본 결과, 위 표와 같이 동대문 성루와 탑골공원 중심부, 경희궁 숭정문은 위도값이 37.5711로 동일했다.

2. 한양성 대표 지표지형 남산, 관상감과 탑골공원의 위치 비교

　한양성 대표 지표지형은 남산, 북한산, 휴암 등이다. 한양성 중앙지역의 북쪽에 휴암(부엉이 바위)이 있고 남쪽에 남산(목멱산)이 있다. 탑골공원과 남산, 휴암, 관상감의 경도값을 알아 보았다. 남산은 남산타워 중심부, 탑골공원 중심부, 휴암 최고봉, 관상감(회문고 중심)의 경도값을 비교하면 다음과 같다. 조선 세종대에 축소된 궐외 관상감 관천대은 1906년 휘문중고가 되었고, 1978년 현대 원서공원이 되었다.

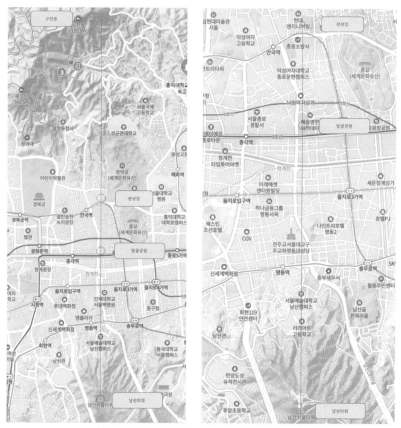

〈그림 11〉 경도상 위치 비교 대상지(남산타워, 탑골공원, 관상감터)

현대계동
사옥 옆

〈그림 12〉 관상감 관천대 원위치 사진

〈표 2〉 탑골공원의 북쪽 남쪽 주요 건축물의 위도값 비교표

주요 지점명	구글어스 좌표값	경도 위도값
휴암	군사보호구역	위도 37.6031 경도 126.9835
관상감 휘문고옛터 현대원서공원		위도 37.5787 경도 126.9883

탑골공원 중심부	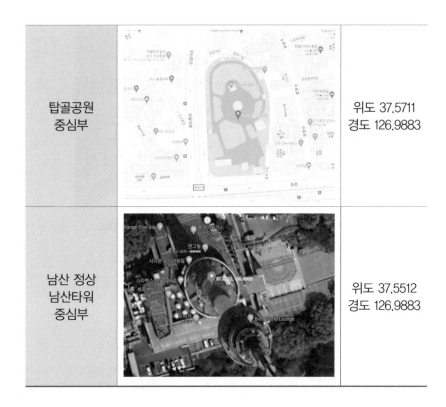	위도 37.5711 경도 126.9883
남산 정상 남산타워 중심부		위도 37.5512 경도 126.9883

위와 같이 탑골공원 중심부, 남산타워의 중앙부, 관상감 관천대의 경도값이 126.9883으로 동일함을 알 수 있다. 즉, 관천대에서 남중을 바라보면 원각사 석탑과 남산 정상 봉우리가 동일 선상에 위치하는 것이다. 휴암은 정북에 있지 않았다.

6

결론

탑골공원 입지가 한성의 중심부임을 융합적 분석을 통해 알아보았다. 조선 개국 초 한양 성곽을 축성할 당시에 흥복사가 중심에 있었고, 이후 원각사가 들어섰을 때, 동대문과 남산 등 도읍지 기반 시설의 중앙부에 원각사를 배치했음을 알 수 있었다. 비슷한 시기에 설치된 관상감 관천대도 동일 경도상에 있음을 알 수 있다. 또한, 조선 중기에 건축된 경희궁의 숭덕문도 탑골공원을 중심으로 동대문과 대칭의 위치에 배치 되었음을 알 수 있다.

이와 같은 결과는 현대적 장비를 통해 동대문-탑골공원-경희궁의 숭덕문이 같은 위도상 동서축으로 배치되었음을 알 수 있었다. 그리고, 남산타워-탑골공원-관상감 관천대가 남북축으로 배치되어 있다. 한양의 주요 시설이 탑골공원을 중심으로 동서남북에 배치되어 있었음을 확인할 수 있었다.

현재의 탑골공원은 조선시대 한양의 지리와 천문의 중심 장소로 생각된다. 지리적 위치가 그러하며 남산과 동일 자오선에 있다는 사실과 함께 원각사지 석탑의 존재는 이곳이 당시 천문학적 중심 역할을 했던 곳임을 강하게 뒷받침한다. 한양의 중심을 살필 때 이제 우리는 남산과 탑골공원을 눈여겨봐야 할 것이며, 탑골공원의 역사적 과학적 의미를 다시 살펴봐야 할 것이다.

참고문헌

『고대 하늘의 메아리』, 에드윈 C. 크룹 지음, 정채현 옮김, 이지북, 2011
『세조실록』 3권, 세조 2년 3월 28일 정유 3번째 기사
『세조실록』 33권, 세조 10년 5월 2일 갑인 1번째 기사
『세종실록』 66권, 세종 16년(1434) 10월 2일 을사 4번째 기사
『영조실록』 47권, 영조 14년(1738) 12월 16일 갑오 1번째 기사

김윤주, 「조선초기 수도 한양의 불교 사찰 건립과 불사 개설」, 서울학연구, Vol.-No.66, 2017
우박함, 「紫禁城과 景福宮의 空間構造比較研究」, 석사학위논문, 대구대학교대학원, 2015
이병희, 「朝鮮前期 圓覺寺의 造營과 運營」, 한국문화사학회 문화사학 제34호 2010.2
최인영 박희용, 『대한제국기~식민시기 탑골공원의 운용과 활용』, 서울학연구, 2023

국토정보플랫폼 국토정보맵, https://map.ngii.go.kr/ms/map/NlipMap.do
네이버 지식백과, 『한국고중세사사전』,
블로그, 네이버스토어 미디어마인, 서울의 고지도 모음
블로그, 역사북아트, 역사교육, 탑골공원(파고다공원) 원각사 10층 석탑
Google 지도, https://www.google.co.kr/maps

최건업

1989년 2월 서울대학교 농과대학 졸업
1994년 삼성중공업 근무
2020년 동국대학교 불교학과 철학박사 취득
2021년~2023년 동방대학원대학교 평생교육원(외래교수) 불교강의
        세계불학원(붓다아카데미) 이사, 한국불교사연구소 연구원
2011년 이후 현재까지 불교문화재(건축, 문화, 문화재) 관련 사업 진행 중

저서
2021년 『원효의 수행관』(정우북스) 출판

III

흥복사지와 원각사의
역사적 의미

1
들어가는 말

    유학을 통치원리이자 관학(官學)으로 선택한 조선 왕조에서 건국
후 70여 년이 지난 시점에 원각사라는 불교사찰이 창덕궁 정문의 전
면에, 그리고 종묘의 바로 서쪽에 왕에 의해 세워졌다는 것은 정말
희유한 일이자 정치적으로 엄청난 의미가 있는 사건이었다. 그 이전
에는 흥복사터였는데 조선을 건국한 태조가 한양에 도읍을 정할 때
스승인 무학대사를 위해 고려말부터 있었던 흥복사를 중건하여 조
계종의 본사로 정했다. 흥복사는 고려말 남경의 중심지에서 왕실의
주요한 원찰이었고, 조선의 개국 후에는 도읍의 중심에서 더욱 중창
되었다. 이후 유교의 나라에서 쇠락하던 흥복사는 세조대에 이르러
국가사업으로 다시 재창건된다.

    고려말 개경에는 흥국사라는 사찰이 있었고, 서경인 평양과 남경
인 한양에서는 흥복사라는 같은 이름으로 왕실사찰이 운영되었다.
국가와 왕실의 안녕을 위해 건립되고 운영되어온 대표적인 국가의 왕실 사찰들이다. 특히 당시 서경에도 흥복사라는 절이 있어 왕과 신하들이 수시로 드나들면서 국가행사와 왕실의 원찰로서 기능을 다하고 있었다. 고려말에 도읍을 옮기려고 검토까지 했었던 남경에도 흥복사가 있어 개경의 흥복사와 유사한 역할들을 담당하고 있었을 것이라고 추정된다. 흥복사가 쇠락한 이후 세조 대에 이르러 다시 중창되어 원각사로 변모하게 된다. 성리학의 나라인 조선시대에 수도의 한복판에 왕의 이름으로 원각사가 세워지게 되는 이유를 불교사적인 입장과 정치사회적인 입장에서 접근하고자 하였다. 세조는 반정을 계기로 왕이 되었기에 국가를 다스릴 새로운 사람과 이념이 필요하였다. 그리고 세종대를 거치면서 거세진 신하들의 힘을 누르고 약화된 왕권을 강화하려고 노력하였다. 이러한 시대적 요구를 해결하는데 세조에게 불교는 아주 중요한 기제였을 것이다.

세조는 불교를 통해 왕권을 강화하고, 새로운 정치 이념을 만들고자 하였으며 회암사의 불교적 상서를 계기로 원각사를 지음으로써 이를 실천에 옮겼다. 불교를 통해 강력한 왕권 중심의 국가체제를 견인하고 새로운 정치이념을 제시했으며 왕실의 정통성 확보와 백성들의 화합을 위한 공간으로 원각사를 활용하였다.

그 동안의 연구가 원각사 건축물의 조성과 불교적 상서에 대한 사실을 검증하는 자료들이 주를 이루었는데 반해 불교 교리와 연관시키고, 일반 백성들과의 관계성을 연결하고, 정치 사회적인 권력구도로서 접근한 연구가 부족했다. 그래서 금번 연구에서는 원각사를 탑골의 위치에 건립한 이유를 추정해보고 반정을 일으킨 세조가 정권의 정통성 확보와 도덕성 회복, 신하들의 권한을 초월하는 강력한 왕권의 강화를 위해 어떤 형태의 시도를 통해 원각사를 건립하게 되었는지 살펴보려고 했다. 또한 불교이념을 동원하여 백성들을 위로하고 화합시키고자 세조가 시도한 다양한 불교적 공적 등이 원각사를 백성들의 주요거점으로 존재하게 한 사유였는지에 대해서도 알아보았다. 이러한 것들이 원각사의 건립배경 및 원각사의 다양한 역할들과 직접적으로 연관되어 있다고 보았다. 본 자료를 통해 원각사지를 성역화하는 데 있어 불교와 관련한 다방면의 기초자료로써 활용되기를 바란다.

본 논문은 첫 번째로, 고려 말부터 있었던 흥복사가 왜 지금의 탑골공원 위치에 세워졌는지 알아보고, 두 번째는 유교 국가인 조선시대 세조 때 왜 '원각'이란 이름의 절을 유학의 상징과도 같은 창덕궁 궁궐 앞에, 그리고 종묘의 서쪽에 세웠는지에 대해서 불교 교리와 불교사적인 입장과 정치 사회적인 면에서 톺아보고, 마지막으로는 기존 왕실사찰의 국행제례 모습과는 달리 원각사가 일반 백성들과 어떻게 열린 관계성을 형성했는지 대해서도 연구하였다.

2

흥복사의 흥망과 원각사의 창건

1. 흥복사의 흥망

고려말에는 현재 도봉구 일대와 경복궁 지역을 포함하여 남경 또는 한양부로 불렸다. 고려 숙종(1104년) 때는 남경으로 칭하면서 천도할 의도를 가지고 궁궐을 완성하였는데 남경인 한양에는 백성들이 많이 살았다. 한양의 중심이자 궁궐 인근에 흥복사라는 사찰이 있었는데[1] 이는 불교가 융성했던 고려가 국가의 번영과 왕실의 안녕을 위해 전국각지에 흥국과 흥복이라는 이름으로 사찰이 세웠던 것에 기인한 것으로 보인다. 서경인 평양에도 흥복사라는 절이 있어서 왕실의 행차가 잦았다. 임금이 왕족과 고위 신료들을 거느리고 평양에 갈 때마다 흥복사에 들러서 국가와 왕실을 위해 기도하고 낙성식에 참여하기도 했다.

---

1   전영근(2022), 「1465년 원각사 경찬회 계문에 대한 고찰」(『고문서연구』 제61호), p.32, "원각사 터는 본래 흥복사로 고려 때부터 있던 절을 1407년(태종7년) 태상왕이었던 태조가 중창하여 흥복사라고 하였다."

천도를 생각할 정도로 중요했던 남경에도 마찬가지로 왕실의 행차와 국가 행사가 잦았을 것이다. 조선을 건국한 태조는 한양으로 도읍을 옮기고 스승인 자초 무학대사를 위해 흥복사를 중창하여 조계종의 본사로 정한다. 가뭄이 들자 흥복사에서 기우제를 지내고, 신덕왕후의 대상제와 많은 국행 불사를 이곳에서 봉행하였다. 한양도성의 중심에 있었던 흥복사는 국가시책에 필요한 공공의 장소로도 많이 활용되었다. 세종 4년에는 삼남에 가뭄이 심하게 들어 배고픈 백성들이 한양으로 무작정 몰려들었는데 세종은 흥복사에 진제소(賑濟所)를 설치하여 굶주린 백성들을 구휼하였다[2].

하지만 성리학의 나라이자 유교 국가인 조선은 흥복사의 사격을 점점 축소하여 나갔고 흥복사는 더욱 쇠락하여 세종 7년에는 호조에서 관리자를 두어 관리해야 할 정도로 퇴락하여 허물어지는 폐단을 막아야 했다. 하지만 이곳은 한양도성 안에서 워낙 중심지였던 터라 여러 관청이 탐을 내었는데, 세조 3년경에는 결국 관습도감 관청이 들어섰고, 세조 10년에는 음악기관인 악학도감이 들어섰다. 더하여 국가의 다른 관청건물을 짓고자 할 때는 흥복사 당우를 허물어 자재를 가져가려는 움직임도 빈번하였다. 이렇게 흥복사는 유학의 나라가 된 조선에서 쇠락하며 잊혀 갔다.

2. 원각사의 창건

세조 대에 이르러 관청으로 변모하고 있었던 흥복사터를 다시 일으켜 세운 사람은 효령대군 이보이다. 세조 10년(1464) 이보가 양주

---

2   『세종실록 17권』, 세종 4년(1422) 8월3일 정해 첫 번째 기록, "丁亥/置賑濟所於城中興福寺, 聚飢饉者賑之"

회암사에서 원각경을 가지고 원각법회를 베풀었는데 이때 여래가 출현하고 감로가 내렸다. 승려 3인이 탑을 돌며 정근할 때 빛이 번개와 같이 번쩍하면서 대낮과 같이 환해지고 공중에는 무지개가 가득하였다. 회암사에 모시고 있었던 부처의 진신사리가 분신하여 사리의 개수가 늘어나는 기적이 일어났다.[3] 그 사리 중 일부를 경복궁 불당인 함원전에 공양하니 다시 또 분신하여 수십 과가 되었다고 한다. 세조는 이러한 불교적 상서를 접하고 승정원에 명하여 흥복사를 중창하고자 조성도감 설치를 명한다. 원각경 법회의 이적으로 인해 시작된 불사이기에 이름을 원각사로 정하고 사액사찰로 지정한다.[4] 인근 민가 200채를 매입하여 토지를 확보하고, 군사 2,100명을 동원하여 사격을 크게 갖추기 시작했다. 세조 11년(1465) 5만 근의 구리를 전국에서 조달하여 범종(원각사 종)을 완성하였고, 같은 해에 불당(대광명전)이 낙성되었다. 법당의 기와는 모두 8만 장의 청자(청기와)로 조성되었고, 세조 12년에는 백옥으로 불상이 모셔졌다. 당시 최고의 정교한 아름다움으로 유명했던 10층탑은 세조 13년에 완성되었다. 불탑은 대리석의 재질로, 각 층마다 목탑형식의 처마와 공포를 표현하였고 탑신에 표현된 변상도가 정교하고 아름다웠다.[5]

반정을 계기로 조카를 죽이고 왕이 된 세조에게 불교적 상서를 계기로 건립된 원각사의 대창건은 새로운 계기를 마련해 주었다. 건국

---

3   『세조실록』, 세조10년 5월2일.
4   김종수(2017), 「조선전기 사액사찰에 대한 연구」, p.2, 원각사는 조선전기 세조~성종 연간에 사액사찰로 지정된 대표적인 사찰인 '원각사, 봉선사, 보은사(신륵사)' 가운데 세조대의 유일한 사액 사찰이다.
5   서치상(1989), 「원각사 창건공사에 관한 연구」, pp.5-6.

초기에 왕권의 정통성을 다시 확립하고, 신하들에게 둘러싸여 왕권이 약해진 정치체제를 개혁할 필요가 있었으며, 백성들의 불만을 잠재우고 위로하여 자기편으로 만들어 왕권의 강화와 함께 국정을 안정시킬 시대적 요구[6]가 있었을 것이다. 이 시점에서 왕즉불(王卽佛) 사상을 가진 불교와 회암사의 이적 발생은 세조에게 새로운 시대적 통치이념과 개혁의 전기를 제공해 주었다.

---

6   박세연(2011), 「조선초기 세조대 불교적 상서의 정치적 의미」, p.26.

3

원각사의 건립배경
(왕권 강화와 새로운 시대 이념)

1. 정통성의 확보

　조카를 죽이고 왕위에 오른 세조는 도덕적 권위회복이 절실했다. 이에 회암사에서 발생한 이적은 세조에게 매우 중요한 계기를 제공하였다. 회암사는 태조의 스승인 자초 무학대사가 머무른 곳이고, 세조가 회암사를 무척 아껴서 불사가 있을 때마다 대신을 보내 참례토록 하였다. 왕위에서 물러난 이성계는 회암사에 머물며 수행을 했을 정도로 회암사와 불교를 좋아하였다. 건국의 왕 태조 이성계와 직접적 연관이 있는 회암사에서 세조 본인이 직접 한글로 토를 달고, 효령대군 등이 번역을 한 『원각경』(『대방광원각수다라요의경』)으로 법회를 개최한 원각법회에서 여래가 출현하는 엄청난 이적이 일어난 것이다. 불교적 상서는 원각사 건립 불사 조성 중에도 일어났다. 조성을 시작한 지 6개월 즈음에 원각사 조성현장 위로 황색의 구름이 둘러싸고, 하늘에서 비가 네 가지 꽃처럼 내렸고, 특이한 향이 허공에 가득했으며, 서기가 회암사에서 경도까지 이어져 원각사 역인과 도성의 사

녀로서 보지 못한 이가 없다고 했다. 이후에도 여러 차례 서기가 나타났다.[7]

이러한 일들을 근거로 세조는 자신이 태조로 이어지는 정통성을 부여받고 부처까지도 자신의 공덕을 인정하여 상서로운 일이 일어났으니 이는 자신의 등극을 하늘도 인정한 것이라 널리 홍포하였을 것이다.[8] 이로써 세조는 도덕적 권위 회복과 왕권에 대한 정통성을 확보하는데 상당한 성취를 이룬 것으로 볼 수 있다.[9]

2. 도덕성 회복과 왕권의 강화

세종의 시대에는 왕이 대신들과 국정을 논의하면서 국가를 이끌었다. 선왕인 태종이 종친과 공신들을 숙청하여 없었기 때문에 부득이하게 대신들과 의논하면서 국가를 주로 운영했다. 하지만 세종의 이러한 정치 형태로 인해 문종과 단종 대에는 신하들의 힘이 너무 커져 있었다. 세조의 입장에서는 단종은 제거했지만 신하들의 권한은 강하게 남아있는 상태에서 이에 맞서 공신들을 중심으로 여러 변란들을 헤쳐나갔고, 신하들에게 회수한 권한을 공신들에게 더욱 집중시키면서 정국을 이끌 수밖에 없었다. 세조는 강력한 왕권을 원했고 이를 도와줄 집단이 공신들이었다. 이는 고려 초에도 마찬가지였다. 호족 세력에 비해 왕권이 상대적으로 약했던 시기에 과거제를 통해 새로운 지배세력을 형성하고 불교의 통합을 통해 국사나 왕사제도를 만들어 왕권의 신성화를 시도했던 역사적 전례가 있었음을 세조는

---

7 이병희(2010), 「조선전기 원각사의 조영과 운영」, p.115 재인용.
8 박세연, 앞의 논문, p.28 재인용, 상서의 실제 여부는 중요하지 않으며 지배자는 이를 권력이나 사회를 통제하는 수단으로 삼는다. ; 하워드 J. 웨슬러, 『비단같고 주옥같은 정치』, p.97.
9 양혜원(2022), 「세조대 불교적 異跡의 시작, 『觀音現相記』」, p.28.

알고 있었을 것이다. 세조는 공신들을 주변에 포진시켜 새로운 지배계급을 형성하고 권력을 나누면서 왕권을 더욱 공고히 했다. 유학의 도리는 공고했지만 새로운 시대 이념으로서의 불교를 통해 왕권을 부처와 연계하면서[10] 그 누구도 왕의 권위에 도전하지 못하도록 했다.

그러기에 세조의 불사 행위들은 모두 고도의 계획되고 계산된 정치적 행위로 봐야 한다. 집권과정에서 왕실 내의 골육상잔과 단종의 폐위로 인해서 유학의 명분상으로도 정권의 정당성을 확보하기 어려웠다. 특히 세조는 세자가 먼저 죽고, 말년에 질병까지 얻게 되자 불교적 상서를 이용해서 원각사를 중건하고 백성들의 마음을 얻고 왕권을 다지는 기회로 삼았다.[11] 일례로 세종, 문종 대에는 작은 절 하나 세우는 것에도 온 조정이 뒤집힐 정도로 신하들과 유학자들의 반대가 심하였으나, 세조 때에는 '새로 지을 절에 상서로운 기운이 가득합니다.'라고 신하들이 굽실거리면서 아첨할 정도였다고 한다. 그만큼 세조의 통치방식은 강력했다. 불교를 통해 정치적 문제를 해결하기도 했고, 왕의 권위를 드높이는 수단으로 삼은 것이다. 세조는 회암사의 이적을 통해 왕으로 등극한 정통성을 확보하고, 불교를 새로운 시대 이념으로서 공신들의 지원에 힘입어 강력한 통치방식을 행사했다.

---

10 박세연, 앞의 논문, p.35 재인용, 護國三部經인 法華經, 仁王般若經, 金光明經에서 묘사하는 왕은 부처를 대신하여 만인을 다스리는 자이고, 불법을 수호하기 때문에 다른 사람 위의 권위를 가지며, 우선적으로 보호해야 하는 자이다. 또한 불교적 聖王은 부처가 오면 바로 성불할 수 있는 초월적 존재이다. 때문에 조선이 건국되기 직전인 고려 공양왕대에만 하더라도 불교는 적극적으로 왕권과 국가를 보호하는 종교로 활용되었다. 실제로 세조대 사료에서고 왕의 모습을 삼계를 훤히 내다보고 사방으로 금륜을 날리는 부처로 표현하고 있다. 왕즉불 사상이다.(『세조실록』권31, 세종9년9월27일)

11 진성규(2007), 「세조의 불사행위와 그 의미」, p.190.

3. 원각경과 원각사의 명칭

세조는 창덕궁 바로 앞이면서, 종묘의 서쪽에 위치한 흥복사터에 새로운 절을 창건하면서 사찰 이름을 원각사라고 정했다. 회암사에서 있었던 원각법회의 이적을 한양의 중심부로 끌어 옮겨온 것이다. 더군다나 세조는 『원각경』을 최고의 경전으로 보았다. 석가모니의 경전 8만4천부 중에 원각경을 구경의 과(果)로 여겨서 원각경이 불교의 근본이자 궁극의 불경으로 인식했다.[12] 그래서 세조는 회암사 원각법회에서 사용했던 『원각경』에 대해 자신이 직접 한글로 토[구결]를 달아 편찬한 것을 가지고 이보가 강설했을 정도다. 세조대에 『원각경』의 주석서를 간경도감에서 5차례나 간행[13]했을 정도로 세조는 깊은 관심을 가지고 있었다.

원각의 의미는 아주 심오하면서 중생을 깨달음으로 이끌고 있다. 『원각경』「문수보살장」에서 어떻게 수행해야 부처의 깨달음을 이룰 수 있냐는 문수보살의 질문에 부처는 원각의 의미를 다음과 같이 이야기한다.

> 모든 여래는 본래 수행의 원인이 되는 경지에서 시작하여 청정
> 각상[참된 본각]을 통해 모든 것을 원만하게 비추어 봄으로써
> 어두운 마음[무명]을 완전히 끊어 부처의 깨달음을 이루었다.[14]

12　김수온, 「大明朝鮮國大圓覺寺碑銘」(『식우집』), "원각경이 구경의 과를 일으킨 최고의 경전이고, 회암사 원각법회에서 상서가 계속되니 흥복의 구찰을 중건하여 원각이라 이름하고 최상의 법문에 의를 붙이게 하는 것이 어떠하냐?고 하시니 모든 신하가 받들었다."

13　전영근, 앞의 논문, p.34, "함허득통의 한문본과 언해본까지 간행하였다. 이 언해본에 세조가 구결을 달고, 번역은 한계희와 강희맹이 했으며, 교정을 효령대군이 맡았다."

14　『원각경』, 「문수보살장」 제1(T17, 913b), "一切如來 本起因地 皆依圓照淸淨覺相 永斷無明 方成佛道."

흥복사를 재건하면서 원각사로 이름한 것은 『원각경』을 설한 법회에서 이적이 일어난 것이 사명을 정할 때 중요한 근거가 되었다. 원각은 원각경의 핵심 언어이자 실천방법이다. 원각은 '청정각상을 원만하게 비추어 보다'라는 의미를 줄인 말이다. 청정각상을 원만하게 비춘다는 것은 모든 인간이 지닌 참된 마음인 진여본각을 자신 안에서 발현하여 세상의 모든 법을 상대함에 있어 회피하거나 제외시키지 않고 원만하고 적절하게 있는 그대로 잘 살펴서 진리에 도달한다는 것이다. 참된 마음인 청정각상이 자기 안에 제대로 확립되면 세상의 어둠[무명, 괴로움]은 완전히 없어져서 모든 이들의 행복한 세상이 만들어진다. 이런 의미에 착안하여 세조는 『원각경』에서 원각의 이름과 뜻을 빌어 한양의 중심에 원각사를 자리하게 함으로써 통치할 때 당면한 많은 난제를 풀어나갔다. 세조는 강력한 왕권 아래에서 나라와 백성이 통합된 부강한 국가를 원했다. 계유정난의 혼란을 불교를 통해서 안정시켜 정통성을 확보하고, 왕권을 강화했으며, 그리고 정치의 중심지역인 원각사라는 공간을 통해서 백성들을 불러들여 공덕을 베풀고 불교적 상서와 자신을 연결하여 백성들의 지지를 확보하고자 했을 것이다.

원각사에서 국행의 행사가 있을 때는 국왕과 신하뿐만 아니라 신하들의 부인들과 행정관리, 의례수행 악공, 인근 승려들, 사대부와 서민들로 꽤 많이 참석하였다. 세종 14년 2월에 열린 한강의 수륙재에서는 승려 1천 명에게 보시를 올리고 음식을 베풀어 도성 안의 사람들이 구름처럼 한강에 몰려들었다고 한다.[15] 세조 때에는 세조가

---

15   김윤주(2017), 「조선초기 한양의 불교사찰 건립과 불사개설」, p.55.

신하들에게 수륙재에 참여를 권하는 계문을 만들어 배포했다는 기록도 있다.[16] 원각사 창건 당시에 세조가 직접 수륙재를 열어 불법을 강설하고 음식을 베푸는 공덕을 실현하면서 신하들에게 참여를 독려한 것이다. 수륙재는 원각사와 한강에서 번갈아 가면서 개최되었을 것이다. 원각사에서 수륙재 등의 국행행사가 있을 때는 백성들이 다 들어가지를 못해 통제했을 정도였다고 하니 백성들의 참여가 대단하였다. 세조는 이런 기회를 살려 신하들과 백성들에게 자신의 공덕을 베푸는 기회로 삼아 대화합의 장을 만들고자 했을 것이다.

4) 한양의 중심에 원각사 건립

원각사의 위치는 창덕궁의 앞이며 종묘의 서쪽에 있다. 당시 경복궁에는 함원전이라는 불당이 있었다. 원래는 창덕궁 안에 문소전의 부속 불당으로 내원당이 있었는데, 세종은 경복궁에서 정사를 보고 있던 터라 세종 15년에 문소전을 경복궁으로 이전하면서 불당을 없앴다가 세종 30년에 선왕이 세운 것을 빌미로 신하들의 극심한 반대를 무릅쓰고 경복궁 문소전 옆에 불당을 다시 완공한다. 나중에 함원전이 내불당으로 바뀐 듯하다. 그런데 세조는 정사를 창덕궁에서 주로 보았는데, 그곳에는 불당을 이미 경복궁으로 옮긴 터라 내불당이 없었다. 호불왕인 세조는 회암사의 이적을 계기로 창덕궁 안의 작은 절[내불당]이 아니라 창덕궁 외부 전면이자, 한양의 중심지인 흥복사터에 내불당을 대체할 사찰을 지은 것으로 보인다. 더구나 선왕들의 위패가 모셔진 종묘 가까이에 위치하였기에 선왕들의 사후 왕

---

16 원각사 계문, 1465년.

생을 기원할 왕실 원찰로서도 아주 적합했다.

　세조 10년 회암사 원각법회의 이적이 생기기 이전에도 불교적 상서는 수차례 있었던 것으로 보인다. 세조 8년 11월에 효령대군의 원찰인 양평 상원사에서 관음보살이 현상하자 최항에게 『관음현상기』를 찬하도록 했다는 기록[17]이 있다. 회암사에서 이적이 일어나자 세조는 부처와 직접 만나고 상서를 계속 일으키는 왕의 신성하고 자비로운 모습을 한양의 도읍에서 좀 더 오래 기억시키기 위해서는 일종의 기념비가 필요했다.[18] 이러한 기념비적 성격을 가장 잘 드러낸 불사가 원각사 창건이라고 할 수 있다. 상원사나 회암사의 이적을 한양으로 끌어와 왕의 권위를 대변하는 기념비로 대체한 것이다.

　원각사에 지어진 당우나 조각품들은 당시 최고의 기술력으로 지어진 것들이자 국가의 모든 역량을 집중한 작품들이다. 원각사 종은 전국에서 구리를 모아서 제조할 정도로 공을 들였으나 연산군 이후 건물들과 더불어 여러 수난을 당했다. 중종대에는 동대문 문루에 걸어 종을 치다가 광해군 1619년 이후 최근까지 종각(현재의 보신각)에 설치되어[19] 백성들에게 일상의 시간을 알려주고, 국가의 번영을 기원하는 실질적인 역할을 담당했다. 지금은 국립중앙박물관에 보관되어 있으니 보신각종이 아니라 원각사종으로서의 이름을 되찾기 위해서도 원각사로의 복귀가 필요하다.

17　최항(1461), 『觀音現相記』.
18　박세연, 앞의 논문, p.55.
19　현재는 1980년대에 새로 종을 만들어 보신각에 걸고 원각사종은 국립중앙박물관에 있다.

원각사 13층탑[20]은 대리석으로 만들어졌기에 독특한 재질과 정교한 조각으로 예술성이 아주 뛰어나 국보 제2호로 지정되어 있다. 대리석 재질의 특성상 색감이 하얗다 보니 백탑(白塔)이라고도 하고, 뼈와 같은 색감이라고 해서 탑골(塔骨)[21]이라고도 한다. 그 아름다움은 중국과 일본에도 알려져서 조선에 오는 사신과 승려들은 이 탑을 보려고 일부러 원각사를 방문할 정도였다.

당시에 원각사의 대광명전과 백옥불상, 13층탑과 범종은 세인들의 관심을 불러일으키기에 충분했다. 궁궐과 관청과는 달리 사찰은 백성들의 출입이 한층 쉬웠을 것이기에 행사 때마다, 법회 때마다 백성들이 수없이 많이 몰려들었을 것이다. 더구나 세종대와 세조 대에 빈민구제의 장소로도 활용되었던 곳이니 원각사는 한양 백성들이 몰려드는 성안의 중심지이자 한양을 대표하는 건축물이었을 것이다.

---

20 진성규, 앞의 논문, p.174. 김수온의 「대명조선국대원각사비명」에는 十有三層이라 하였고, 『신증동국여지승람』 제13권 「경천사조」에는 석탑13층탑이라고 하였다. 원각사탑이 경천사탑을 모방해서 만들었다는 것이 정설이니 원각사탑의 층수에 대해서도 적극적 재검토가 있어야 할 것이다. 10층탑과 13층탑의 견해가 학자들 간에 혼재하고 있으나 원각사 성역화 시점에 13층 주장에 대한 적극적인 검토가 이뤄져야 할 것이다.

21 뼈와 같은 모양을 딴 것이 아니라 뼈와 같은 색감을 가지고 있어서 骨이라는 이름을 붙인 것으로 보인다. 한옥에서 단청을 하지 않은 목재 색감(하얀 목재 색감) 그대로의 집을 白骨집이라 표현하는 것도 같은 의미다.

4
원각사의 역할과 기능

    유학의 나라 조선에서 성리학으로 무장한 신하들이 그들의 철학과 반대되는 불사를 해야 하는 안건을 가지고 세조 앞에서 상서로운 일이라며 아첨을 떨 정도로 강력한 왕권을 행사한 세조이지만 불교를 통해서 백성의 화합을 지향한 모습이 보이기도 한다. 아무리 성리학을 기초로 세운 나라라고 하지만 거의 1천 년이나 지속되어 온 불교문화는 조선 건국초라고 할지라도 사람들의 마음속 종교이자 사상이었다.[22] 이는 사대부의 경우도 마찬가지였다. 불교를 혁파하자고 강력히 주장하던 정승도 임종 시에는 부처에 공양하고 재승하는 일이 잦았고 부인들은 사찰에 가는 일이 더 많았던 시기다.

    백성들도 개인적으로 불사를 베풀거나 행사에 직접 참여하고, 구경하러 나서기도 했다. 세조는 백성들이 실질적으로 글을 쓰고 책을

---

22 김윤주, 앞의 논문, p.43.

읽을 수 있는 한글 금속활자도 만들어 불경 등을 만들어 배포했다. 이제 백성들은 마냥 수용만 하던 하층민이 아니라 책을 읽고, 글을 쓰며, 정보를 활용할 수 있는 지식을 가진 대중이 되었다. 이처럼 한양의 중심 원각사는 왕과 왕실, 사대부와 행정관리, 백성들이 모두 드나들던 주요거점이자 화합의 장소로 활용되었다.

1. 한글 금속활자 제조와 백성의 개안

세종 16년 세종의 명으로 '갑인자'라는 금속활자를 만드는 데 참여한 수양대군(세조)은 즉위한 후에 우리나라 최초의 금속으로 된 한글 금속활자를 만든다. 이를 '갑인자병용한글활자' 또는 처음으로 발간한 책의 이름을 따서 '월인석보한글자'라고 불렀다. 직지심체요절 이후 300년이 지나 한글을 금속활자로 만들어 책을 편찬함으로써 사회 전반에 엄청난 변화를 주었다. 이는 최초의 한글 활자로 세조는 지방서원에 썩혀두던 책들과 불교의 불경들을 간행, 반포해서 일반 사대부와 백성들에게도 읽게 하였다. 양반들뿐만 아니라 일반 백성들도 책을 읽을 수 있게 한 혁명과도 같은 사건이었다. 이제 백성들은 말로만 들어왔던 부처의 일대기와 교리를 책을 통해 알게 되고 널리 공유하게 되었다. 그래서 원각사 비명에는 이에 대한 세조의 간절한 마음이 담겨 있다. 『원각경』에 대해 세조가 친히 구결을 정하여 한문과 언해를 다 붙여서 장차 나라사람[國人]들로 하여금 모두 대승의 도를 들을 수 있게 하였다고 밝히고 있다.[23] 원각사나 다른 사찰에서 불사가 있거나 법회가 있을 때 일반 백성들이 책을 들고 같

---

23   김종수(2017), 「조선전기 사액사찰에 대한 연구」, p.8, 주석8 참조, "惟大圓覺眞頓教眞詮. 萬機之餘, 親定口訣, 漢諺交宣, 將使國人, 皆得聞大乘之道.

이 읽고, 배울 수 있다는 것은 그 이전에는 상상할 수 없었던 대사건이었다.

『원각경』을 최고의 경전으로 인식했던 세조는 『원각경』을 통해 세존의 원력을 펼침으로써 정권의 도덕성을 회복함과 동시에, 대승불교로 귀일되는 통치이념을 재조직해내는 작업을 시도한 것으로 보인다.[24] 세조는 안정된 자신의 왕권 아래서 일반 백성들이 글과 불교를 통해 태평하고 안녕할 수 있는 시대를 추구했던 것이다. 그 중심에 원각사가 있었다.

2. 수륙재와 빈민구제

원각사 불당이 완성되자 세조는 1465년 4월에 경찬회를 열었다. 이 경찬회에는 128인의 승려가 초대되어 한글로 번역된 『원각경』을 열람했으며 이들 외에도 2만여 명의 승려가 모였는데, 법회는 5일 동안 치러졌고 마지막 날에 참여자들에게 계문이 발급되었다.[25] 불전이 낙성되자 세조는 계문(契文)을 적어 여러 신하들이 계원이 되어 수륙재 불사에 동참하도록 권유하고 있다. 꽃비가 내리고, 봉안된 부처의 사리의 갯수가 저절로 늘어나는 등 신묘한 이적이 거듭되는 가운데 원각사의 창건을 계기로 국행불사인 수륙재 설행함에 있어 계를 맺어 동참하자는 문서[26]다.

---

24 김종수, 위의 논문, p.8.
25 전영근, 앞의 논문, p.29.
26 圓覺寺 瑞氣放光 甘露須陀味 雨花 現相 舍利分身 平等道場 同參. 계문의 바탕에 꽃비의 문양이 들어있는데, 이는 회암사 원각법회 때와 원각사 중수 시에 우화가 내렸다는 신이함을 표현한 것으로 보인다.

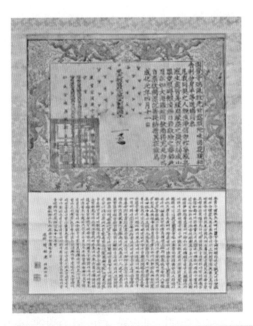

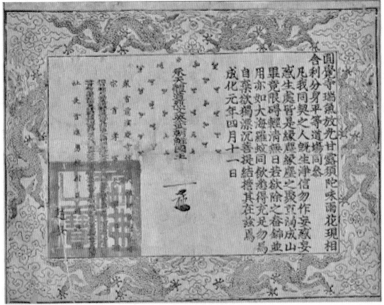

〈그림 1〉 1465년 원각사 경찬회 계문[27]

왕실 간의 피비린내 나는 살육으로 정권을 잡은 세조는 왕좌에 오른 이후 참회하고 불교에 귀의하였기에 물과 뭍에 떠도는 망령들을 위로하고 백성들에게 베풀어 먹이는 수륙재 행사에 특별히 공을 들인 것으로 보인다. 전국 사찰의 여러 불사를 후원하면서 참회하던 세조가 원각사에서 주최하는 수륙재와 법회, 국행불사를 통해 백성들의 마음을 얻는 데 진력한 것이다. 원각의 의미와 같이 누구나 부처의 마음을 가지고 있다는 불성사상과 평등사상에 기반하여 그동안 소외되고 억압받던 백성들에게 눈을 돌렸다고 할 수 있다. 한글 활자를 만들어 백성들에게 책을 읽을 수 있도록 한 것이나 원각사 불사와 법회에 백성들을 참석시킨 것 등이 모두가 백성들을 아우르며 화합시키기 위한 세조의 통치이념이었다고 할 수 있다.

세조가 원했던 뛰어나고 강력한 군주 아래에서의 정치와 정책은 신하들뿐만 아니라 민간의 가장 깊숙한 곳까지 개입하여 백성들의 인식과 생각을 완전히 지배하고 통제하여 국가의 재정과 병력을 확보하려고 의도 했었다. 호패법, 호적 및 군적 작성, 군제개편, 북방 사민(徙民)정책 등은 세조의 그러한 의도가 반영된 것인데 백성들의 상당한 저항을 받았다. 세조는 국왕의 위엄을 손상하지 않으면서 백성들의 이러한 분위기를 누그러뜨리고 정책을 안정시키기 위해 백성들을 위무할 필요가 있었다.[28] 천년을 이어온 불교는 백성들에게 아주 익숙한 상징체계였고 세조는 국왕의 초인적 강대함과 자비로움을 불교를 통해 알리고 부각하기에 아주 적합한 수단으로 생각했다.

27   전영근, 위의 논문, p.35. ; 노형석(2021),「[단독] 1465년 원각사 창건 때 세조가 지은 '계문' 나왔다」, 한겨레신문>, 2021.12.16.(https://www.hani.co.kr/arti/culture/culture_general/1023519.html)
28   박세연, 앞의 논문, p.33.

또한 원각사는 전신인 흥복사 시절부터 빈민을 구제하던 곳이었다. 세종 4년에 심한 가뭄이 들어 굶어 죽는 백성이 속출하자 흥복사에 진제소[29]를 두어 백성을 구휼하였다. 원각사 시절에는 백옥 불상이 조성되자 세조는 3백 결의 전지를 하사하였다. 그리고 국행불사나 수륙재에는 왕실과 신하들의 재물 보시가 줄을 이었고, 매년 국가에서 정기적으로 재물을 사여해서 재정이 충분하였다. 세종 이후에는 원각사에 빈민구제에 관한 관청을 설치했다는 기록은 없다. 하지만 세조 때 수륙재나 국행불사를 통해 재물과 쌀을 백성들에게 나눠주었으니 동일한 역할을 한 것으로 봐야 할 것이다. 지금의 탑골공원에서 사회복지법인 원각 등의 여러 단체에서 노숙인 식사제공 등의 복지활동이 이어져 오고 있음은 흥복사와 원각사에서 이루어진 구휼의 연속성이라고 볼 수 있을 것이다.

3. 왕실행사와 국행제례 수행

국가차원에서 군병력을 동원하여 조영되고, 매년 재정지원을 받으며, 병사들로 하여금 지키게 했던 원각사는 국가차원에서 다양한 기능과 역할을 수행했다. 먼저 외국 사신이 주로 찾는 곳이었다. 조선에 온 명나라와 일본의 사신들은 원각사탑이 천하의 최고라는 것을 듣고 원각사를 보고자 항상 방문하기를 청하였다. 원각사를 찾아 예불하고 재물을 시주했다. 성종 14년에는 명의 사신이 병이 나자 원각사에서 며칠 동안 법회를 열어 완쾌를 빌기도 했다.[30]

---

29 『세종실록 17권』, 세종 4년(1422) 8월3일 정해 첫 번째 기록, "丁亥/置賑濟所於城中興福寺, 聚飢饉者賑之"

30 이병희, 앞의 논문, p.126, 재인용.

또한, 원각사는 국가와 왕실을 위해 여러 기능을 맡았다. 국왕의 병환이 있으면 왕을 위해 기도하는 곳이었으며, 비와 관련하여 기우제나 기청제를 지내는 장소였다. 국왕이나 왕실을 위한 행사도 열렸는데, 선왕들의 사후 명복을 빌기 위한 원찰의 역할이었다. 세조의 백재와 예종의 백재도, 왕비들의 백일재도 원각사에서 베풀었다. 수륙재가 거행되었으며, 철에 따라 새로 난 과실이나 농산물을 신에게 먼저 올리는 천신(薦新)의 기능도 실행되었음이 확인된다. 세 번째는 불교경전을 보관하는 해장전이 있었기에 원각사는 불경을 인쇄할 수 있는 곳이었다. 이처럼 원각사는 국가를 대표하는 사찰로서 왕실의 원찰이었고 불경을 만들고 홍포하는 거점으로서 당당하게 그 역할을 담당하고 있었다.

4. 원각사의 쇠퇴

원각사는 연산군 10년(1504년)에 연산군의 폐불정책에 의해 기능이 급격히 축소되고 결국 폐사된다. 1505년 2월에는 연산군에 의해 장악원을 원각사로 옮겨가게 하고 기생과 악공들을 여기에 머무르게 하여 총률 40인에게 날마다 가르치게 하였다.[31] 1507년 중종대에는 한성부를 원각사로 옮겼는데 제대로 관리되지 않아 절의 창과 벽이 다 깨져서 한성부 우윤 성윤조가 한성부를 다시 본부(本府)로 옮겨줄 것을 요청하기도 했다. 성윤조는 1509년 갑작스런 병으로 죽었는데 사람들은 원각사를 폐사시킨 원인으로 재앙이 일어났다고 생각할 정도였다.[32] 1512년에는 중종이 원각사의 빈 땅을 재상 등 사대부에게

31　『연산군일기』, 연산11년(1505년) 2월21일
32　『중종실록』, 중종 5년(1510년) 1월12일

나누어주었는데 1525년 경에는 원각사 부지에 지은 집들이 아주 많았다.[33] 원각사는 이러한 역사적 기록과 함께 거의 사라져갔다. 조선 말 대한제국에 이르러서야 영국인 해관 총세무사 브라운(J.M Brown)의 공원설치 제안에 의거하여 고종의 지시로 1899년 3월 원각사터에 탑골공원의 조성이 시작된다.

33 『중종실록』, 중종7년(1512) 7월24일 ; 『중종실록』, 중종20년(1525) 12월14일.

5
나오는 말

1. 결론

고려시대부터 있었던 흥복사는 수많은 백성이 모여 살던 한양의 중심이었다. 서경의 흥복사처럼 남경의 흥복사는 궁궐 인근에 위치하여 국왕과 왕실이 남경을 들렀을 때마다 순행하여 기도를 올리는 왕실사찰이었다. 조선이 건국되면서 태조는 한양으로 도읍을 옮기고 스승인 무학대사를 위해 흥복사를 중창하여 조계종의 본사로 정한다. 국행불사나 기우재/기청재, 왕실의 재승을 흥복사에서 봉행했을 정도로 국가사찰이자 왕실의 원찰이었다. 이러한 흥복사도 유학이 통치이념이었던 조선에서 세종의 시대를 거치면서 쇠락하여 관습도감이란 관청이 들어서고 악학도감도 그 터를 차지한다.

성리학의 가치를 등지고 반정을 일으킨 세조는 불교 이념에 의지하여 강력한 군주 중심의 나라를 세우고자 하였다. 왕권의 정통성을 확보하고, 도덕성을 회복하면서 왕권을 강화해야 할 세조에게는 양평 상원사나 회암사 원각법회에서 생긴 불교적 상서가 정국을 만회

할 중요한 계기가 되었다. 세조는 특히 원각경에 대해 큰 관심을 가지고 있던 터에 자신이 구결을 단 이보의『원각경』법회에서 여래가 출현하는 이적이 생기자 이를 기회로 삼았다. 고려의 흥복사를 중창함에 있어 사액을 내려 경전의 이름을 따서 원각사라 정하였다. 부처까지도 자신의 공덕을 인정하여 상서로운 일이 넘쳐나고 있음을 들어 도덕적 권위를 회복하고 왕권에 대한 정통성을 확보하는데 진력하였다.

여말선초에 규모가 가장 컸던 회암사는 본래 이성계와 깊이 연관되어 있으며 스승 무학대사가 주석하던 곳이다. 세조는 회암사 원각법회의 불교적 상서를 한양의 중심으로 옮겨오고 싶었다. 그 의미는 이성계와의 연관성을 통해 자신의 정통성을 인정받고, 불교적 상서를 호불왕인 자신이 부처로부터 증명받은 것으로 인식되도록 기념비적인 건물을 원각사로 창건해 백성들에게 보여주고자 했다. 세종과는 달리 창덕궁에서 정사를 봤던 세조는 창덕궁의 내불당이 경복궁으로 옮겨갔었기에 창덕궁궐에 다시 불당을 세우고 싶었을 것이다. 이에 호불왕이었던 세조는 궁궐 안의 조그만 내불당이 아니라 창덕궁궐 전면, 종묘의 인근 흥복사터에 제대로 된 불당을 세워 불교의 재융성을 통해서 전륜성왕으로서 강력한 군주가 되려고 마음먹을 것이다.

원각사는 흥복사 때부터 세종대에 수륙재 등이 설행될 때 들어설 자리가 없을 정도로 백성들이 많이 모여들었던 도읍의 중심거점이었다. 여기에 세조는 최초로 한글 금속활자를 만들어 불경을 간행하여 실질적으로 백성들이 불교경전을 읽을 수 있도록 했고, 수륙재 등을 통해 백성들에게 재물을 베풀었으며 왕실원찰인 원각사에 백성들이 참여할 수 있도록 허용하면서 백성을 가르치고, 구제하는 현장으로 만들었다. 그런 일련의 과정 중심에 원각사가 있었다. 이후 국행불사와 왕실원찰로서 수많은 행사의 중심이 되었다. 외국 사신들이 주로 찾는 곳이기도 했고, 기우재나 기청재를 지냈으며, 왕이나 국가에 재난이 있을 때 기도하는 왕실사찰이자 국가사찰이었다.

원각사는 시대마다 그 당시 중심 집단들의 주요거점이었다. 그 주체가 호불왕이었을 때에는 국가사찰과 왕실의 원찰로서 기능하였고, 비불왕이었을 때에는 관청으로, 또는 음악원으로, 악공들의 숙소로 활용되었다.[34] 조선말 나라가 어지러울 때 깨어있는 백성들이 주체였을 때에는 만민공동회가 개최된 곳이기도 하고, 일제치하에서는 독립운동의 기치를 열었던 곳이다. 이후 일반인들의 공원으로서, 최근에는 노인들의 휴식처와 노숙자들을 위한 식사제공의 장소로서도 사용되고 있다.

전반적으로 보면 원각사지는 그 시대의 소명을 다하고 있다는 인식이 강하다. 그만큼 원각사지는 한양 도심의 주요한 중심거점이요, 핫플레이스로서의 기능을 담당하고 있었다. 이러한 기능적 요소를 감안하여 현재 관주도의 성역화 사업을 추진함에 있어 불교사적 인

---

34 이상백(1958), 「원각사시말고」, 이상백은 그의 논문 「圓覺寺始末考」의 제6..원각사와 장락원, 연방원 장에서 연산군 12년에 장락원을 연방원으로 개칭은 하였으나 원각사를 사용한 기록은 실록에서 발견할 수 없다고 주장하고 있다. 성현이 지은 『용재총화』에서의 기록이 유일한데, 『용재총화』에서는 관습도감과 奉常寺의 악학을 합하여 악학도감이 괴고 곧 장락원으로 되었다는 것 뿐이다.

식을 갖추고 세조가 백성들을 향해 이루고자 했던 발원의 원형들을 살리기 위해 본 논문이 조금이나마 도움이 되기를 희망한다. 성역화 사업을 통해 만인이 다시 모여들고 그들의 희망을 담아내는 공간으로 거듭나기를 기원한다.

2. 제언

종로구청에서 추진하고 있는 탑골공원 성역화 사업에는 여러 가지의 추진 방향이 있다. 원각사의 원형 복원, 폐쇄적으로 보존하고 있는 문화재의 개방, 삼일 만세운동과 독립운동의 기념, 만민운동의 기치 홍보 등을 성역화 사업내용에 포함하려고 각계의 의견을 모으고 실현방안을 숙고하고 있다.[35] 조선 말 한민족의 계몽시기에 민의를 담아내는 중심이었고, 일제 식민시기 독립운동의 기치를 열었던 곳으로 역사적 중요성은 당연한 것이지만 이 모든 역사적 움직임은 원각사 절터 안에서 이루어진 것이기에 기본적으로 불교 역사적 의미를 담아내야 한다고 생각한다.

성역화 발기인 대표 이종찬은 한국 사회의 갈등봉합과 통합의 장을 열기 위해 발기인대회에 이승만 대통령과 김구 주석의 가족들을 같이 초대했다고 한다. 이 정신을 실현하기 위해서라도 역사적으로 원각사 창건을 통해 정치적 갈등과 계층적 양극화 등을 조화롭게 화해시킨 바 있는 이 공간에 그 정신을 잘 드러내야 한다. 반상의 도가 유별났던 조선시대에 한양 궁궐 앞 왕실사찰의 법회에 일반 백성들까지 참석할 수 있었던 대화합의 장은 이미 세조대에 이루어지고 있었

---

35   탑골공원 성역화를 위한 학술회의(2023, 9,14), 탑골공원 성역화 발기인회.

다. 한글 금속활자를 만들어 우매한 백성들에게 불교경전을 한글로 직접 읽게 하여 정신을 일깨우고, 빈민을 구제하는 현장이었다. 이러한 불교의 사회참여 정신을 성역화 사업에 반드시 반영해야 한다.

이를 구체화하는 방안으로서는 우선 박제화되어 있는 원각사지 10층석탑의 유리보호막을 제거하여 개방하고, 불전을 복원해야 한다. 금속활자를 만든 세조의 뜻을 새겨 해장전(금속활자 전시관)을 건립하고 원각사 종을 제자리에 복위시킴으로 불교를 통한 자비평등평화의 정신을 드러내어 시민들에게 교육해야 한다. 나아가 탑골공원의 담을 헐어 노인들의 휴식 중심에서 젊은이들이 함께하는 문화복합의 장으로 만들어야 한다. 인문학과 대중문화의 꽃을 피울 수 있도록 관련되는 강연과 공연의 무대가 이어지도록 조성되어야 한다. 그럼으로써 본래 한양의 명실상부한 중심이었던 원각사터[36]가 주변 인사동의 문화적 가치와 연결되고, 창덕궁과 종묘의 역사적 의미와 연결하며, 청계천 동선과 인근 전철과의 획기적인 확장을 통해 대중의 민의와 함께 어우러지는 문화복합공간으로 자리매김해야 할 것이다.

---

36 학술회의에서 탑골공원의 중심부가 동대문의 위도와 완전히 일치하고 정남쪽에 남산타워의 경도와 정확하게 일치하는 논문이 발표되었다. 명실상부한 한양의 중심이었던 것이다.(임정규, 양홍진, 「서울의 중심 탑골공원 입지의 융합적 분석」)

참고문헌

『원각경』
『觀音現相記』
『신증동여지승람』
『용재총화』
「大明朝鮮國大圓覺寺碑銘」
『세조실록』
『연산군일기』
『중종실록』

강호선(2013), 「조선태조 4년 국행수륙재의 설행과 그 의미」(『한국문화』 62권)
김수온, 『拭疣集』(한국문집총간 9, 민족문화추진위원회, 1986)
김윤주(2017), 「조선초기 한양의 불교사찰 건립과 불사개설」(『서울학연구』 66권)
김종수(2017), 「조선전기 사액사찰에 대한 연구」(한국연구재단)
박세연(2011), 「조선초기 세조대 불교적 상서의 정치적 의미」(『사총』 74권)
서치상(1989), 「원각사 창건공사에 관한 연구」(『공업기술연구보』 제3집)
양혜원(2022), 「세조대 불교적 異跡의 시작, 『觀音現相記』」(규장각 61)
윤승혜(2020), 「도심 속 성역화 공원의 경계부 활성화 방안에 관한 연구」
        - 종로구 종로 99 탑골공원을 중심으로(석사학위논문, 홍익대학교)
이병희(2010), 「조선전기 원각사의 조영과 운영」(『문화사학』 제34호)
이상백(1958), 「원각사시말고」(『향토서울』 2호)
인용민(2008), 「효령대군 이보의 불사활동과 그 의미」(『선문화연구』 제5집)
전영근(2022), 「1465년 원각사 경찬회 계문에 대한 고찰」(『고문서연구』 제61호)
진성규(2007), 「세조의 불사행위와 그 의미」(『백산학보』 제78호)
최건업(2021), 「궁궐 속 불교이야기」(『월간 금강』, 2021년 7월)
하워드 J. 웨슬러(2005), 임대희 역, 『비단 같고 주옥같은 정치』(고즈윈)

노형석, 「[단독] 1465년 원각사 창건 때 세조가 지은 '계문' 나왔다」, 한겨레신문>,
        2021.12.16.(https://www.hani.co.kr/arti/culture/culture_general/1023519.
        html)

김영수

성균관대학교 역사교육과 및 사학과 대학원을 졸업
모스크바국립대학교 역사학부에서 역사학박사
동북아역사재단 독도동해연구실장
독도연구소장
교육연수원 교수
교양총서편찬위원장
현재 동북아역사재단 독도연구소 연구위원

저서
『미쩰의 시기: 을미사변과 아관파천』(2012, 경인문화사)
『명성황후 최후의 날: 서양인 사바찐이 목격한 을미사변 그 하루의 기억』(2014)
『제국의 이중성: 근대 독도를 둘러싼 한국·일본·러시아』(2019, 동북아역사재단)
『고종과 아관파천: 이희, 러시아공사관에서 375일』(2020, 역사공간)
『100년 전의 세계일주: 대한제국의 운명을 건 민영환의 비밀외교』(2020)

대한제국 탑골공원의
탄생과 운영

1
머리말

　19세기 영국과 러시아는 군사적으로 대립했는데 영국은 희망봉을 포위하면서 인도제국의 해양에 진출하여 군사행동을 실행했다. 반면 러시아는 크림전쟁 이전부터 아무르강을 통해서 태평양 연안까지 진출했다. 심지어 1904년 러일전쟁 당시 영국은 러시아를 견제하기 위해서 일본을 지지했다. 그 결과 19세기 말 20세기 초 열강의 경제적·군사적 대립이 한국을 포함한 극동지역을 둘러싸며 심화되었다. 고종 시대 한국의 대외관계를 살펴보면 임오군란과 갑신정변, 청일전쟁과 러일전쟁 등으로 청국과 일본, 러시아와 일본의 외교적·군사적 대립이 극심했다.

　극동지역 중 한국은 역사적으로 대륙과 해양이 연결되는 중요한 지역이었다. 1900년 러시아 재무부가 발간한 『한국지(Описание Кореи)』는 한국의 지정학적 위치를 아시아 대륙과 일본 섬의 중간 위치로 파악하면서 한국을 '반도'와 '다리'의 역할로 기록했는데 정치적 관점에서 "한국이 중국과 일본의 분쟁 대상이었다"라고 파악했다. 『한국지』에 따르면 한국은 지리적으로 아시아 대륙에서 일본으로 건너가는 다리의 역할을 수행했다. 한반도는 고대부터 동아시아 고지(高地)에서 동쪽과 남쪽의 해안선을 따라 섬까지 이동하는 장소였다. 한반도의 거주민은 동아시아 고지에서 살던 사람과 일본의 섬에 사는 사람들로 구성되었다. "어떤 국가가 한반도에서 우선권을 가지냐?"라는 문제는 오랜 역사가 있었는데 그것은 1592년 임진왜란과 1894년 청일전쟁의 주요한 원인이 되었다. 청국과 일본 군대는 두 차례의 전쟁으로 한국을 피폐시켰다.[1]

한편 지정학자 영국인 맥킨더(Sir Halford John Mackinder, 1861-1947)는 대륙세력과 해양세력의 구별과 동시에 내부와 외부 초승달 지역을 설정했다. 내부초승달(great inner crescent) 지역은 독일, 오스트리아, 터키, 중국, 한국 등이었다. 외부초승달(outer crescent) 지역은 영국, 남아프리카, 오스트레일리아, 미국, 캐나다, 일본 등이었다. 맥킨더는 내부 초승달 지역이 대륙과 해양의 교두보라고 주장했다. 맥킨더는 프랑스, 이탈리아, 이집트, 인도, 한국(Corea) 등을 유력한 교두보 지역이라고 설정했다. 무엇보다도 맥킨더는 내부초승달 지역에서 내부 초승달과 외부초승달 지역 사이의 불안전한 균형상태를 보여준다고 판단했는데 그것이 바로 근동·중동·극동 문제였다.[2] 맥킨더는 인도-태평양 지역에서 한국과 인도를 대륙과 해양의 교두보 지역이라고 판단했다.

결국 한국은 대륙과 해양이 연결되는 군사적·경제적으로 중요한

---

1   Описание Кореи. Составлено в канцелярии министерства финансов. Ч.1. СПб. 1900 : 崔璇·金炳璘, 『韓國誌』, 韓國精神文化研究院, 1984, 9-10쪽.

2   H.J. Mackinder. The geographical pivot of history. The Geographical Journal. 23. April 1904. pp.436-437.

지점이었는데 서울은 한국의 수도로 핵심적인 지역이었다. 더구나 탑골공원은 남산과 북악 사이의 서울 중앙에 위치한다는 사실만으로도 한국의 심장부로 볼 수 있다. 한국인은 조선시대 원각사를 지금의 탑골공원 위치에 건립했고 원각사 내부 원각사지십층석탑 주변에서 북학파가 형성되었다. 한국인은 전근대부터 서울 종로구에 소재한 탑골공원 위치를 민족정신과 독립정신이 살아 숨 쉬는 지역이라고 생각했다. 그 이유는 한국인이 병자호란과 임진왜란 등을 겪으면서 원각사지십층석탑을 중국과 일본에 대한 저항의 상징으로 생각했기 때문이었다.

일제강점기 잡지 『개벽』과 『별건곤』 등에 따르면 탑골공원은 서울에 거주하는 사람의 명소였다. 1924년 6월 1일 잡지 『개벽』에 따르면 "탑동공원(塔洞公園)은 경성(京城) 시가(市街) 중앙에 있어서 항상 진애(塵埃)가 포위하고 기지(基地)가 협소(狹少)하지만 조선인(朝鮮人)에게는 가장 관계가 많고 또한 역사가 많았다."[3] 1929년 9월 27일 『별건곤』에 따르면 "조선인 중심지대에 잇기 때문에 종로 부근 사람의 유일한 산보지가 되고 또 역사적 유물이 많은 까닭에 내외인의 관람객이 많았다."[4] 또한 "시가의 중앙에 있어서 산보하기 가장 편하고 또 누구나 그 안에 거닐 수 있는 대중적(大衆的)인 곳이었다"고 기록했다.[5]

당시 탑골공원은 한문으로 탑동공원(塔洞公園), 영어로 파고다공원(Pagoda Park)이라고 불렸다.[6] 기존 연구는 대한제국 시기 탑골공원

---

3 車相瓚(1887-1946), 「경성(京城)의 명승(名勝)과 고적(古蹟)」, 『개벽』 48, 1924.6.1.

4 考古生(車相瓚), 「京城이 가진 名所와 古蹟」, 『별건곤』 23, 1929.9.27., 24쪽.

5 高永翰, 「서울이라는 그 맛에, 서울의 조흔 곳 낫븐 곳, 서울 사람은 무엇에 愛着을 두고 사는가」, 『별건곤』 23, 1929.9.27., 53쪽.

6 『독립신문』과 『帝國新聞』 등은 '탑골'이라는 한글로 표기했는데 필자도 한문이 아닌 '탑골공원'이라는 한글 명칭을 사용했다.(『帝國新聞』, 1899년 4월 13일 ; 『독립신문』 1899년 4월 14일)

의 조성, 일제강점기 탑골공원의 운영 등의 역사적 변화를 전체적으로 살펴보았다.[7]

하지만 기존연구는 대한제국 시기를 탑골공원의 전사(前史)로서 서술하여 고종시대 탑골공원의 역사를 독자적으로 분석하지 못했다. 기존연구는 부분적으로 탑골공원의 조성 과정을 다루다 보니 사실 관계가 정확하지 못했는데 탑골공원이 언제 만들기 시작했는지에 관한 의견이 분분한 상황이었다. 즉 1897년인지, 1898년인지, 1899년 인지 등이 바로 그것이다.[8] 또한 언제 완성되었는지에 관한 정보도 불확실하다. 심지어 탑골공원의 설치를 주도하고 실행한 인물이 서양인인지 또는 한국인인지 등이 불분명한 상황이었다. 무엇보다도 기존연구는 탑골공원의 설치를 지시한 인물이 고종인지 또

---

7   이태진, 「18-19세기 서울의 근대적 도시발달 양상」, 『고종시대 재조명』, 태학사, 2000 ; 전우용, 「대한제국기 서울의 공공시설과 공중」, 『사회적 네트워크와 공간』, 태학사, 2009 ; 김해경·김영수·윤혜진, 「설계도서를 중심으로 본 1910년대 탑골공원의 성립과정」 『한국전통조경학회지』 31-2, 2013 ; 김해경, 「탑골공원, 기억의 층위에 대한 해석」 『한국전통문화연구』 14, 2014 ; 하시모토 세리(橋本妹里), 「공공성의 주체를 둘러싼 식민권력과 '경성부민'의 대립 '문명'으로서의 공원을 중심으로」, 『한국학연구』 35, 2014. ; 민경찬, 「에케르트, 독일인으로 대한제국 애곡가를 작곡하다」 『개항기 서울에 온 외국인들』, 서울역사편찬원, 2016 ; 박은숙, 「개항 후 서울도시공간의 재편과 성곽 철거」, 『내일을 여는 역사』 33, 2008 ; 한성미, 「탑골공원의 장소 정체성에 대한 연구 : 성역화사업 이후 현상을 중심으로」, 『한국조경학회지』 44권 3호, 2016 ; 염복규, 「탑골공원, 근대적 대중공간의 탄생과 서울 시민들의 이용」 『근대문화유산과 서울사람들』, 서울역사편찬원, 2017 ; 이수정, 「이왕직양악대의 활동이 근대음악사회에 끼친 영향」, 『음악과 민족』 57, 2019 ; 최인영·박희용, 「대한제국기-식민지기 탑골공원의 운용과 활용」, 『서울학연구』 91, 2023. 그 밖에 발굴보고서는 다음과 같다. 서울역사박물관, 『서울 탑골공원 원각사지 시굴조사보고서』, 2002 ; 서울특별시, 『탑골공원 팔각정·오운정·정밀실측보고서』, 서울시 종로구, 2011 ; 서울특별시 종로구청, 『서울 탑골공원 종합정비계획』, 종로구청 한국건축안전센터, 2020.

8   기존연구 중 김해경 등은 1897년부터 1916년까지 약 20년 동안 작성된 설계도면 등을 활용하여 탑골공원의 공간 변화를 추적했는데 "탑골공원 조성 건의가 1897년 이루어졌으나 1902년 개원 이전까지 공원 부지 확보를 위해서 민가 철거가 우선하여 이뤄졌다"고 주장했다(김해경·김영수·윤혜진, 「설계도서를 중심으로 본 1910년대 탑골공원의 성립과정」 『한국전통조경학회지』 31-2, 2013, 107쪽). 또한 최인영과 박희용은 대한제국부터 일제강점기까지 탑골공원의 조성과 활용을 전반적으로 살펴보았는데 "1898년 브라운의 제안 후 실제 이곳이 공원으로 조성되기 시작한 시점은 1899년 3월 이후였던 것으로 판단된다"라고 주장했다(최인영·박희용, 「대한제국기-식민지기 탑골공원의 운용과 활용」, 『서울학연구』 91, 2023, 7쪽).

는 서양인인지 등을 제시하지 못했는데 탑골공원 설치 과정에서 고종과 브라운의 관계를 주목하지 못했다. 이것은 부분적인 사료로 대한제국 시기 탑골공원의 설치를 주도하고 실행한 인물 등을 파악했기 때문이었다. 이를 해결하기 위해서 필자는 규장각 소장 『조회(照會)』, 『내부래문(內部來文)』, 『기안(起案)』 등을 최대한 활용할 것이다. 물론 관찬 사료뿐만 아니라 『독립신문』, 『황성신문(皇城新聞)』, 『제국신문(帝國新聞)』, 『매일신문』 등의 당대 신문자료도 최대한 활용할 것이다.

필자는 먼저 원각사지십층석탑이 훼손당한 이유를 살펴볼 것이다. 그 이유는 탑골공원에 소재한 원각사지십층석탑이 한국인의 민족정신을 상징하는 중요한 표상 중의 하나이기 때문이다. 또한 대한제국이 탑골공원을 조성하려는 이유 중 하나는 바로 원각사지십층석탑을 보존하려는 의도가 있었기 때문이었다. 또한 이 연구는 서양인의 탑골공원 방문을 주목할 것이다. 그 이유는 탑골공원이 대한제국의 상징으로써 근대적 공간뿐만 아니라 관광지로의 기능으로 확장되었기 때문이다. 무엇보다도 대한제국 시기 탑골공원의 조성과 운영을 살펴보면서 탑골공원의 설치를 주도한 인물도 함께 추적할 것이다. 이를 통해서 탑골공원의 민족사적 의미를 재조명할 것이다.

2

탑골공원의 조성 배경 : 원각사지십층석탑의 훼손

대한제국기 탑골공원에 소재한 원각사지십층석탑(圓覺寺址 十層石塔)의 보존은 탑골공원의 조성 이유 중 하나일 정도로 중요한 문제였다. 심지어 1899년 일본인이 원각사지십층석탑을 소유한 가옥을 매매한 사실은 언론에 보도될 정도로 한국인의 정서에 민감한 문제였다.[9]

탑골공원 건설 전후에도 원각사지십층석탑은 훼손되어 상층부 3층이 옆면에 방치되었다. 원각사지십층석탑의 훼손 이유에 대해서 그동안 다양한 추측이 진행되었는데 두 가지 설로 압축할 수 있다. 첫째 중종 시기 왕명으로 원각사를 철거하면서 탑을 양주 회암사로 이전하려다 중지하였다는 설, 둘째 임진왜란 때 일본군대가 일본으로 반출하려다 미수에 그쳤다는 설 등이었다.[10]

---

9   『독립신문』, 1899년 3월 18일 ; 車相瓚(1887-1946), 「경성(京城)의 명승(名勝)과 고적(古蹟)」, 『개벽』 48, 1924.6.1, 107-108쪽.

10   남동신, 「圓覺寺13層塔에 대한 근대적 인식과 오해」, 『美術資料』 100, 2021, 55쪽. 남동신은 이 중 두 번째 설이 19세기 후반 조선사회에 널리 퍼져있었다고 주장했다. 순조 시기 문신이자 서예가인

1903년 일본 역사학자 시데하라 타이라(幣原坦)은 임진왜란 당시 일본이 원각사지십층석탑을 가져가려는 사실을 부정했지만 대한제국 시기 일본인이 원각사지십층석탑을 가져가려고 했다는 사실을 인정했다. "최상의 3층은 지상에 놓여있는데, 그것은 文禄의 役(임진왜란)에 일본에 가지고 가려 했다는 설은 허구(虛構)로 된 것이지만, 최근 메이지 30년(1897) 경에 일본인의 수중에 들어가려고 했던 것이 제지(制止)되었는데 나중에 그 근방을 공원으로 해서 일반에 개방되었다."[11]

그런데 1904년 일본 건축학자 세키노 타다시(關野貞)는 임진왜란 당시 일본 무장(武將) 가토 기요마사(加藤淸正, 1562–1611)가 원각사지십층석탑을 일본에 가져가려고 했지만 중량이 무거워서 포기했다는 구전(口碑)을 기록했다. "상부(上部) 3층은 옆(側)에 내려져 있는데 구전(口碑)에 따르면 임진역(壬辰役 *임진왜란) 때 가토 기요마사(加藤淸正)가 일본(吾國)으로 송치(送致)하려고 내렸지만 중량(重量)이 과대하여 버리고 돌아갔다고 한다."[12] 석탑의 저주였을까? 가토 기요마사는 50

강준흠(姜浚欽, 1768-1833)은 임진왜란 당시 일본인이 탑의 상층부를 훼손했다고 기록했다. "中宗七年毁寺而塔猶兀然半空, 壬辰倭人用鉎鉤鉤塔踣之, 纔踣上層, 見石面預刻當日鉤踣狀, 大驚遂止."(姜浚欽, 「圓覺寺古塔」, 『三溟詩集』, 六編 : 姜浚欽, 『三溟集』, 探求堂, 1991) 강준흠의 또 다른 시와 시인이야기의 저서는 번역되었다(민족문학사연구소 한문분과 옮김, 『삼명시화』, 소명, 2006).

11 幣原坦, 「京城の古塔」, 『朝鮮史話』, 東京: 富山房, 1924, pp.83-84. 도쿄대 국사학과 출신 시데하라 타이라(幣原坦)는 1900년 대한제국 정부의 학부고문 자격으로 조선에 왔다. 시데하라는 세키노와 함께 원각사비를 최초로 직접 조사하고 판독을 시도하였지만, 그 무렵 이미 비면이 심하게 마멸되어 거의 읽을 수가 없었다. 시데하라는 1906년 일본으로 돌아가서 박사학위를 취득하고 도쿄대 교수가 되었다(幣原坦, 「京城塔洞の古塔に關する諸記錄に就て」, 『韓国研究会談話録』 第3号(韓国研究会編, 1903. 11) : 남동신, 「圓覺寺13層塔에 대한 근대적 인식과 오해」, 『美術資料』 100, 2021, 61쪽).

12 關野貞, 『韓國建築調査報告』, 東京帝國大學工科大學學術報告 第6號, 1904, p.89. 도쿄대 공대 조교수로 재직하던 세키노 타다시(關野貞)는 한국 정부의 초빙을 받아 1902년 7월부터 전후 62일 동안 한국 건축을 최초로 조사하였으며, 1903년 9월에 먼저 원각사탑에 대한 짧은 논고를 사진과

세에 급사했는데 사인은 매독(梅毒) 또는 독살 둘 중의 하나였다.

을미사변 전후 영국 지리협회 회원 이사벨라 버드 비숍(Isabella B. Bishop)은 1894년부터 1897년까지 4차례나 조선을 방문했다. 비숍은 "궁궐 인근에 7백년이 넘었다고 알려진 대리석 탑(Marble Pagoda)이 있다"라며 원각사지십층석탑에 대해서 상세히 기록했다. 무엇보다도 비숍은 석답의 상층부 3층이 임진왜란 당시 일본의 침략으로 훼손되었다고 주장했다. "이는 원래 13층 석탑이었는데 제일 상층부의 3개 층이 3백 년 전 일본의 침략(Japanese invasion)으로 떨어져 나와 지금은 훼손되지 않은 채로 석탑 옆에 놓여있었다. 그러나 내가 마지막으로 거기를 찾아갔을 때는 그사이 철없는 어린것들이 그것을 쪼아 그 쪼가리를 기념으로 팔고 있었다. 그토록 섬세하던 상층부 3개 층의 조각은 훼손되고 말았다."[13]

일제강점기 기록들은 원각사지십층석탑 중 꼭대기 3층이 훼손된 이유를 다음과 같이 설명했다. 1924년 잡지 『개벽』에 따르면 첫째 임진왜란 당시 "일본인(日本人)이 이거(移去)하려다가 이상(異狀)이 유(有)하야 여의(如意)치 못하였다." 둘째 "원각사(圓覺寺) 철훼시(撤毁時)에 탑(塔)을 회암사(檜巖寺)로 이(移)하려다가 백운(白雲)이 기(起)하며 이조(異兆)가 유(有)하야 중지하였다."[14] 1929년 잡지 『별건곤』에 따르면 첫째 속전(俗傳)에 따르면 임진왜란 당시 "일병(日兵)이 이거(移去) 하려

　　함께 발표하였다(關野貞, 「韓國京城廢大圓覺寺石塔婆」, 『考古界』 제3편 제4호(1903. 9.), pp.1-6 ; 남동신, 「圓覺寺13層塔에 대한 근대적 인식과 오해」, 『美術資料』 100, 2021, 61쪽).

13　I.B. Bishop, Korea and her neighbors, New York ; Chicago ; Toronto : Fleming H. Revell Company, 1898, P.43(이사벨라 버드 비숍, 『한국과 그 이웃나라들』, 살림, 1994, 57쪽) 비숍에 따르면 "석탑에서 멀지 않은 곳에 비석이 있었다. 커다란 거북(Turtle)의 등에 세워진 거창한 비석(Tablet)으로 두 마리의 용이 꼭대기에 새겨져 있었다."

14　車相瓚(1887-1946), 「경성(京城)의 명승(名勝)과 고적(古蹟)」, 『개벽』 48, 1924.6.1., 107-108쪽.

다가 이재(異災)가 있어서 그대로 두었다." 둘째 "중종(中宗) 때에 절을 철폐(撤廢)할 시에 차(此)를 회암사(檜岩寺)로 옮기려고 상부 3층을 취하(取下)하는데 홀연 농무(濃霧)가 급기(急起)하고 인부가 부상하여 중지한 것이다."[15] 잡지『개벽』과『별건곤』은 임진왜란 당시 일본군대가 훼손했거나 또는 원각사의 철폐 당시 회암사로 옮기려는 과정에서 훼손되었다고 추정했다. 한편 원각사는 연산군 때 철폐되었으므로 회암사로 옮기는 설은 신빙성이 떨어진다.

그런데 1920년 9월 22일 윤치호는 조선 총독부가 발간하는『서울 프레스(Seoul Press)』의 영문기사 중 원각사지십층석탑 관련 내용을 자신의 일기에 다음과 같이 기록했다.

"1920년 9월 21일자『서울 프레스(Seoul Press)』[16]는『뉴욕 타임즈(New York Times)』의 특파원이 기고한 기사를 실었는데 그 내용은 일본인이 조선에서 행한 자선사업을 소개하는 기사였다. 그 기사는 도로부설, 조림사업, 훌륭한 공공건물 설립 등 일본의 조선 통치를 옹호하는 판에 박은 주장의 반복이었다. 기사 작성자는 조선민족(Korean race)이 에너지와 능력의 결여를 입증하는 결정적 증거를 다음과 같이 제시했다. 조선민족은 300여 년 전에 일본 침략자(Japanese invaders)가 땅바닥에 버려둔 서울 탑(Seoul pagoda)의 윗부분 3층(3 upper stories)을 계속 방치했다."[17] 윤치호는 원각사지십층석탑 중 상층부 3층이 임진왜란

---

15   考古生(車相瓚),「京城이 가진 名所와 古蹟」,『별건곤』23, 1929.9.27, 26쪽

16   서울프레스는 통감부의 선전기관으로 1905년 6월 3일 창간된 영자신문으로, 1937년 5월 30일 폐간되었다.

17   尹致昊, 1920.9.22.,「尹致昊日記」八,『韓國史料叢書』19, 140쪽. 1901년 9월『The Korea Review』도 임진왜란 당시 원각사지십층석탑이 훼손되었다고 다음과 같이 기록했다. "우리는 임진왜란 때 일본인에 의해 끌어내려진 석탑 상층부 2개 층이 원래 자리에 복구되기를 희망한다(We hope that before long the two top stories of the pagoda will be restored to their position from which they were taken down by the Japanese at the time of the great invasion."(『The Korea Review』, vol.1. September, 1901, pp.410-411).

당시 일본군대에 의해서 훼손되었다는 신문기사를 기록했는데 그는 "그것은 확실히 좋은 지적이다(That's certainly a good point)"라고 자신의 일기에 적으며『뉴욕 타임즈』의 특파원이 기고한 기사를 전체적으로 인정했다.

결국 영국 지리협회 회원 비숍은 19세기 말 원각사지십층석탑의 상층부 3층이 임진왜란 당시 일본의 침략으로 훼손되었다고 주장했다. 1929년 잡지『별건곤』은 속전(俗傳)에 따르면 임진왜란 당시 "일병(日兵)이 (백탑을) 이거(移去)하려다가 이재(異災)가 있어서 그대로 두었다"라고 인용했다. 또한 1904년 일본 건축학자 세키노 타다시(關野貞)는 임진왜란 당시 가토 기요마사(加藤淸正)가 원각사지십층석탑을 일본에 가져가려고 했지만 중량이 무거워서 포기했다는 구전(口碑)을 남겼다. 특히 윤치호는 자신의 일기에 원각사지십층석탑 중 상층부 3층이 임진왜란 당시 일본군대에 의해서 훼손되었다는 사실을 기록했다. 이러한 사실에 기초한다면 최소한 임진왜란 당시 일본군대는 원각사지십층석탑을 반출하는 과정에서 상층부 3층을 훼손했음에 틀림없다. 한편 당시 원각사지십층석탑은 조선에 파견된 미국특파원의 시각에서 바라보아도 한민족의 힘과 능력을 상징하는 것이었는데 한국인의 정서도 원각사지십층석탑에 대한 더 이상의 훼손을 방치할 수 없었다.

3

탑골공원의 조성과 주체

　조선 후기 원각사지십층석탑뿐만 아니라 원각사 터도 심각하게 훼손되었다. 유득공(柳得恭)의 아들 유본예(柳本藝)는 18세기 말 19세기 초 한성부의 역사와 모습을 기록한 『한경지략(漢京識略)』을 저술했는데 그는 원각사 주변 비석에 대해서 「원각사구허(圓覺寺舊墟)」라는 제목으로 다음과 같이 기록했다. "거북 받침이 있는 돌비석이 지금은 민가 뒤뜰에 들어가 있어서 사람들이 구경하기를 청하면 주인이 인도하여 보여주고, 나올 때면 돌거북에 담배를 바치고 가라고 한다. 콧속이 우스꽝스럽지만 영감(靈感)하다고 말한다. 그렇지만 실상은 입장료 셈으로 거두어서 자신이 피운다."[18] 1882년 2월 2일 안동김씨 김형규(金衡圭)의 『청우일록(靑又日錄)』에 따르면 "탑동(塔洞)의 돌거북(石龜)을 구경했는데 거북의 머리는 서쪽을 향해서 앉아 있고, 네 귀

18　柳本藝, 『漢京識略』, 서울特別市史編纂委員會, 2000, 251-254쪽(장지연역, 『한경지략 : 19세기 서울의 풍경과 풍속』, 아카넷, 2020). 유본예(柳本藝, 1777-1842)는 유득공(柳得恭)의 아들로 1804년(순조4)부터 1842년(헌종8)까지 검서관으로 활동하였으며 1830년 서울의 주요 사적을 정리한 『한경지략(漢京識略)』을 편찬하였다.

에 동자석(童子石)이 있고 거북의 등에 비를 세워 놓았다. 거북의 남쪽 가장자리가 조금 떨어져 나갔는데, 이는 임진왜란 때 왜인이 부순 것이라고 했다. 그 옆에 무당 사당이 있었다."[19]

이렇듯 훼손된 원각사 주변에 민가가 들어섰다. 그런데 1897년 10월 고종은 대한제국을 선포하여 황제에 즉위했는데 서울을 근대화된 도시 형태로 만들려고 생각했다.[20] 이러한 준비를 위해서 이미 1897년 4월 내부기사 심의석(沈宜碩)은 한성부 주사와 함께 서소문 안과 밖에 길을 측량하고 길 좌우에 있는 집들을 조사했다.[21]

서울의 근대화된 도시 건설 과정에서 1902년은 고종이 왕위에 즉위한지 40년이라는 특별한 연도였다. 그래서 고종은 '어극40년칭경예식(御極四十年稱慶禮式)'라는 기념식을 가을에 경운궁(慶運宮)에서 개최할 것을 계획했다.[22] 1902년 7월 20일 의정부 의정(議政府議政) 윤용선(尹容善)은 '어극 40년을 칭경하는 예식(御極四十年稱慶禮式)'에 대해서 정부(政府)에 모여 상의했는데 의정(議定)한 내용을 별단(別單)으로 다음과 같이 상주(上奏)했다. 첫째 1902년 10월 18일 대황제 폐하(大皇帝陛下)의 즉위(卽位) 40년을 칭경할 때 높고 낮은 신하들과 백성들이 모두 칭송하는 경축 의식을 실행한다. 둘째 외부대신(外部大臣)은 사전에 정부(政府)와 의논한 다음 수도에 주재하고 있는 각국(各國)의

---

19 金衡圭, 1882.2.2. 「壬午日記」, 『靑又日錄』(國史編纂委員會編, 『韓國史料叢書』 22, 1976)

20 1897년 6월부터 서대문, 정동, 남대문 등의 새로운 도로가 만들어지기 시작했는데 황제의 상징물인 원구단이 건립되었다. 도로 건설과 함께 종로와 남대문에 전차 궤도가 설치되었다. 1899년 5월 서대문과 청량리 사이의 종로선의 착공식이 거행되었다(박은숙, 「개항 후 서울 도시 공간의 재편가 성곽 철거」, 『내일을 여는 역사』 33, 2008, 179쪽).

21 "닉부 긔수 심의셕씨와 한성부 쥬스가 셔쇼문 안과 밧긔 길을 쳑양 ᄒ고 길 좌우에 잇는 집 간 슈를 다 젹어 갓다더라."(『독립신문』, 1897년 4월 6일)

22 『高宗實錄』, 고종 39년(1902) 3월 19일. "올해 음력 9월 17일로 날을 받아 경운궁(慶運宮)에서 왕위에 오른 40돌 경축 의식을 가지겠다."(『高宗實錄』, 고종 39년(1902) 4월 24일)

공사(公使)와 영사(領事)들에게 칭경하는 예식 날짜를 알려 본국 정부에 통보한다. 셋째 예식원(禮式院)에서는 사전에 황제의 칙령으로 위원(委員)을 정해가지고 분장(分掌)하게 하여 거행하게 할 것이다. 넷째 원구단(圓丘壇)에 고유제(告由祭)를 친행하실 때 황태자전하(皇太子殿下)가 규례대로 모시고 참석하며, 종친(宗親)들과 문무의 백관은 예문(禮文)대로 예식을 진행하고 각국 사신들은 반열을 따라 들어와 참석한다. 여섯째 관병식(觀兵式), 원유회(苑遊會), 각종 연회는 예식원(禮式院)에 관계되는 각 부(府), 부(部), 원(院), 청(廳)에서 규례대로 마련하여 실행한다.[23] 그럼에도 고종 즉위 40주년 기념식은 천연두 등의 역병으로 1903년 4월 4일로 연기되었다. 그리고 1903년 4월 10일 고종은 영친왕이 천연두(痘疹)에 걸리자 또다시 기념식을 연기했다.[24] 결국 기념식은 공식적으로 거행되지 않았다.

고종은 즉위 40주년 기념식을 통해 서울의 근대적 모습을 외국인에게 보여주고자 하였다. 이를 위해 정부의 신하와 외국의 사절단이 참석하는 가운데 특별한 기념식을 준비하였고 관병식(觀兵式)과 원유회(苑遊會) 등 다양한 행사를 계획하였다. 즉위 40주년 행사는 각국의 특사가 서울에 파견되어 대한제국의 개혁과 변화를 확인할 수 있는 중요한 계기였다. 이 행사 중 하나로 고종은 황실의 공원인 탑골공원을 완성하여 보여주고자 하였다. 구체적으로 1899년부터 탑골공원 부지를 조성하고, 1901년 탑골공원의 담장을 만들면서 북문과 남문의 건설을 시작하였으며 1902년 팔각정의 건설을 추진하였다.

---

23 『高宗實錄』, 고종 39년(1902) 7월 20일.
24 『高宗實錄』, 고종 39년(1902) 9월 20일 ;『高宗實錄』, 고종 39년(1902) 10월 4일 ;『高宗實錄』, 고종 40년(1903) 4월 10일) 광화문 교보문고 앞 칭경기념비(稱慶紀念碑)의 건축 시기와 변천 과정은 다음의 책을 참고. 최창언, 『대한제국의 기념 사적과 칭경예식의 관병식을 위한 연구』, 한국학술정보, 2021.

이는 서울의 근대화된 모습을 국내외에 알리려는 고종의 의도가 반영된 것임이 틀림없다. 결국 즉위 40주년 행사는 대한제국의 개혁과 변화를 보여줄 수 있는 중요한 계기가 되었고, 이를 통해 고종은 탑골공원의 조성을 통해 서울의 근대화된 모습 및 황실의 권위와 위상을 국내외에 널리 알리고자 하였다. 그럼에도 장소의 변화가 본질의 변화를 의미하는 것은 아니다.

잡지『개벽』에 따르면 1898년 대한제국은 우선적으로 '원각탑(圓覺塔)'을 보관하고 유지할 필요성 때문에 세관(稅關)에서 경비를 마련하고 한성부(漢城府)에서 인가(人家)를 매입(買入)했다. 해관 총세무사 영국인 브라운(J.M. Brown)은 공원 설치를 고종에게 제안했다.[25]

하지만 대한제국 당시 신문인『제국신문(帝國新聞)』,『매일신문』,『독립신문』에 따르면 탑골공원의 조성(造成)은 1899년 3월 시작되었다. 그것은 대한제국이 1899년 최초로 탑골공원의 건립을 시작했다는 것을 의미한다.

그 당시 탑골공원의 원각사지십층석탑과 가옥에 눈독을 들인 일본인이 있었다. 1899년 3월 18일『독립신문』은 '탑 싼돍'이라는 제목으로 일본인이 원각사지십층석탑을 소유한 한국인의 집을 구매한 소식을 보도했다. 집주인 손씨는 자신의 집을 일본인에게 매도할 때 석탑이 공물이므로 매도하지 않는다는 '표'인 각서를 작성했는데 그 후 한성부는 손씨를 소환하여 석탑관련 각서까지 확인했다.[26] 서울 거주 일본인은 원각사지십층석탑 부지의 가옥을 일시적으로 소유했는데 한성부는 일본인의 원각사지십층석탑에 대한 소유를 방지해야

25   車相瓚(1887-1946),「경성(京城)의 명승(名勝)과 고적(古蹟)」,『개벽』48, 1924.6.1., 107-108쪽.
26   『독립신문』, 1899년 3월 18일.

할 필요성을 인식했다.

1899년 3월 미묘하게도 탑골공원의 건립 계획이 언론에 보도되었다. 1899년 3월 7일 『매일신문』은 대한제국 정부가 탑골지역에 가옥을 매매하여 공원을 만들 계획이라고 보도했다. 『매일신문』에 따르면 공원은 맑은 공기를 마시고 운동도 하며 음풍영월(吟風詠月)도 하며 노는 장소였다.[27] 『제국신문(帝國新聞)』는 3월 14일자로 '즁셔탑골 가호를 허러 공원'이라는 제목으로 보도했고, 『매일신문』은 3월 21일자로 '즁셔 탑동 잇는 탑을 위ㅎ야 쟝찻 인가를 헐고'라는 제목으로 보도되었다.[28] 1899년 3월 16일 『독립신문』은 '四표 졈량'라는 제목으로 "즁셔에 탑골 등디를 공원 公院으로 믄든다더니 일전에 어느 셔양 사,,이 그 골에 가셔 경계 四표(四標 *토지구획)를 졈량 ㅎ엿다더라 그러나 그 근쳐에 사는 인민들은 다 어디로 보←여 살니랴는지"라고 보도했다. 『독립신문』에 따르면 중서 탑골에 탑골공원이 설립되는데 서양인이 이미 탑골에 가서 토지구획을 실행했다고 보도했다.[29] 당시 최초 보도한 『매일신문』을 살펴보면 대한제국 정부는 서양인과 한국인에게 탑골지역 가옥에 대한 매매를 금지하도록 한성부에 지시했다. 이것은 이미 탑골공원 조성 관련 계획의 소문이 돌았다는 사실을 알려준다.

그런데 탑골공원 조성과정에서 그곳에 거주하는 주민들의 가옥에 대한 이주와 보상 문제가 발생했다.

1899년 3월 24일 『독립신문』은 '올흔 의론'이라는 제목으로 탑골공

27 『매일신문』, 1899년 3월 7일.
28 『帝國新聞』, 1899년 3월 14일 ;『매일신문』, 1899년 3월 21일.
29 『독립신문』, 1899년 3월 16일.

원 조성의 과정을 다음과 같이 보도했다. 『독립신문』에 따르면 공원은 그 나라가 개명되고 부강하여 백성들이 쉬거나 운동하는 곳이었다. 한성부는 서울 탑골 지역 백성의 집 몇 백(百) 호를 매수하여 공원을 만들려는 계획을 추진했다. 하지만 중추원은 탑골 백성들의 이주문제 때문에 탑골공원을 빈터에 만드는 것이 타당하다고 논의했다.[30]

1899년 3월 29일 『독립신문』은 탑골 지역에 백성의 집들을 모두 헐고 '쓸데없는' 공원을 만든다고 비판했다. 『독립신문』은 '리대신 스업'이라는 제목으로 궁내부대신(宮內府大臣) 이재순(李載純)이 탑골공원 건설을 반대하여 수 천 명의 백성을 위한 '대신'이라고 높이 평가했다.[31] 1899년 4월 10일 『독립신문』은 '다 모른다'는 제목으로 탑골공원 추진 정부 부서가 정확치 않다고 보도했다. 『독립신문』은 "탑골공원 주변 집의 대문에 어느 아문에서 인 찍은 종이를 붙였는데 대한제국 내부를 포함하여 정부가 지시한 적이 없다"는 사실을 보도했다.[32]

그 정부 부서는 바로 한성부였다. 1899년 4월 12일 『독립신문』은 탑골공원 추진의 과정을 다음과 같이 보도했다. 대한제국 내부 관리가 탑골 지역 인가를 시찰했다. 또한 한성부의 관리는 집집마다 방문하여 인지를 붙이면서 충분한 보상을 지불할 것을 탑골지역 주민에게 약속했다.[33]

『독립신문』에 보도된 정부 부처의 혼선은 실제로 다음과 같았다. 1899년 3월 31일 의정부의정임시서리(議政府議政臨時署理)이자 학부대

30 『독립신문』, 1899년 3월 24일.
31 『독립신문』, 1899년 3월 29일.
32 『독립신문』, 1899년 4월 10일.
33 『독립신문』, 1899년 4월 12일 ; 『皇城新聞』, 1899년 4월 13일.

신(學部大臣) 신기선(申箕善)은 거주민의 재산 및 가옥 훼손과 이주로 인한 피해에 따른 탑동공원 건설 중지를 내부대신임시서리(內部大臣臨時署理) 민종묵(閔種默)에게 요청했다. 신기선은 중추원(中樞院) 건의서(建議書)에 기초하여 다음과 같이 사실관계를 파악했다. 중추원에 따르면 서울에서 외국인들은 가옥을 신축하고 가옥 부지를 잠식하는 것이 날로 심해지고 있는 상황이었다. 내부(內部)는 중서(中署) 탑동(塔洞) 지역에 공원지(公園地)를 건설하면서 민간 수백호(幾百戶)를 철거시켰는데 이것은 재산의 손해와 백성이 흩어지는 결과를 초래했다. 또한 내부는 가옥에 대한 보상만 진행하여 이사 비용을 책정하지 않았다.[34] 결국 신기선은 중추원의 건백서에 기초하여 가옥을 철거하고 공원을 만드는 계획을 중지할 것을 내부에 지시했다.

1899년 4월 3일 내부대신임시서리 민종묵(閔種默)은 의정부가 반대하는 탑골공원 설립 계획에 대해서 내부의 소관이 아니라고 의정부 의정임시서리 신기선(申箕善)에게 보고했다. 민종묵은 양지아문(量地衙門)에서 측량을 담당한 것이 사실이지만 내부가 가옥철거 및 공원 건축을 지휘하지 않았다고 답변했다.[35]

1899년 4월 6일 의정부의정임시서리 신기선(申箕善)은 내부가 탑골공원을 건축하고 가옥을 철거한 적이 없다며 중추원부의장(中樞院副議長) 홍종억(洪鍾檍)에게 답변했다. 신기선에 따르면 중추원은 "내부(內部)가 중서(中署) 탑동(塔洞) 등지에 공원지(公園地)를 건설하는데 정지시켜 주민[居民]들이 해산[離散]하지 않게 해달라"고 건백서(建議

34 議政府議政臨時署理學部大臣 申箕善→議政府贊政內部大臣臨時署理 閔種默, 光武三年三月 三十一日,「第四十六號 照會 塔洞公園地 建設停止事」,『照會』, 1卷(奎17754-v.1-4).
35 議政府贊政內部大臣臨時署理 閔種默→議政府議政臨時署理學部大臣 申箕善, 光武三年四月三 日,「第五號 照覆」,『內部來文』, 9卷(奎17761-v.1-24).

書)를 보냈다.[36] 의정부와 내부는 탑골공원 조성에 관련되지 않았다
고 주장했지만 실제 탑골공원의 조성은 진행되었다.

그 탑골 집값의 보상액은 다음과 같았다. 1899년 4월 12일『독립
신문』에 따르면 한성부는 집값의 보상액을 전체적으로 약 3만8천원
(三万八千元)을 마련했는데 우선 4월 9일부터 약 1만 여원을 탑골 가
옥의 소유자에게 지급했나.[37] 현재 화폐가치로 환산하면 가옥의 보
상액은 전체 38억이었다. 3만8천원은 집 1채당 1천만원으로 계산해
도 380채의 가옥을 보상할 수 있는 금액이었다.

1899년 4월 12일『황성신문』(『皇城新聞』)에 따르면 한성부는 탑골지
역의 가옥(家屋)에 인지(印紙)를 붙이면서 집의 가격을 다음과 같이
설정했다. 기와집(瓦家) 상등(上等)이 6백량(六百兩), 기와집 중등(中等)
이 5백5십량(五百五十兩), 기와집 하등(下等) 5백량(五百兩)이었다. 초가
집(草家) 상등(上等) 3백량(三百兩), 초가집 중등(中等) 250량(二百五十兩)
이었다.[38] 당시 5량이 1원이므로 기와집에 대한 최대보상이 120원이
었는데 현재가치로 환산하면 1천2백만원이었다. 초가집은 최소 보상
이 50원으로 현재 화폐가치로 5백만원이었다.

그런데 탑골 지역 주민들은 한성부가 제시한 집값의 보상액에 불
만을 표시했다. 1899년 4월 14일『독립신문』에 따르면 탑골지역 집주
인들은 보상액이 적어서 다른 곳에서 가옥을 살 수 없다며 4월 13일

---

36   議政府議政臨時署理學部大臣 申箕善→中樞院議長代辦副議長 洪鍾檍, 光武三年四月六日,「第
     九號 照覆 塔洞公園建設停止事 照覆樞院」,『起案』, 2卷(奎17746-v.1-23).

37 『독립신문』, 1899년 4월 12일.

38 『皇城新聞』, 1899년 4월 12일. 한국은 화폐단위로 원(元)을 사용했고, 일본은 화폐단위로 원(圓)을
     사용했는데, 원(圓)의 약자가 엔(円)이었다. 한국정부는 1894년 7월 11일(음력) '신식화폐발행장정'
     을 반포했다. 5량(兩)=50전(錢)=500푼(分)=1원(元)이었다. 조선 화폐 5량(兩)과 1원(元)은 일본 화
     폐 1원(圓, 円)이었다(도면회,「갑오개혁 이후 화폐제도 문란과 그 영향」,『한국사론』21, 1989, 387쪽).

한성부에 몰려가서 항의했다.

한편 4월 14일자 『독립신문』은 대한제국 내부가 탑골지역 가옥을 매수할 것을 지시한 적이 없었지만 한성부가 인지를 붙이고 보상액의 일부를 지불했다고 확인했다.[39] 1899년 4월 21일 『독립신문』에 따르면 한성부는 탑골지역 가옥에 대한 매수를 내부에 보고 없이 추진했는데 탁지부는 정부 예산 이외에 매수 경비 5만원(五万元)을 예산 이외로 지출했다.[40]

그 후 의정부는 탑골공원을 추진한 정부부서가 한성부라는 사실을 인지하고 탑골공원의 추진과정의 조사와 이주 문제를 해결하려고 노력했다. 먼저 1899년 4월 15일 의정부참정(議政府參政) 신기선(申箕善)은 탑골공원 건립을 위한 민가 철거를 중지하도록 한성부에 훈령할 것을 내부대신(內部大臣) 이건하(李乾夏)에게 지시했다. 신기선은 한성부가 인지(印紙)를 가옥에 붙이고 집값을 산정하고 철거하는 계획을 추진했는데 내부의 명령 없이 수행한 가옥철거를 중지하고 아울러 경비에 대해서 상세히 조사할 것을 내부에 명령했다.[41]

『독립신문』은 탑골공원 건설의 추진자로 한성부판윤(漢城府判尹) 최영하(崔榮夏)[42]를 주목했다. 최영하는 이미 1897년 3월 해관 총세무

---

39 『독립신문』, 1899년 4월 14일.

40 『독립신문』, 1899년 4월 21일.

41 議政府參政 申箕善→議政府贊政內部大臣 李乾夏, 光武三年四月十五日, 「第五十五號 塔洞家舍毀撤停止事發訓漢城府事」, 『照會』, 1卷.

42 최영하(崔榮夏). 1854년생(http://people.aks.ac.kr.). 농상공부협판(『高宗實錄』, 고종 36년(1899) 2월 14일) 외부협판(『高宗實錄』, 고종 36년(1899) 2월 18일) 한성부판윤(『高宗實錄』, 고종 36년(1899) 3월 1일) 회계원경(『高宗實錄』 39권, 고종 36년(1899) 5월 29일) "의정부 의정(議政府議政) 윤용선(尹容善)이 아뢰기를, 전날 만희사(萬凞社 *복권추첨)를 인가한 전 한성부 판윤(漢城府判尹) 최영하(崔榮夏)로 말하면 지방관의 책임을 맡았으면서도 사전에 체직하지 못하여 인민들이 소란을 일으킬 조짐을 열어놓았으니, 이미 체직되었다는 이유로 논하지 않을 수 없습니다. 또한 면직시키는 것이 어떻겠습니까?"(『高宗實錄』, 고종 36년(1899) 7월 4일) "종2품 최영하(崔榮夏)에 대하여 특별히 징계를 면제해 주도록 명하였다"(『高宗實錄』, 고종 36년(1899) 7월 31일) 종2품 최영

사 브라운(栢卓安 J.M. Brown)의 통역관으로 경운궁의 지형을 측량하는데 도움을 준 인물이었다.[43] 1899년 4월 18일『독립신문』에 따르면 한성부판윤 최영하는 내부의 허락 없이 탑골 가옥의 매수를 결정했는데 내부는 최영하의 가옥 매수에 관한 결정에 대한 해명을 요구하는 훈령을 보냈다. 그러자 최영하는 "관례대로 집을 매수한 다음 비로소 내부에 보고했다"라고 내부에 해명했다.[44] 1899년 4월 19일『독립신문』에 따르면 의정부는 탑골 지역 주민의 가옥의 매수를 정부의 논의도 없이 실행했다며 가옥의 구매 비용을 어떻게 마련하는지 등에 대해서 내부가 실행하여 보고할 것을 지시했다.[45]

1899년 4월 18일 내부대신(內部大臣) 이건하(李乾夏)는 한성부의 공원 건축 경위 보고서를 의정부참정(議政府參政) 신기선(申箕善)에게 제출했다.

내부대신 이건하에 따르면 해관 총세무사 브라운(栢卓安 J.M. Brown)은 탑동 지역 가옥과 철거 비용을 확정하여 보냈다. 해관 총세

하(崔榮夏)를 회계원 경(會計院卿)에 임용(『高宗實錄』 39권, 고종 36년(1899) 8월 3일) 회계원경(會計院卿) 최영하(崔榮夏)를 외부협판(外部協辦)에 임명(『高宗實錄』, 고종 37년(1900) 1월 16일) 외부협판(外部協辦) 최영하(崔榮夏)를 철도원 감독(鐵道院監督)에 임명(『高宗實錄』, 고종 39년(1902) 11월 11일) 鐵道院副總裁崔榮夏辭職疏(대한제국, 『官報』 제3026호, 光武九年(1905)―月三日) "崔榮夏. 영어학도로 일찍이 內部衙門 主事가 되어 파천 때 임금을 따라 러시아공사관으로 가서 天寵을 얻었다. 慶善宮 순헌황귀비(純獻皇貴妃)의 양자가 되어 外部協辦에 임명되었다. 원래 인격이 상스러워 항상 세력 있는 대관의 부하가 되어 분주히 돌아다니는 주구였다."(『統監府文書(8)』, 「三. 韓官人／經歷一般, 韓國 官人의 경력 일반」) "지금 전하 측근의 최대 악마들은 친러판인 민경식(閔景植)과 최영하(崔榮夏), 이한영(李翰榮), 이근용(李根鎔), 김명복(金明福)이다."(尹致昊, 1899.1.1, 「尹致昊日記」 五, 『韓國史料叢書』 19, 196쪽) 최영하는 엄귀비의 양자로 고종의 신임을 얻었다. 최영하는 탑골공원 설치 전후 한성부판윤, 징계면제, 외부협판 등을 받았는데 최영하가 곧바로 사면을 받았다는 사실은 탑골공원의 설치가 고종의 의사였다는 것을 반증한다.

43 "영국 사름 브라운씨와 통변관 최영하씨가 삼월 십오일 경운궁에 드러 가서 궁 안에 디형을 쳑량ᄒᆞ고 나왓다더라."(『독립신문』, 1897년 4월 6일)

44 『독립신문』, 1899년 4월 18일.

45 『독립신문』, 1899년 4월 18일.

무사 브라운(栢卓安)은 1899년 4월 8일 공적인 편지를 작성했는데 그 내용은 다음과 같았다. 브라운은 한성부판윤 최영하를 만났는데 그는 고종의 봉지(奉旨)에 대해서 다음과 같이 밝혔다. "탑동의 고탑(古塔) 주변 사방에 가옥이 있는데 그 탑과 비석 중앙에 탑골공원을 건설하면 백성이 서로 즐거울 것이다." 그 결과 총관(總關)은 가옥을 매매에 소요되는 2만4천6백80원(二萬四千六百十八元)의 대금을 탁지부를 통해서 지급했다. 탑동지역 가옥 철거는 탁지부에 대금이 도착하자 양지아문(量地衙門) 훈령(訓令) 등에 기초하여 토목국기사(土木局技師)에 위임되었는데 탁지부(度支部)가 매매 가격을 확정했다. 결국 내부 대신 이건하는 탁지부 토목국(土木局) 소관으로 탑동지역 가옥 철거가 추진된 것이라면서 내부와 관련이 없었다고 주장했다.[46] 브라운의 편지 내용 중 봉지(奉旨)는 바로 고종의 명령이었다.

탑골공원 추진 과정에서 정부 부처간의 혼란이 발생하자 결국 내부는 탑골공원의 조성을 중지시켰다. 1899년 4월 20일 『독립신문』에 따르면 대한제국 내부는 탑골 지역의 가옥에 대한 매수를 중지할 것을 한성부에 지시했다.[47]

1899년 4월 25일 내부참서관 김시남(金始男)은 다음과 같은 징계 내용을 관보에 게재할 것을 의정부에 통보했다. "내부기사(內部技師) 심의석(沈宜碩)은 탑동(塔洞) 가옥 구매와 철거를 자의적으로 수행했기 때문에 15일 감봉에 처한다. 또한 한성부판윤(漢城府判尹) 최

---

46   "今番은 本月八日에 總稅務司栢卓安公札內開에 日前會晤 有承貴判尹面謂奉旨 於塔洞之古塔旁 將四圍之居人屋宇 俱價購之拓 其址環其塔 與負碑之石 扉贔於中央 而建作塔園 爲衆人相同行樂之地." (議政府贊政內部大臣 李乾夏→議政府參政 申箕善, 光武三年四月十八日,「第六號 照覆」,『內部來文』9卷)(奎17761-v.1-24)

47   『독립신문』, 1899년 4월 20일.

영하(崔榮夏)는 탑동 가옥 구매와 철거를 내부에 보고하지 않았으며 자의적으로 인표(印票)를 배부했기 때문에 견책(譴責)에 처한다."[48] 1899년 4월 26일 『독립신문』도 동일한 내용을 다음과 같이 보도했다. 한성부판윤 최영하는 견책을 당했고, 내부기사 심의석은 15일 감봉을 받았는데 그 이유는 한성부에서 내부에 보고하지 않고 탑골 지역 가옥을 매수했기 때문이었다.[49] 1899년 4월 28일 『독립신문』에 따르면 한성부는 탑골공원 조성이 중단되자 지급한 가옥 매수비용을 집주인으로부터 다시 회수하려고 시도했다. 그러자 탑골 지역 집주인 중 일부는 이미 받은 보상액을 가지고 잠적하는 사태가 벌어졌다.[50] 1899년 5월 12일 『독립신문』에 따르면 한성부는 지급한 매수 비용을 집주인으로부터 회수하려고 했지만 집주인들이 대부분 이주한 상태였다. 그러자 탑골 지역 인근 주민들이 탑골의 빈집에 불법적으로 들어와 거주하는 상황에 이르렀다. 한성부판윤 최영하는 빈집에 불법적으로 사는 백성들을 쫓아낼 것을 지시했다.[51]

48 內部參書官 金始男→議政府參書官 趙秉圭, 光武三年四月二十五日, 「第484號 通牒」, 『內部來文』(奎17761-v.1-24) 심의석은 1854년 8월 3일 서울에서 태어났다. 1892년 12월 무과에 급제, 1895년 7월 내부기사(內部技師)로 발령, 1906년 4월 토목건축주식회사 창립 참여, 1907년 8월 황실의 토목과 건축을 담당하는 궁내부 영선사장(營繕司長) 임명, 1907년 11월 궁내부 내장원 기사로 발령 받았다. 그런데 1908년 4월 '창덕궁 통명전(通明殿) 공사비 횡령 사건'에 책임을 지고 내장원 기사를 사임하였다. 1908년 10월 내부기사로 다시 임명되었는데 1910년 일본의 한국강점 이후 관직에서 물러났다. 1924년 사망했다. 1897년 10월 심의석은 원구단(圜丘壇), 1902년 9월 고종의 '어극 40년칭경예식(御極四十年稱慶紀念碑)' 등을 직접 설계했다. 또한 1897년 11월 독립문, 1904년 파고다공원 음악당(音樂堂), 1909년 덕수궁 석조전(石造殿) 공사에 참여했다. 심의석은 내부기사로 오랫동안 재직하면서 전통 목조 기법과 서양 석조 기법에 능통한 기술자로 평가받았다(우대성, 「한국의 근대건축의 기수 심의석에 관한 연구」, 『대한건축학회학술발표대회논문집』 16-2, 1996, 159-162쪽 ; 이규철, 「통감부 시기 궁내부 왕실 건축조직의 개편」, 『건축역사연구』 23, 2014, 65-66쪽). 1896년 7월 내부기사(內部技師) 심의석(沈宜碩)은 독립문 건설을 위한 발기인으로 참여했다(『독립신문』, 1896년 7월 4일).
49 『독립신문』, 1899년 4월 26일.
50 『독립신문』, 1899년 4월 28일.
51 『독립신문』, 1899년 5월 12일.

그런데 한성부가 실행하여 추진한 탑골공원 조성이 중단되자 탑
골공원을 완성하기 위한 핵심인물이 다시 등장했다. 그는 바로 영국
인 브라운((J.M. Brown)[52]이었다. 1899년 5월 19일『독립신문』에 따르면
해관(海關) 총세무사 브라운은 대한제국 내부에 공문을 여러 차례
보내서 탑골 가옥을 신속히 철거할 것을 요구했다.[53] 그 결과 1899년
6월 1일『독립신문』은 탑골 지역 가옥을 다시 철거한다는 사실을 보
도했다.[54]

총세무사 브라운이 다시 추진하자 더 이상 정부 내부에서 논란이
발생하지 않았다. 그 과정에서 탑골 지역 주민 중 가옥의 보상금을
받지 못한 사건이 발생했다. 1899년 6월 26일『독립신문』은 탑골 사
는 홍돈식이 자신의 기와집이 탑골 공원 부지로 들어갔지만 보상금

---

52 브라운(John McLeavy Brown, 柏卓安) 1835년-1926년. 영국인 변호사, 조선 해관 총세무사. 원세
    개(袁世凱)는 1893년 9월 21일 독판교섭통상사무(督辦交涉通商事務) 남정철(南廷哲)에게 능력있
    는 영국인 브라운이 조선 해관을 관리할 것이며 한국정부는 이 연유를 알고 받들어 달라고 공문
    을 보냈고, 한국 정부는 브라운의 부임을 승인한 후 총세무사로 임명하였다. 청국에 총세무사 인선
    권을 빼앗긴 결과, 브라운은 하트에 의해 인선되어 이홍장(李鴻章)의 인준을 받고, 한국 정부의 형
    식적인 승인을 거쳐 파견근무를 하게 되었다. 브라운은 1894년 10월 탁지부 고문 겸 해관총세무사
    로 임명되었다. 그의 고용 배경에는 일본의 고문직 독점에 반발한 정부의 서양인 고문관 기용 정
    책 및 영국과 러시아의 후원이 있었다. 1896년부터 국가의 총 세입과 세출의 예산 및 결산보고서가
    작성되었다. 뿐만 아니라 각부의 예산 및 지출에 대한 회계는 브라운의 감사를 받게 되었다. 해관
    과 탁지부를 관장하면서 브라운은 화폐개혁의 시급함을 인식하였다. 1899년 5월 12일 정부로부
    터 화폐개혁에 관한 의견서 제출을 의뢰받자 브라운은 자신이 주도하는 화폐개혁을 구상하였다.
    브라운의 화폐개혁의 기본 골격은 금본위제였다. 1904년 8월 메가다(目賀田種太郞)가 탁지부고문
    에 임명된 이후 재정을 장악하고 해관의 개편까지 서두르자 브라운의 퇴진은 불가피하였다. 1905
    년 일본은 한·일 간의 관세통합을 구실로 브라운의 임기 만료 이후 훈장 및 15년간의 급여를 퇴직
    금으로 보상하며 한·영 간의 관세 협정을 그대로 유지한다는 조건으로 브라운의 퇴진을 타진하였
    다. 브라운은 1905년 8월 28일 고종에게 사임의 뜻을 표하고, 11월 30일 정식으로 해관업무를 메
    가다 다네타로(目賀田種太郞)에게 이관하고 떠났다. 그는 1913년 주영 청국대사관 고문으로 임명
    되었고, 사망한 1926년까지 고문직을 수행하였다(金賢淑, 「韓末 顧問官 J. McLeavy Brown에 대
    한 硏究」,『한국사연구』66, 1989, 103-156쪽 : 김영수, 「브라운」,『한국근대외교사전』, 2012, 248-
    251쪽).
53 『독립신문』, 1899년 5월 19일.
54 『독립신문』, 1899년 6월 1일.

118

을 받지 못하자 내부에 소송할 계획이라고 보도했다.[55]

한편 탑골공원의 설계 구조는 거북 모양의 구조였다. 1899년 4월 12일 『독립신문』에 따르면 답골공원 구조는 주택을 헐어서 거북 구(龜) 모양으로 만들고 탑골공원 길도 거북의 머리와 꼬리 형태로 만드는 계획이었다.[56]

그 후 탑골공원은 주변 가옥이 완전히 칠거되어 부지가 조성되었는데 1901년 벽으로 담장을 만들었고 북문과 남문을 건설하고 있었다.[57] 그 후 1902년 정자인 팔각정의 설치가 추진되었다. 팔각정의 건설을 추진한 인물도 바로 영국인 브라운이었다. 1902년 9월 3일 내부협판(內府協辦) 조정구(趙鼎九)는 팔각정 건설에 필요한 물자를 제공해 달라는 브라운의 요청을 받았다고 보고했다. 조정구에 따르면 총세무사(總稅務司) 브라운(柏卓安)은 탑골공원(塔洞公園) 등의 정자를 짓는데 필요한 강화석(江華石)의 길이, 넓이, 부피, 수효 등을 적은 청단(淸單) 2장(紙)를 적어 내부에 보냈다. 또한 브라운은 석장두인(石匠頭人) 호문조(胡文藻)가 장인들을 데리고 가서 돌을 채취할 수 있도록 내부에 조회(照會)를 보냈다.[58]

1902년 12월 1일 『황성신문』(『皇城新聞』)에 따르면 대한제국은 군악대(軍樂隊) 영문(營門)을 탑동공원지(塔洞公園地) 서쪽으로 이동시키기 위해서 공사를 시작했다.[59] 공원부지가 조성되자 1904년 8월 31일

---

55 『독립신문』, 1899년 6월 26일.
56 "거복 모본. 탑골 집들은 거복 구ᄌ 형국으로 헐고 공원을 만들되 길도 쏘흔 거복의 두미와 ᄉ족 형샹을 모본 ᄒ야 내려 ᄒ다는 말이 잇다더라."(『독립신문』, 1899년 4월 12일)
57 "A good deal of work has been quietly done on the public park in the center of the city near the pagoda. The space has been cleared and walled in, and handsome gates are being built on the north and south sides."(『The Korea Review』, vol.1. September, 1901, pp.410-411).
58 議政府贊政宮內府大臣署理宮內府協辦 趙鼎九, 光武六年九月三日, 「照會」, 『各府郡來牒』 5卷(奎 19146-v.1-13).
59 『皇城新聞』, 1902년 12월 1일.

『황성신문』은 일진회(一進會)가 9월 1일 회의장소를 탑동공원지(塔洞公園地)로 결정했지만 회의장소를 다시 일진회사무소로 변경했다고 보도했다.[60]

결국 1899년 3월과 4월에는 탑골주민의 보상금에 대한 항의, 대한제국 정부 부처 간의 혼선 등의 문제가 발생했다. 그럼에도 1899년 5월부터 일부 주민에 대한 보상금 문제가 발생했지만 총세무사 브라운이 탑골공원 조성에 개입하면서 탑골공원에 대한 공사가 계획대로 추진되었다. 결국 탑골공원의 건설은 대한제국 공문서에 근거하면 고종이 탑골공원의 건설을 결정했고, 총세무사 브라운이 탑골공원의 자금을 준비했고, 최영하는 탑골공원의 철거를 실행했다.[61] 탁지부 토목국은 탑골공원의 추진을 주관했고, 한성부는 탑공공원의 철거를 수행했다. 탁지부 내부기사 심의석은 탑골공원 조성을 위해서 가옥 구매를 실무적으로 주도했고, 한성부판윤 최영하는 내부에 보고하지 않은 채 탑골공원 가옥에 인표(印票)를 붙이도록 지시했다.

---

60 『皇城新聞』, 1904년 8월 31일.

61 최인영과 박희용은 최영하가 독단적으로 탑골공원 조성사업을 진행한 이유를 주목했는데 "최영하가 1899년 한성부 판윤에 부임하자마자 바로 탑골공원 조성사업에 나선 것은 브라운의 요구를 수용한 결과로 추측된다"라고 밝혔다(최인영·박희용, 「대한제국기-식민지기 탑골공원의 운용과 활용」, 『서울학연구』 91, 2023, 10쪽).

4

탑골공원의 운영과
서양인의 탑골공원 방문

1. 탑골공원의 운영

당시 탑골공원의 완성을 축하하는 기념식은 별도로 진행되지 못했다. 그 이유는 1904년 2월 러일전쟁 발발, 1905년 11월 을사늑약 등으로 대한제국의 정치적 상황이 불완전했기 때문이었다. 따라서 탑골공원 완성 시기의 확정은 당시 탑골공원의 행사 보도를 통해서 유추할 수 있다. 당시 신문보도를 살펴보면 탑골공원은 서울의 상징으로 변모했는데 집회와 상업과 문화의 중심지가 되었다.

1905년 11월 6일 『황성신문』(『皇城新聞』)은 헌정연구회(憲政研究會)가 이날 오후 2시 통상회(通常會)가 탑골공원에서 개최된다고 보도했다.[62] 일진회를 비판한 헌정연구회는 1905년 5월 국민의 정치의식과 독립정신을 전파시키고 독립국가의 헌정에 대해서 연구하자는 목적으로 설립되었다. 이 단체는 헤이그 특사 이준(李儁), 3·1운동 민족대

---

62   "公園開會. 憲政硏究會에셔 今日午后二時 塔洞公園內에 通常會를 開하고 憲政을 硏究치 아니하면 實行키 難흔 問題로 討論흔다더라."(『皇城新聞』, 1905년 11월 6일)

표 양한묵(梁漢默), 국채보상운동을 전개한 윤효정(尹孝定) 등이 발기했다.[63] 이러한 사실은 독립정신을 전파할 목적의 헌정연구회가 탑골공원이 조성되자 탑골공원에서 최초로 회의를 진행한 민간단체라고 볼 수 있다. 또한 이것은 1905년 탑골공원이 완성되었다는 사실을 알려준다.

1905년 11월 9일 대한매일신보는 남문(南門) 안의 장시(場市)를 탑동공원지(塔洞公園地)로 이전하기로 하자 채소상인[菁根商]이 먼저 집결했다고 보도했다.[64] 한편 1905년 12월 12일 대한매일신보는 을사늑약에 저항하다 자결한 민영환(閔泳煥)과 조병세(趙秉世) 기념각(紀念閣)을 탑동공원내(塔洞公園內)로 정하여 건축공사를 시작할 것이라고 보도했다.[65]

1906년 6월 16일 윤치호는 대한제국 군악대(Korean military Band)가 1주일 전 파고다(Pagoda) 공원에서 대중 음악회를 개최했다고 기록했다. 군악대장은 바로 에케르트(Frantz Eckert, 1852-1916)였다.[66] 1900년 12월 19일 대한제국은 칙령 제59호 군악대 설치 건(軍樂隊設置件)을 재가(裁可)하여 반포(頒布)하였다.[67] 1904년 3월 12일 대한제국은 칙령(勅令) 제6호 군악대 설치건(軍樂隊設置件)을 반포했는데 시위 제1연대(侍衛第一聯隊) 부속 군악(軍樂) 1중대(中隊) 2소대(小隊)를 편성했고 1등

---

63 『皇城新聞』, 1905년 5월 16일. 헌정연구회는 입헌정치의 연구를 목적으로 조직된 정치단체 가운데 하나였는데 일진회와 대립하면서 1906년 4월 결성된 대한자강회의 전신이었다(최기영, 「헌정연구회취지서 해제」, 『한국근현대사연구』 5, 1996).
64 『大韓每日申報』, 1905년 11월 9일.
65 "建閣有基. 閔忠正公趙忠正公紀念閣建築事는 前號에 揭載ᄒ얏거니와 基址는 塔洞公園內로 定ᄒ고 陰本月二十三日巳時에 開基始役ᄒᆫ다더라."(『大韓每日申報』, 1905년 12월 12일)
66 "A week ago, Mr. Ecker, the bandmaster of the Korean military Band, in issuing invitation to a musical entertainment to be given in the Pagoda Park."(尹致昊, 1906.6.16., 「尹致昊日記」 六, 『韓國史料叢書』 19, 1988, 234쪽)
67 『高宗實錄』, 고종 37년(1900) 12월 19일

군악장(軍樂長) 1명을 중대장(中隊長)으로 구성했다.[68] 1906년 4월 10일 대한제국은 육군 정위(陸軍正尉) 일등군악장(軍樂隊一等軍樂長) 김학수(金學秀)와 육군 부위(陸軍副尉) 이등군악장(二等軍樂長) 백우용(白禹鏞)은 군악대(軍樂隊)를 창설한 공로로 모두 특별히 훈6등에 서훈하고 각각 팔괘장을 수여했다.[69]

그 군악대장 에케르트는 1901년 2월 서울에 도착했다. 그는 최초의 공식국가인 '대한제국 애국가(Kaiserliche Koreanische Nationalhymne)'를 작곡하였고 1902년 7월 『에케르트 작곡의 대한제국 애국가』가 발행되었다.[70] 1901년 9월 7일 에케르트는 고종의 생일인 만수성절(萬壽聖節)을 기념하여 주한 외교관이 참석한 가운데 군악대를 지휘하여 서양음악을 연주시켰다.[71] 1902년 12월 20일 그는 군악대를 조직하고 교육한 공로를 인정받아 태극훈장(太極勳章)을 받았다.[72] 1906년 에케르트는 완성된 탑골공원에서 군악대를 지휘하며 음악회를 열었다.

1906년 6월 탁지부 고문관(顧問官) 메가타 타네타로(目賀田種大郎, 1853-1926)도 관리와 학생을 초청하여 연회와 음악회 등을 개최하며 탑골공원을 적극적으로 활용했다. 1906년 6월 13일 대한매일신보는 탁지부 고문관(顧問官) 메가타 타네타로(目賀田種大郎)가 탑동공원지(塔

68 『高宗實錄』, 고종 41년(1904) 3월 12일

69 『承政院日記』, 고종 43년(1906) 3월 17일(양력 4월 10일) 그 후 백우용(白禹鏞)은 군악대장(軍樂隊長)으로 활동했다(『承政院日記』, 고종 44년(1907) 1월 27일(양력 3월 11일)). 하지만 1907년 9월 4일 군악대는 폐지되었다(『純宗實錄』, 純宗 卽位年(1907) 9월 4일).

70 유진영, 「대한제국 시기 독일인 군악대장 프란츠 에케르트(1852-1916)의 활동에 관한 연구」, 『독일연구』 23, 2012, 91-94쪽. Kaiserliche Koreanische Nationalhymne nach koreanischen Motiven von Franz Eckert, königlicher preußischer Musikdirektor, 1902.

71 『皇城新聞』, 1901년 9월 9일.

72 "악사(樂師)인 독일 사람 에케르트(扼巨多 : Franz Eckert)는 악보를 살펴 만들어 성의껏 교습(教習)한 공로가 있으니 특별히 훈3등에 서훈하고 태극훈장(太極勳章)을 하사."(『高宗實錄』, 고종 39년(1902) 12월 20일)

洞公園地)에서 황성기독교청년회원(皇城基督敎靑年會員)을 초청하여 군악대(軍樂隊)의 연주를 공연시킨다고 보도했다.[73] 1906년 6월 23일 대한매일신보는 이날 탁지부 고문관(顧問官) 메가타 다네타로(目賀田種大郎)가 탑동공원지(塔洞公園地) 안(內)에서 각학교학도(各學校學徒)와 각회회원(各會會員) 등을 초청하여 잔치를 베푼다고 보도했다.[74] 1906년 6월 23일 대한매일신보는 이날 탁지부 고문관(顧問官) 메가타 다네타로(目賀田種大郎)가 탑동공원내(塔洞公園內)에서 내외국고등관리(內外國高等官吏)를 초청하여 연회(宴會)를 개최한다고 보도했다.[75]

1907년 4월 29일『황성신문』은 탁지부대신 민영기가 4월 28일 탑골공원에서 재무관(財務官)과 각농공은행사사무원(各農工銀行事務員)을 초청해서 연회를 베풀었다고 보도했다.[76]

1907년 5월 5일 대한매일신보(『大韓每日申報』)는 내부가 답동공원(塔洞公園) 주변 정리를 목적으로 예산을 탁지부에 요청했다고 다음과 보도했다. "북문(北門) 앞 노면(路面) 도랑[溝渠], 서북(西北) 주변 석축(石築) 신교량비(新築費) 341원(圓) 6전(錢), 동쪽과 남쪽이 만나는 주변 석축(石築) 신축비(新築費) 355원 70전, 사동(寺洞) 동쪽 주변 및 탑동 신작로(新作路) 삼거리(三巨里) 지하 신조성비(新造費) 222원, 교동(校洞)과 원동(園洞) 삼거리(三巨里)에 이르는 탑동공원지(塔洞公園地) 바깥 노면(路面) 도랑[溝渠] 및 북쪽 주변 석축(石築) 신축비(新築費) 341원 60전, 호교(戶橋) 위쪽 동쪽 주변 도로를 침범한 기와집[瓦家]

73 『大韓每日申報』, 1906년 6월 13일.
74 『大韓每日申報』, 1906년 6월 23일.
75 『大韓每日申報』, 1906년 10월 6일.
76 『皇城新聞』, 1907년 4월 29일.

철거비[毁撤費] 500원을 지급하라."[77]

1908년 7월 23일 『황성신문』에 따르면 경시총감 마루야마 시게토시(丸山重俊)는 22일 탑동공원(塔洞公園)에서 경시(警視)와 경부(警部) 등을 초청하여 오찬회(午餐會)를 열렸다.[78]

1908년 9월 22일 『황성신문』은 법부대신 고영희(高永喜)가 21일 탑동공원(塔洞公園)에서 법부(法部)의 일반관리를 소집하여 친목회[懇親會]를 개최했는데 잔치를 명월관(明月館)에서 열었다.[79] 명월루(明月樓)는 1903년 황토현(*광화문) 우포청(*광화문 동아일보) 자리에서 개점했다. 명월관은 1906년 가을 서양요리옥(西洋料理屋)와 특별탕(特別湯)을 배설(排設)하기로 하고 우선 양옥(洋屋) 4칸을 건축했다. 이어 1908년에는 그 인가(隣家)를 매입하여 양옥(洋屋)을 지었다.[80] 명월관(明月館)이 조선요리옥의 면모를 갖춘 것은 1912년이었다. 이해 가을 명월관(明月館)은 관주(館主) 정석조(鄭錫朝)의 노력으로 조용한 3층 집을 새로 지었다. 장식과 설비는 '조선식'이었다고 하나 건물은 '신라식 조선식 서양식'을 섞은 모습이었다. 그런데 3·1운동 이후 1919년 5월 23일 새벽에 전소(全燒)되었다. 명월관은 1914년 인사동 이완용 저택인 옛 순화궁(順和宮)을 빌려 지점(支店)을 냈다. 그곳은 3·1운동 때 민족대표가 모여 독립선언을 한 태화관(泰和館)이었다. 태화관은 17세기 중엽 이 집의 소유자였던 구인후(具仁垕)가 지은 태화정(太華亭)에서 딴 이름이다. 이 이름은 현재에도 태화빌딩으로 이어지고 있다.[81]

---

77 『大韓每日申報』』, 1907년 5월 5일.

78 『皇城新聞』, 1908년 7월 23일.

79 『皇城新聞』, 1908년 9월 22일.

80 『大韓每日申報』, 1906년 10월 2일 ; 『大韓每日申報』, 1908년 2월 19일

81 전우용, 「저자로 나온 궁중(宮中) : 한국 요정(料亭)의 표상 명월관(明月館)」, 『동아시아문화연구』 71, 2017, 107-108쪽. 1908년 2월 8일 토요일 김윤식과 윤치호 등이 강구회(講舊會)를 결성한 장소도 명월관이었다(주영하, 「조선요리옥의 탄생 : 안순환과 명월관」, 『동양학』 50, 2011, 14쪽).

그 후 탑골공원은 대한제국 해관(海關)에서 운영하다가 통감부 관세국이 운영을 담당했다. 1908년 11월 11일 『황성신문』은 관세국(關稅局)이 '파고다공원'에서 매주 목요일 궁내부(宮內府) 악대(樂隊)의 음악회를 개최했는데 최근 추위로 인해 청중이 감소하자 음악회를 중단시켰다고 보도했다.[82] 1910년 1월 19일 관세국(關稅局)은 탑골공원 수시관람권(隨時觀覽券) 10장을 내각(內閣)에 보냈다.[83]

탑골공원은 일본의 단체 관광객과 고등학생의 서울여행 명소가 되었다. 1909년 6월 9일 대한매일신보는 일본의 관광단(觀光團)이 탑동공원(塔洞公園)을 단체로 관람한다고 보도했다.[84] 1909년 9월 11일 『대한매일신보』는 일본 관광단 일행이 10일 탑동공원(塔洞公園)을 관람했다고 보도했다.[85]

2. 서양인의 탑골공원 방문

서양인이 서울에 오면 탑골공원을 구경했는데 그 중 독일 공국의 왕자, 전 미국 부통령, 영국 육군원수 등도 서울의 명소 중 탑골공원의 방문을 공식적인 일정 속에 포함시켰다. 그만큼 탑골공원은 서

---

82 『皇城新聞』, 1908년 11월 11일. 대한제국 군악대는 1908년 9월 3일 다음과 같은 프로그램을 연주했다. 프란츠 슈베르트의 영웅 행진곡, 커링의 서곡 발렌슈타인의 진영, 요한 스트라우스의 왈츠 남국의 장미, 스핀들러의 경기병의 기행, 카를 바하의 로만체, 안톤 콘스키의 사자의 기상, 볼프 강의 콘서트 갈로프, 대한제국 애국가 등이었다(『The Seoul Press』, 1908.9.3.).

83 關稅局→內閣, 明治四十三年一月十九, 「塔洞公園 隨時觀覽券」, 『內閣往復文』 3卷(奎17755-v.1-7). 통감부는 1907년 4월 대한제국 해관을 세관으로 개칭했고, 1907년 12월 일본의 관세행정조직을 모방해서 관세국관제(關稅局官制) 및 세관관제(稅關官制) 등을 제정했다(『純宗實錄』, 純宗 卽位年(1907) 12월 13일).

84 『大韓每日申報』, 1909년 6월 9일.

85 『大韓每日申報』, 1909년 9월 11일. 그 후 일제 강점기 탑골공원은 황실의 공원에서 일반인을 위한 공원으로 변화했다. 1911년 4월 『매일신보』는 탑골공원이 일요일에 일반인에게 개방되었다고 보도했다(「塔洞公園開放」, 『每日申報』, 1911년 4월 2일). 1913년 7월 탑동공원은 전면적으로 개방되었다(朝鮮總督府, 大正2年(1913) 7月 26日, 「塔洞公園公開」, 『官報』 제297호).

울을 상징하는 장소이자 관광 명소로 기능했다.

1907년 3월 1일 『황성신문』에 따르면 재작일 오후에 오스트라아 (奧國) 친왕(親王)이 탑동공원을 유람하는데 중서(中署)에서 경호했다 고 보도했다.[86] 1907년 2월 27일 『고종실록(高宗實錄)』에 따르면 "오스 트리아〔奧國〕의 레오폴드 클네멘스 필닙 아우구스트 마리아 친왕을 특별히 대훈위(大勳位)에 서훈(敍勳)하고 금척대수장(金尺大綬章)을 수 여했다."[87]

그 오스트리아 친왕은 레오폴트 클레멘스 필립 아우구스트 마리 아(Prince Leopold Clement Philipp August Maria, 1878-1916)였다. 그는 독일 중부 튀링겐(Thüringen) 지방 베틴 가문(Haus Wettin)의 작센-코부르크 고타(Sachsen-Koburg und Gotha) 공국의 왕자였다. 동시에 그는 오스트 리아-헝가리 제국의 장교이자 슬로바키아(Slovakia) 코하리 가문(House of Koháry) 재산의 상속자였다.[88]

레오폴트 왕자는 작센-코부르크고타 가문의 장남이자 수장인 페 르디난트 필립 마리아 아우구스트 라파엘(Ferdinand Philipp Maria August Raphael)과 벨기에 공주 루이즈(Princess Louise of Belgium)에 사이에서 태 어났다. 레오폴트 왕자는 탑골공원을 방문한 그해 1907년 비엔나 법 원고문이자 경찰간부의 딸 카밀라 리비카(Camilla Rybicka)를 만나 연 인으로 발전했다. 그런데 레오폴트의 아버지는 리비카는 평민의 딸

---

86 『皇城新聞』, 1907년 3월 1일.
87 『高宗實錄』, 고종 44년(1907) 2월 27일.
88 Prince Leopold Clement Philipp August Maria of Saxe-Coburg and Gotha(Leopold Clemens Philipp August Maria von Sachsen-Coburg und Gotha, 1878.7.19.-1916.4.27.). (https://en.wikipedia.org/wiki/Prince_Leopold_Clement_of_Saxe-Coburg_and_Gotha ; https://de.wikipedia.org/wiki/Leopold_Clemens_von_Sachsen-Coburg_und_Gotha ; Werner Sabitzer: Schüsse und Säure für den geliebten Prinzen)

이었기 때문에 두 사람의 결혼을 반대했다. 레오폴트는 그녀와 결혼하면 장교와 재산을 포기해야한다는 사실을 알고 있었는데 보상금 400만 오스트리아-헝가리 크로네(krones)로 리비카와 이별을 합의했다. 결국 1915년 10월 17일 레오폴트 왕자는 비엔나의 자신의 아파트 1층에서 합의금의 수표를 리비카에게 주었다. 그 순간 리비카는 수표를 받지 않고 왕자에게 5발의 총을 쏘고 얼굴에 황산을 뿌렸는데 동시에 그녀는 자기 심장에 1발을 쏘면서 자살했다.

작센-코부르크고타코하리 가문(House of Saxe-Coburg and Gotha-Koháry)은 작센코부르크고타의 페르난도 왕자(Prince Ferdinand)와 마리아 안토니아 코하리 데 차브라그(Princess Maria Antonia Koháry de Csábrág) 공주의 결혼으로 성립되었다. 그 후손 중에는 포르투갈의 마지막 네 왕(Pedro V, Luís, Carlos, Manuel II)과 불가리아의 마지막 세 왕(Ferdinand, Boris III, Simeon II)이 있었다. 페르난도 왕자는 5명의 자식을 두었다. 즉 Ferdinand(1816-1885), August(1818-1881), Victoria(1822-1857), Leopold(1824-1884) 등이었다. 그 중 아우구스트는 한국을 방문한 레오폴트의 할아버지였다. 아우구스트(August Louis Victor, 1818-1881)는 불가리아 황제 페르디난트(Ferdinand Maximilian Karl Leopold Maria)의 아버지였다. 불가리아 황제 페르디난트는 1차 세계대전 당시 동맹국에 참전하여 세르비아를 침공한 인물이었다.[89]

한편 1909년 6월 27일 『황성신문』은 전 미국부통령 페어뱅크스(C.W. Fairbanks 1852-1918)가 25일 미국총영사와 함께 탑골공원 등을

---

89 https://en.wikipedia.org/wiki/House_of_Saxe-Coburg_and_Gotha-Koháry ;『PRINCES' MATRIMONIAL SCANDALS』,『Trove』, 1915.12.11.

관람했다고 보도했다.[90] 페어뱅크스는 1897년부터 1905년까지 인디애나주 상원의원을 역임했고 테어도어 루즈벨트(Theodore Roosevelt)가 대통령인 시절인 1905년 3월부터 1909년 3월까지 미국 26대 부통령을 지냈다.[91]

결국 탑골공원은 대한제국 시기 1905년 황실공원을 목적으로 완성되었지만 통감부 시기 반일 집회의 장소, 을사늑약에 저항한 인물의 기념물, 장시(場市)가 열리는 공간, 대중을 위한 음악회, 외국인의 관광 명소 등의 다양한 기능으로 활용되었다.

---

90 『皇城新聞』, 1909.6.27.

91 페어뱅크스(Charles Warren Fairbanks)는 1897년부터 1905년까지 인디애나(Indiana) 상원의원, 1905년부터 1909년까지 미국의 제26대 부통령을 역임했다. 그는 또한 1916년 대선에서 공화당 부통령 후보로도 활동했다(https://en.wikipedia.org/wiki/Charles_W._Fairbanks). 그 밖에 1909년 10월 31일 『황성신문』은 영국 육군원수(陸軍元帥) 키치너(H.H. Kitchener, 1850-1916)가 29일 방한하여 손탁양(孫澤孃)의 저택에 투숙했는데 30일 탑동공원(塔洞公園) 등을 관람했다고 보도했다.(『皇城新聞』, 1909년 10월 31일) 키치너는 1909년 10월 20일부터 11월 2일까지 북경-여순-봉천-안동-신의주-서울-부산-하관(下關)-동경 등을 시찰했는데 한국에서 10월 29일 서울에 도착하고 11월 31일 부산을 출발하는 일정이었다(『統監府文書(10)』, 明治四十二年(1909)九月二十三日, 「一八. 키치너元帥來韓件 (3) 陸普第四一五三號 [키치너 元帥 통과지인 한국에서의 편의 제공件」, 陸軍大臣 子爵 寺內正毅→統監 子爵 曾禰荒助). 보어전쟁 당시 키치너는 보어인에 대해서 '초토화 정책'(scorched earth policy)을 펼쳤는데 영국군대는 농가를 파괴하고 우물에 독을 뿌리고 강제 수용소를 설치했을 뿐만 아니라 여성과 어린이를 전쟁의 표적으로 삼았다. 그는 1911년 이집트 총독에 임명되었고, 1914년 육군장관에 임명되었다. 육군장관 키치너는 1916년 6월 영국 순양함 햄프셔호(HMS Hampshire)를 타고 러시아로 항해하던 중 독일 잠수함(U-boat U-75)의 공격으로 격침되면서 사망했다(https://en.wikipedia.org/wiki/Herbert_Kitchener).

5
맺음말

탑골공원은 지정학적으로 남산과 북악 사이의 서울 중앙에 위치했다는 점에서 한국의 심장부였다. 『제국신문(帝國新聞)』, 『매일신문』, 『독립신문』 등에 따르면 탑골공원의 조성(造成)은 1899년 3월에 시작되었다. 그것은 대한제국이 1899년 최초로 탑골공원의 조성을 시작했다는 것을 의미한다. 그리고 탑골공원의 완성은 1905년 하반기였다. 탑골공원의 건설 이유는 다음과 같다. 첫째 탑골공원은 일본인이 원각사지십층석탑을 소유하려는 것을 방지하고 석탑을 훼손으로부터 보존하는 방안이었다. 둘째 고종은 서울을 근대화된 도시로 바꾸려고 생각했는데 그 목적으로 탑골지역을 황실공원으로 조성하려고 결정했다. 셋째 고종은 즉위 40주년 기념식행사 중 하나로 고종은 탑골공원을 완성하여 보여주고자 하였다. 고종은 탑골공원의 조성을 통해 서울의 근대화된 모습 및 황실의 권위와 위상을 국내외에 널리 알리고자 하였다. 그러나 단순히 장소의 변화만으로는 근본적인 변화를 이끌어내기 어려웠을 것이다.

무엇보다도 1899년 고종은 '봉지(奉旨)'를 내려 탑골공원의 건설을 지시했는데 해관 총세무사 브라운은 탑골공원의 건설을 주도적으로 실행했다. 첫째 브라운은 가옥의 철거와 매수 관련 자금을 탁지부로 보냈다. 둘째 탑골지역 가옥 철거와 관련하여 정부부처의 혼선이 발생했을 때 브라운은 탑골 지역 가옥의 철거를 실행하도록 여러 차례 공문을 보내서 진행시켰다. 셋째 팔각정을 설치할 때 브라운은 물자 등을 요구하는 공문을 보냈다.

결국 탑골공원의 건설은 대한제국 공문서에 근거하면 고종이 탑골공원의 건설을 결정했고, 총세무사 브라운이 탑골공원의 자금을 준비했고, 한성부판윤 최영하는 탑골공원 가옥의 철거를 실행했다. 탁지부 토목국은 탑골공원의 추진을 주관했고 한성부는 탑공공원의 철거를 수행했다. 이러한 정책 결정과 추진 구조를 살펴보면 이것은 첫째 탁지부 소속 총세무사 영국인 브라운이 관세(關稅)의 자금을 관리하면서 대한제국의 근대화를 주도적으로 추진했고, 둘째 탁지부는 내부를 거치지 않고 지방정부인 한성부와 직접 업무를 실행했고, 셋째 대한제국이 고종 중심의 정책 결정 구조로 되어 있었다는 사실을 알려준다.

1905년 완성된 탑골공원은 서울의 상징으로 변모했는데 집회와 상업과 문화의 중심지가 되었다. 탑골공원은 반일 집회의 장소, 을사늑약에 저항한 인물의 기념물, 장시(場市)가 열리는 공간, 대중을 위한 음악회, 외국인의 관광 명소 등의 다양한 기능으로 활용되었다. 당시 서양인들도 서울에 오면 탑골공원을 구경했는데 그 중 독일 공국의 왕자, 전 미국 부통령, 영국 육군원수 등도 서울의 명소

중 탑골공원의 방문을 공식적인 일정 속에 포함시켰다. 이것은 탑골공원이 서울을 상징할 뿐만 아니라 관광지의 기능으로 확장되었다는 사실을 의미한다.

한편 탑골공원 건설 전후에도 원각사지십층석탑은 훼손되어 상층부 3층이 옆면에 방치되었다. 그동안 기존연구는 원각사지십층석탑의 훼손 이유를 이전(移轉)과 반출(搬出) 등으로 다양하게 추측했다. 그런데 영국 지리협회 회원 비숍은 19세기 말 원각사지십층석탑의 상층부 3층이 임진왜란 당시 일본의 침략으로 훼손되었다고 주장했다. 1929년 잡지 『별건곤』은 속전(俗傳)에 따르면 임진왜란 당시 "일병(日兵)이 (백탑을) 이거(移去)하려다가 이재(異災)가 있어서 그대로 두었다"라고 인용했다. 또한 1904년 일본 건축학자 세키노 타다시(關野貞)는 임진왜란 당시 가토 기요마사(加藤淸正)가 원각사지십층석탑을 일본에 가져가려고 했지만 중량이 무거워서 포기했다는 구전(口碑)을 남겼다. 무엇보다도 윤치호는 자신의 일기에 원각사지십층석탑 중 상층부 3층이 임진왜란 당시 일본군대에 의해서 훼손되었다는 사실을 기록했다. 이러한 사실에 기초한다면 최소한 임진왜란 당시 일본군대는 원각사지십층석탑을 반출하는 과정에서 상층부 3층을 훼손했음에 틀림없다.

일본인은 원각사지십층석탑에 대한 한국인의 정신사적·건축사적인 의미를 파악했는데 심지어 석탑을 훼손했을 뿐만 아니라 소유하려고 시도했다. 이런 상황에서 한국인은 원각사지십층석탑에 대한 더 이상의 훼손을 방치할 수 없었고 탑골공원을 조성하여 원각사지십층석탑을 보존하려고 노력했다. 그것은 오랜 역사 속에서 한국인

이 서울 종로구 탑골공원에 소재한 원각사지십층석탑을 전근대와
근현대에 민족혼과 독립정신이 살아있는 공간이라고 소중히 여겼기
때문이었다.

참고문헌

안대회, 「白塔詩派의 研究 : 李德懋·柳得恭·朴齊家를 중심으로」, 연세대학교석사논문, 1987
이태진, 「18~19세기 서울의 근대적 도시발달 양상」, 『고종시대 재조명』, 태학사, 2000
전우용, 「대한제국기 서울의 공공시설과 공중」, 『사회적 네트워크와 공간』, 태학사, 2009.
이병희, 「조선전기 원각사의 조영과 운영」, 『문화사학』 제34호, 2010.
김해경·김영수·윤혜진, 「설계도서를 중심으로 본 1910년대 탑골공원의 성립과정」, 『한국전통
　　　조경학회지』, 31권 2호, 2013
한동, 「白塔詩派의 明淸文學思潮 受容과 變貌 樣相」, 한대석사논문, 2013
김해경, 「탑골공원, 기억의 층위에 대한 해석」, 『한국전통문화연구』 14, 2014.
하시모토 세리(橋本妹里), 「공공성의 주체를 둘러싼 식민권력과 '경성부민'의 대립 '문명'으로
　　　서의 공원을 중심으로」, 『한국학연구』 35, 2014.
민경찬, 「에케르트, 독일인으로 대한제국 애곡가를 작곡하다」, 『개항기 서울에 온 외국인들』,
　　　서울역사편찬원, 2016
박은숙, 「개항 후 서울도시공간의 재편과 성곽 철거」, 『내일을 여는 역사』 33, 2008
한성미, 「탑골공원의 장소 정체성에 대한 연구-성역화사업 이후 현상을 중심으로-」, 『한국조
　　　경학회지』 44권 3호, 2016
염복규, 「탑골공원, 근대적 대중공간의 탄생과 서울 시민들의 이용」, 『근대문화유산과 서울사
　　　람들』, 서울역사편찬원, 2017
이수정, 「이왕직양악대의 활동이 근대음악사회에 끼친 영향」, 『음악과 민족』 57, 2019.
최인영 박희용, 대한제국기-식민지기 탑골공원의 운용과 활용, 서울학연구, 2023

김명구

연세대학교에서 신학박사(Ph.D)
서울장신대와 연세대학교 이승만연구원 교수역임
서울YMCA병설 월남시민문화연구소 소장.
창천감리교회 소속목사로 한국선교전략연구소 부소장

저서
『월남 이상재의 기독교 사회운동과 사상』
『서울장신50년사』, 『창천교회 100년사』(공저)
『해위 윤보선-생애와 사상』
『서울YMCA운동사 100-110』
『복음, 성령, 교회-재한선교사들 연구』
『한국기독교사 1』, 『한국기독교사 2』 등 20여 편

논문
「해위 윤보선-생애와 사상」
「Nationalism, Religion and Democracy」
「The Relationship Between Korea and Edinburgh with a focus on Yun Posun」
(University of Edinburgh Journal, No.1 Vol.49- Summer 2019)

IV

기독교의 근대의식과 삼일항쟁,
그리고 YMCA와 탑골공원

1

서언

한국에 들어온 기독교, 특히 미국선교사들에 의해 전해진 신학은 영국과 미국을 풍미하던 복음주의(evangelism)이다. 개인의 영혼구원을 강조했고 정치문제에 대해서는 직접 간여하지 않는 특징을 갖고 있다. 그러나 1895년, 일본이 명성왕후를 시해했던 을미사변 이후, 기독교는 충군애국의 종교로 알려지게 되었다. 동시에 교회는 반일(反日)의 터전이며 항일을 위한 최고의 조직체로 각인되었다. 자연스럽게 기독교의 복음은 반일과 애국을 뒷받침하는 근대문명의 이데올로기가 되었다. 특히 선교사들이 복음 전파의 교두보를 위해 세운 기독교 학교와 병원, YMCA는 자연스럽게 이러한 의식을 제공했다.

을사늑약이 체결되었을 때는 곳곳에서 의병들이 일어났고 격렬하고 거친 저항이 있었다.[1] 감리교회 상동파 청년들은 일본 상품 불매

---

1 「駐韓日本公使館記錄」, 1905년 , 電受 참조. 경안지역의 경우, 영천의 정용기, 영덕의 신돌석, 영양의 김도현, 진보의 이하현 등이 의병을 일으켜 활동했다. 1907년 7월에 고종황제의 강제퇴위를 발단으로 영주, 순흥, 풍기 등에서도 매우 활발하게 의병들이 활동했다. 그 해 7월과 8월에 청풍과 단양 등지에서 활동하던 의병들이 풍기에 나타났다가 영주로 이동했고 8월에는 영주 군내에 의병 300명이 분파소와 우편국을 습격하는 등 그 이름을 크게 알렸다.

와 시장세(市場稅) 거부하며 폭동을 선도했고[2] 서북 지역에서는 이승훈(李昇薰) 등이 국내 자본 세력을 규합해 일본 상인들에 대항했다. 을사늑약 오적(五賊)을 처단해야 한다며 정순만(鄭淳萬) 등의 평안도 기독교 청년들은 암살단을 조직했고 경기도 양주의 홍대순(洪太淳) 목사는 1907년 고종의 강제 퇴위에 격분하며 대한문 앞에서 자결했다. 기독교 교육가였던 정재홍(鄭在洪)도 이토 히로부미(伊藤博文) 살해를 기도하다가 실패하자 스스로 목숨을 끊었다.[3]

수없이 많은 애국계몽단체와 자강단체들이 '국권회복'을 부르짖고 서구의 근대문명을 배워야 한다며 소리를 높였다. 한국의 거의 모든 기독교 조직도 동참해야 한다고 주장했다. 근대교육으로 백성들을 무장시켜야 한다는 외침도 여기저기에서 나왔다.[4] 이런 상황에서 적지 않은 청년들이 교회로 밀려 들어왔다. 그들에게 교회는 구국을 위한 투쟁의 근거지가 되었다.

전덕기가 주축이 되고 이승만, 김구, YMCA 청년 등이 함께한 '상동청년회' 운동을 시작으로 한국의 기독교인들은 '신민회 운동', '105인 사건', '2.8 독립운동', '3.1 운동', '한성정부', '선천경찰서 폭발사건' 등 국내에서 독립운동을 주도했다. 신한청년당과 '상해 임시정부', 이동휘의 '노령 정부', 이승만과 안창호를 주축으로 한 독립운동에서도 선도에 나섰다.

특별히 도쿄의 한국YMCA를 근거로 한 재(在)일본 유학생들은 각지의 독립운동가와 연결되어 활동했다. 서울YMCA 학관 출신의 송

---

2   國友尙謙, 『百五人事件資料集』 "不逞事件ニ依ツテ觀タル朝鮮人" (高麗書林, 影印本, 1986), pp.323-324.

3   "鄭氏自砲," 「皇城新聞」, 1907년 7월 1일자. ; "鄭氏自砲,"「大韓每日申報」, 1907년 7월 2일자.

4   "大韓自强會趣旨書,"「大韓自强會月報」 1호(1906), p. 6.

계백은 2,8독립선언을 송진우와 최린 등에 전했고 그가 가져온 독립선언문은 3.1항쟁으로 연결되었다. 이 외에도 열거할 수 없을 만큼 일제에 대한 기독교인들의 저항은 끊이지 않았다. 이러한 이유에서 교회는 영혼구원의 기관인 동시에 국가구원의 통로로 새겨졌다. 복음의 내재된 가치는 인권, 평등, 정의로 표출되었고 기독교 이데올로기는 자유와 민주가 정체가 되는, 대한민국의 지향점이 되었다.

이 소고는 일제강점기 기독교계의 독립운동이 어떠했고, 그 성격은 무엇인지 확인하는 작업이다. 동시에 도쿄 유학생들의 '2,8 독립운동'과 기독교가 주축을 이루었던 '3.1항쟁'에 대해 집중적으로 밝히려 한다. 특별히 한국에서 종로와 YMCA의 위치, 탑골공원 설립의 이념이 어떤 연관성을 가졌는지도 밝히려 한다.

2

기독교 병원과 기독교 학교의 역할

1876(고종 13)년, 조선정부는 일본의 군사력에 일방적으로 밀려, 강압적으로 조일통상조약을 맺어야 했다. 인천과 원산이 개방되었고 쇄국정책을 개방정책으로 바꿔야했다. 이를 계기로, 개화파들의 도움을 받은, 고종 임금은 구미(歐美)제국과 연달아 통교(通交)를 맺을 수 있었다.[5] 조선이 여러 개혁 조치를 진행시킬 수 있었던 것은, 고종 임금의 의지와 개혁을 열망하는 젊은 개화파들의 적극 가세가 있어 가능했다.

일명 '제너럴셔먼호 사건'[6]의 중심에 있었고 김옥균과 박영효, 김윤식 등을 가르쳤던 박규수는 미국에 대해 다음과 같이 피력했다.

---

5   조항래, "黃遵憲의 朝鮮策略에 對한 檢討", 『한국근현대사논문선집』1 (서울: 삼귀문화사, 1999), pp.4-5 참조.

6   미국의 무장 상선 '제너럴 셔먼(S General Sherman)'호는 1866년 7월 25일 평안도 용강현 주영포 앞바다에 도착한 뒤 대동강을 거슬러 평양부까지 올라와 통상을 요구하며 대포를 쏘며 난동을 부렸다. 9월 5일 당시 평안 감사 박규수 휘하의 조선군 부대는 배를 급습해 선박을 불태우며 이를 물리쳤다.

내가 듣건대 미국은 지구상의 여러 나라 중에서 가장 공평하다고 일컬어지고 난리(亂離)의 배제(排除)난 분쟁의 해결을 잘하며, 또 6주(州)에서 가장 부유하고 영토를 확장(擴張)하려는 욕심도 없다고 하니 저쪽에서는 비록 말이 없다고 하나 우리는 마땅히 먼저 수교를 맺기를 힘써 굳은 맹약을 체결한다면 고립되는 우환은 면할 것이다. 그런데도 도리어 밀쳐서 물리친다면 어찌 나라를 도모하는 길이겠는가[7]

박규수는 미국 근대문명에 대해 호의적이었고 미국의 것을 도입하길 희망했다.[8] 그의 대미 인식은 고종 임금에게도 적지 않은 영향을 끼쳤다. 박규수 그룹의 조언에 따라 조선정부는, 1882년의 미국과 조미조약(朝美條約)을 계기로, 민영익을 정사(正使)로 하고 홍영식을 부사(副使)로 하여 미국에 보빙사(報聘使)를 파견했다. 보빙사를 통해 조선은 아더(Chester A. Arthur)대통령에게 친의를 확인하는 국서를 보냈다.[9] 이 과정에서 미국 감리교의 거물인 가우처(John F. Goucher) 목사를 만났고, 그에 의해서 기독교의 선교가 시작되었다.

가우처의 독려로 미국 북감리교는 한국 선교를 결심했고, 북감리교 해외선교부의 확인과 훈령에 따라 재일선교사 맥클래이(Robert S. Maclay)의 조선 입국이 추진되었다. 그때 그는 주일(駐日) 미국공사 빙햄(John A. Bingham)을 통해 주(駐)조선공사 푸트(Lucius H. Foote)와 접촉

---

7   吾門 美國在地球諸國中 最號公平 善排難解紛 且富甲六州 無啓覇之慾 彼雖無言 我當先事 結交締固盟約 庶免孤立之患 (「文集」卷7, 咨文 26頁, <美國兵船滋優咨>, 金允植謹按.
8   후일 박규수의 후예는 친미개화파로 분류가 된다.
9   한철호, 『親美開化派研究』(서울: 국학자료원, 1998), pp.30-32 참조.

하는 방식을 택했다. 뱅햄의 노력으로 1884년 6월 23일 한국에 도착한 맥클레이는 자신의 아내로부터 영어를 배운 바 있던 김옥균이 외위문(外衛門) 주사로 일하고 있는 것을 확인했다.[10] 그는 김옥균을 통해 고종 임금에게 교육사업과 병원사업의 윤허를 요청하는 편지를 올렸고 임금은 천주교가 아니어야 한다는 조건으로 이를 허락했다.[11]

당시 조선 정부도 서양식 근대 병원과 학교 설립을 모색하고 있었다. 그것은 한국을 근대화시키려는 고종 임금의 의지이기도 했다. 그런 이유로, 1883년 보빙사를 파견했을 때, 미국에 정치와 군사 고문과 더불어 근대학교 교사 파견을 요청한 바 있었다. 더구나 보빙사의 일원이었던 홍영식이 "만약 미국의 교육제도를 본받아 인재를 양성해서 백방으로 대응한다면, 아마도 어려움이 없을 것"[12]이라고 보고했을 때, 미국과 미국의 교육방식에 기대감은 더욱 커질 수밖에 없었다. 고종 임금이 맥클레이에게 교육과 의료사업을 허락한 것도 그 염원의 일환이었다.[13]

10　맥클레이는 조선의 개화지식인과의 연결되어 있었다. 1882년 8월, 김옥균 등이 차관교섭을 위해 일본에 왔을 때, 교분을 쌓았다. 특히 그의 부인은 일행 몇몇에게 영어를 가르치기도 했다.
11　한국의 이 정책에 따라 미국 북장로교회의 알렌(Horace N. Allen)이 들어올 수 있었다.
12　"遣美使節 洪英植復命問答記", 김원모 역, 『史學志』15, 1981, p.216.
13　갑신정변으로 잠시 중단되었지만, 미국에 교사 파견을 다시 요청했고, 1886년 6월 3일(음), 왕립 육영공원(育英公院, Royal English School, Royal College)이 세워졌다. 헐버트(Homer Bezaleel Hulbert), 길모어(George William Gilmore), 벙커(Dalziel A. Bunker)는 육영공원 교사로 입국할 수 있었다.

3

의료·교육선교를 통한 의식화

1. 의료·교육선교의 전개

주자학 전통의 사회에서, 배움의 기회는 모든 사람에게 주어지지 않았다. 또한 민초들을 찾아가 물질적 대가 없이 병을 치료해 준다는 봉사 의식이 없었다 해도 과언이 아니다. 인간의 생명이 모두 존엄하다는 의식도 찾아보기 힘들었다. '임금의 백성'과 '동포'가 강조되었지만 공동체라는 개념은 아니었다. 그런데 기독교의 의료와 교육선교는 변화와 변혁적 변동을 가져다주었다. 이 땅 안의 거민 누구나 '하나님의 백성'이라는 의식이 전해졌고 '민족공동체' 인식이 생겨났다.[14] 이것은 인권과 민주주의 의식으로 발전되었다.

선교사들은 의료선교를 접촉점으로 해서 복음을 전하려 했다. 또한 기독교 학교를 통해 교회 지도자를 양성하려 했다. 이들에게 병

---

14   Weir of Chemulpo, "The Student christian Association", *Korea Mission Field*, 1910, Vol. VI, p.221.

원과 학교는 교회를 세우기 위한 전(前) 단계였다. 선교사들은 의료와 교육사업에 열정을 다했다. 이만큼 효과적인 접촉점이 없었기 때문이다.[15] 또한 사회에 대한 의료와 교육선교 속에 담겨 있는, 공적 책임과 신분 계급의 구분 없이 민초들을 배려한다는 것은 선교사들의 신학에 중요한 축이기도 했다. 1910년까지 선교를 위해 세운 주요 병원들을 보면 다음과 같다.

병원명	설립자	설립연도	지역	교파
성누가병원	E. B. Landis	1890	인천	성공회
전킨기념병원	Hugh M. Brown	1891	부산	북장로교
성베드로병원	Cooke, Headcoth	1892	서울	성공회
원산구세병원	W. B. McGill	1893	원산	북감리회[16]
광주기독병원	J. W. Nolan	1893	광주	남장로교
성마태병원	Wiles	1893	서울	성공회
광혜여원	R. S. Hall	1894	평양	북감리회
군산야소병원	A. D. Drew	1895	군산	남장로교
캐롤라인에이래드병원[17]	Caroline A. Ladd	1895	평양	북장로교
평양제중병원	J. H. Wells	1896	평양	북장로교
홀 기념병원[18]	북감리회	1897	평양	북감리회
대구제중원[19]	W. O. Johnson	1898	대구	북장로교
함흥제혜병원	K. McMillan	1905	함흥	캐나다장로교
미동병원	A. M. Sharrocks	1901	선천	북장로교
재령병원	H. C. Whiting	1906	재령	북장로교

15 W. M. Baird, "Educational Mission Problems, *Korea Mission Field,* 1914, Vol.X, p.296.
16 1901년 남감리회 로스(J. B. Ross)와 함께 운영하다 1903년 이후 남감리회 단독 운영했다.
17 평양 캐롤라인 에이 래드 병원(Pyengyang Caroline A. Ladd Hospital)은 웰즈의 평양제중병원과 연합하여 함께 운영되었고, 1923년 미감리회 선교부에서 운영하던 홀기념병원(The Hall Memorial Hospital)과 미감리회 여선교회에서 운영하던 광혜여원(Pyengyang Women's Hospital of Extended Grace)과 함께 연합하여 평양연합기독병원으로 발전했다.
18 홀기념병원은 1893년부터 평양에서 의료 선교 활동을 하다가 과로와 전염병으로 1894년 11월에 사망한 미감리회 의료선교사 홀(W. J. Hall)을 기념하여 1897년 2월에 세운 병원으로 포웰(Douglas Fowell)이 초대 원장을 맡았다.
19 대구 동산병원으로 발전했다.

배돈병원	Hueh Currell	1906	진주	호주장로교
데이비드한치과 진료소	David E. Hahn	1906	서울	북감리교
던컨병원	M. M. Null	1907	청주	북장로교
순안병원	Riley Russel	1908	순안	안식교
계례지병원	R. G. Mills	1909	강계	북장로교
안동성소병원	A. G. Flether	1909	안동	북장로교
상애원[20]	C. H. Irvin	1909	부산	북장로교
해주구세병원[21]	Edwin W. Kent	1909	해주	북감리회
개성남성병원	Wightman T. Reid	1910	개성	남감리회

도표에 나타나듯이 병원을 세우는 데 교파 구분은 없었다. 선교
사들은 선교거점(mission station)이 되는 지역에는 예외 없이 병원을 세
웠다. 그리고 교회는 있는 곳이면 예외 없이 학교나 부설 남녀학교도
설립했다.[22]

청일전쟁 이후, 기독교 학교가 국권 수호의 첨병들을 만들어 줄
것이라 의식이 더욱 팽배해졌다. 근대교육이 "인민의 기상을 회복시
켜 줄 계책"[23]이라는 인식과 기독교 학교가 국민을 교화시킬 것이라
는 의식도 확산되었다. 문명의 진보를 가져온다는 생각에 누구나 공
감했고[24] 기독교 학교를 졸업하면 사회적 위치가 보장된다는 기대도

---

20 나병원으로 1909년 미 북장로교 의료선교사 어빈(C. H. Irvin)은 부산 감만동에 병원을 마련하여 12
     명을 입원시킨 후 1910년 영국 구라회(British Leprosy Mission)의 지원을 받아 정식으로 개원했다.
21 1928년 윌리암 홀의 아들 셔우드 홀(Sherwood Hall)에 의해 결핵 전문 해주 구세요양원이 설립되
     었다.
22 교회, 학교, 병원이 함께 설립되는 것을 가리켜 애비슨은 트라이앵글 메소드(Triangle Method)라
     칭했다.
23 『윤치호 일기』, 1889년 4월 29일자.
24 "논설", 「독립신문」, 1899년 9월 20일자.

만연했다. 더구나 1895년 고종 임금이 "교육이란 참으로 국가를 보존하는 근본"이라고 말했을 때,[25] 근대학교의 위상은 더욱 커졌다.

고종 임금이 언급한 근대학교는 기독교 학교라 해도 과언이 아니었다. 후일 일본이 '사립학교 개정령'을 반포해야만 했을 정도로, 기독교는 한국의 근대교육계를 장악했다. 1909년까지 기독교회 각 교파가 세운 대표적 학교들을 발췌해 보면 다음과 같다.

학교명	설립연도	지역	교파	학교명	설립연도	지역	교파
광혜원학교	1886	서울	북장로교	정명여학교	1903	목포	남장로교
배재학당	1886	서울	북감리회	덕명학교	1904	원산	남감리교
이화학당	1886	서울	북감리회	진성여학교	1904	원산	캐나다 장로교
경신학교	1886	서울	북장로교	호수돈여학교	1904	개성	남감리회
정신여학교	1887	서울	북장로교	의창학교	1904	해주	북감리회
광성학교	1894	평양	북감리회	영명학교	1905	공주	북감리회
숭덕학교	1894	평양	북감리회	계성학교	1906	대구	북장로교
정의여학교	1894	평양	북감리회	신성학교	1906	선천	북장로교
일신여학교	1895	부산	호주장로교	보성여학교	1906	선천	북장로교
정진학교	1896	평양	북감리회	의명학교	1906	순안	안식교
공옥학교	1896	서울	북감리회	한영서원	1906	개성	남감리회
숭실학교	1897	평양	북장로교	미리흠학교	1906	개성	남감리회
신군학교	1897	서울	북감리회	수피아여학교	1907	광주	남장로회
영화여학교	1897	인천	북감리회	신명여학교	1907	대구	북장로교
배화여학교	1898	서울	남감리회	기전여학교	1907	전주	남장로교
맹아학교	1898	평양	북감리회	매향여학교	1907	수원	북감리회
명신학교	1898	재령	북장로교	신흥학교	1908	전주	남장로교
평양신학교	1900	평양	장로교	영실학교	1908	강계	북장로교
숭의여학교	1903	평양	북장로교	창신학교	1908	마산	호주 장로교
루씨여학교	1903	원산	북감리회	의정학교	1909	해주	북감리회

---

25   최규진, 『근대를 보는 창』 20 (서울:서해문집, 2007), p.29.

한국 역사에 "교육 혁명"이라고 평가할 수 있을 만큼[26], 기독교 학교의 설립과 그 증가는 폭발적이었다. 1909년에 이르렀을 때, 정부에서 운영한 근대학교는 60여 개에 불과했지만, 장로교에서 운영하는 학교는 719교에 학생 수가 17,231명이었고[27] 감리교는 200교에 6,423명의 학생들을 가르쳤다.[28] 한국의 근대의식이 기독교를 통해 발흥되었다고 해도 틀린 말이 아닌 것이다.

2. 의료와 교육선교의 특성 – 자유와 민주 이데올로기의 의식화

이데올로기는 개인과 집단이 살아가는 데 필요한 삶의 매개체가 된다. 인간은 이데올로기를 통해 삶의 방향과 행동 목적, 처해 있는 위치를 확인하고 삶의 의미를 부여한다. 더 나아가 객관적인 규범과 체계를 갖게 한다. 인간사회와 밀접한 관계를 맺고 생존하는 데에 종교나 교회도 예외 없이 이데올로기를 사용한다.[29]

기독교 이데올로기는 절대자 야웨 하나님 아래 누구나 수평적 존재라는 의식에서 출발한다. 이것을 바탕으로 인간의 인습과 제도, 인간관과 사회관을 검토하고 심판하며, 소속 교인들의 삶과 행동을 규제하고 훈련한다. 모든 문화적 전통과 사회 구조도 검증한다. 그리고 신부적(神賦的) 인간 의식으로 귀결시키고 이를 저해하는 것에 대해서 저항하게 된다. 기독교 선교사들의 의도와 상관없이, 미션스쿨 학생들은 이렇게 의식화되어 있었다. 국가가 쇠잔했던 시대 상황에서

---

26 Samuel Hugh Moffett, *The Christians of Korea*, p.146, 박용규, 『한국기독교회사』I, p.553에서 재인용.
27 1909년 장로교 독노회 보고, 별표, p.31. : 민경배, 『한국기독교회사』(서울: 연세대학교출판사, 2007) p.269에서 재인용.
28 1909년 감리교대회 보고 참조.
29 고재식, "이데올로기와 신앙", 『기독교사상』16, 1983년 6월호, p.20.

기독교는 하나님이 인간을 창조하셨다는, 신부적 인간화를 제시했고 이것이 새로운 근대이데올로기의 바탕이 되었다.

먼저 게일목사가 학도들을 권면하며 말씀하되. 내가 대한에 와서 여러 해 동안을 살펴본즉 대한 사람의 재주는 서양 사람과 비교해서 조금도 부족한 것이 없는데, 다만 마음은 영악하지 못하다. 만약 어려운 일이 닥치면 의지가 사라져 감히 해결하려 하지 못하니 개탄스럽다. 우리 서양 사람은 그렇지 않다. 어려운 일이 생기면 더욱 흥미를 내고 힘을 발휘한다. 그 이치는 모두 성경에서 나온다.[30]

선교사 게일(James S. Gale)은 배재학생들에게 이렇게 훈시했다. 어려운 일이 있을 때, 그것을 극복하려는 태도가 없다는 것을 비판했고 돈을 벌거나 생업을 가지지 않고 놀고먹으려는 한국인들의 게으른 태도를 지적했다. 곧 인간으로서 갖추어야 할 조건을 지적한 것이다.

신학에서 게으르다는 것과 생활력이 결여되었다는 것은 죄악이나 다름없다.[31] 청결과 위생이 중요했고 과학적 사고도 강했다. 건강한 노동과 엄격한 윤리 의식은 가장 기초적인 규범이었다. 일하지 않고 노는 데만 몰두하고 있는 것, 술과 담배·노름 등에 빠져 있는 것을

---

30 "배재학당 하계방학", 「대한그리스도인회보」, 1900년 7월 4일자. 원문은 다음과 같다: 몬져 계일 목 스가 학도들을 권면ᄒ야 말슴ᄒ되 내가 대한에 나아와셔 여러 해 동안을 솗혀본즉 대한 사ᄅᆷ의 재 죠가 서양 사ᄅᆷ과 비교ᄒ면 조곰도 부족ᄒ 것이 업시되 다만 ᄆᆞ음이 영악지 못ᄒ야 만약 어려온 일을 당ᄒ면 뜻이 풀녀 감히 경영치 못ᄒ니 크게 개탄ᄒ 곳이라 우리 서양 사ᄅᆷ은 그렇지 아니 ᄒ야 어려온 일이면 재미가 더 나고 힘이 너잇는 것은 그 리치가 다 성경에서 나옴이니
31 "열 가지 조심할 일", 「대한그리스도인회보」, 1899년, 2월 1일자.

묵과하지 않았다.[32] 자립하지 않은 상태에서 이뤄지는 조혼(早婚), 부정부패와 무고한 세금을 걷는 무명(無名) 잡세 등도 비판과 극복의 대상이었다.[33] 특별히 축첩은 성서가 금지하는 죄악이었다.[34] 남녀가 평등함은 하나님이 인간을 창조한 뜻이고 '남녀를 같은 학문으로써 교육하며 동등권을 주는 것'은 당연했다.[35]

기독교 학교에서 공부한 사람들은 "교육받은" 사회 세력 집단을 형성했고, 곳곳에 조직망을 이루었다. 그리고 가장 영향력 있는 민족적 사회 세력으로 자리 잡았다.[36] 기독교계 인사들은 개인의 자유와 '평등' 부분을 자신들의 신념으로 여겼고, 이런 의식 아래 3·1항쟁을 주도했다. 하나님이 애초부터 모든 인간에게 동일한 권리를 주셨다는 의식은 일본의 황도정신(皇道精神)과 억압적 체제에 대한 저항 근거가 되었다. 상해임시정부와 대한민국이 '민주공화제'를 채택하는 데에도 주도적 영향을 끼쳤다.

---

32 "술이 무서운 짐승보다 더 함", 「대한그리스도인회보」, 1899년 2월 8일자. 술이나 도박, 이방 종교, 축첩 등의 문제는 19세기 말 미국 선교사들이 사회악으로 간주한 문제들이었지만, 담배는 한국에서 특수하게 더 추가된 사회악이었다.

33 "혼인론", 「대한그리스도인회보」, 1899년 4월 19일자, "교우 노병선씨 열람한 일, 이폭연속", 「대한그리스도인회보」, 1898년, 10월 5일자.

34 1901년에 이르러, 장로회공의회는 한국의 풍속 중에 고쳐야 할 다섯 가지를 조혼, 재가금지법, 불신자와의 혼인, 혼인시의 지참금, 부녀를 압제하는 일 등 다섯 가지로 규정했다.

35 "녀학교론", 「대한그리스도인회보」 1898년 8월 3일자, 「독립신문」, 1898년 1월 4일자 논설.

36 박영신, "기독교와 사회발전", 『기독교사상』 28, 1984.5월호, pp.152-153.

4

기독교 학생들의 근대 의식화와
교육선교의 정치학

1. 기독교 학생들의 근대 의식화

고종 임금이 러시아 공사관으로 조선의 조정을 옮겼던 일명 '아관
파천' 때인 1896년 7월 2일, 독립문과 독립공원의 조성을 위해 독립
협회가 결성되었다. 여기에는 중국의 속국에서 벗어나 자주권과 독립
권을 동시에 가져야 한다는 상징성이 있었다.

> 우리나라 풍속이 이상해서 역사 이래로 내 나라 역사책과 내
> 임금의 영광은 가르치지 않고 다만 중국의 역사책과 중국의 영
> 광을 가르친다. 그러므로 내 나라 사랑하는 마음이 없게 된다.
> 진나라와 한나라, 당나라와 송나라, 명나라와 청나라의 역대에
> 일어난 좋은 일들은 알아도 우리나라의 높고 기품있던 사건과
> 그때를 모르니 한심하구나.[37]

---

37 "기원절일",「조선그리스도인회보」, 1897년 8월 10일자. 원문은 다음과 같다: 우리나라 풍속이 이샹
ᄒ야 자고 이래로 내 나라 ᄉᆞ긔와 내 님군 영광은 ᄀᆞᄅ치지 안코 다만 즁원 ᄉᆞ긔와 즁원 영광을 ᄀᆞᄅ
치ᄂᆞᆫ 고로 내 나라 ᄉᆞ랑 ᄒᆞᄂᆞᆫ ᄆᆞᄋᆞᆷ이 업서 진과 한과 당과 송과 명과 청의 력대 됴흔 일은 알아도 우
리나라의 영 고아되는 일과 날을 모로니 한심하도다.

독립관 보수가 끝나고 1897년 5월 23일에 현판식을 가졌을 때, 기독교 지도자들은 더 이상 조선이 중국의 영향력에 있지 않다고 주장했다. 더 이상 한국인들이 중국의 것을 지향하지 말고 "내 나라 역사"와 "내 임금의 영광"을 드러내야 한다며 소리를 높였다. 여세를 몰아 서재필과 윤치호는 독립협회의 성격을 기독교 계몽단체로 바꾸려 했다. 그러나 이상재 등이, "민족이 요구하는 것은 기독교가 아니라 개인의 권리"라며, 이를 반대해 결국 불발되었다.[38]

그렇지만 독립협회는 갑오경장 때 관료층인 건양협회(建陽協會), 박정양 등 친미개화파들의 모임인 정동구락부, 그리고 개별적으로 독립 개화를 지지하던 관료세력들이 중심이었다. 그중 정동구락부는 기독교계와 독립협회를 연결해 주는 다리 역할을 했다.[39] 그렇게 초기 독립협회는 선교사들과 밀접한 관계를 갖고 있었다.

독립협회 초기, 서재필이나 윤치호 등이 독립협회를 기독교기관으로 만들려 한다는 것을 알았기 때문에 거의 모든 기독교 선교사들은 큰 기대를 하고 있었다. 특히 감리교 선교사들, 특히 아펜젤러 (Henry G. Appenzeller)는 배재나 협성회 등 출신들이 독립협회의 청년 조직으로 활동하는 것에 크게 고무되어 있었다. 대한그리스도인회보는 배재학당 협성회 출신들이 근대문명으로 의식화되어 있음을 다음과 같이 밝혔다.

어떤 나라든지 문명화하려면 백성의 마음이 먼저 열려야 하고 그런 후에야 그 나라가 남에게 수모를 받지 않은 법이다. 근래

---

38 F. M. Brockman, "Mr. YI SANG CHAI", *Korea Mission Field*, Vol VII, 1911년 8월호, pp.217-218.
39 노치준, 『일제하 한국기독교 민족운동 연구』(서울:한국기독교역사연구소, 1993), p.43. 여기에 속한 인물이 서재필, 윤치호, 이상재, 언더우드, 아펜젤러 등이다.

에 대한국 안에 협성회와 독립토론회, 청년회와 광무협회라 하는 조직이 연이어 생긴 후에 우리나라의 사정과 외국의 상황을 서로 토론하더니 백성들의 지식이 크게 확장되었다.[40]

1896년 5월 21일부터 시작된 서재필의 특강 이후, 이승만을 비롯한 배재 학생들은 민주주의와 국제 정세에 대한 눈을 떴다. 이들은 협성회를 조직했고 정치·경제·종교적 문제에 대해 토론회를 열며 시야를 넓혔다.[41] 개인의 자유, 인권, 민주주의와 의회주의에 대해 알게 되었고 의식화되어갔다.[42] 이승만, 문경호, 현공렴, 홍정후 등에게 독립협회는 정치활동의 돌파구였다. 특별히 1898년 열렸던 만민공동회는 자신들의 신념을 펼칠 수 있는 최고의 장(場)이 되었다.[43]

선교사들은 배재에서 가르친 것들이 독립협회 운동으로 이어지는 것에 대해 크게 주목했다. 학생들이 근대지식을 바탕으로, 고질적 부패에 대해 문제를 제기하는 것에 고무되었다. 진보와 계몽을 부르짖는 단체와 하나가 된 것에도 자부심을 품었다.[44] 그때까지만 하더라도 배재 출신들이 중국으로부터 독립하는 데 일조하고 조선 근대 지식사회를 기독교화로 이끈다고 믿었다. 본래 미국인 교사들은 미국 민주주의 체제에서 살았던 사람들이다. 선교사들은 학생들의 주장

---

40 "의사 계손씨가 환국함", 「대한그리스도인회보」, 1898년 5월 18일. 원문은 다음과 같다: 모 나라이든지 개명이 되랴ᄒ면 백성이 몬져 열닌후에야 그나라이 눔의게 슈모를 밧지 안ᄂ법이라 근래에 대한국 즁에 협성회와 독립 토론회와 청년회와 광무 협회라 ᄒᄂ회가 ᄎᄎ 생긴후에 본국 슈졍과 외국 형편을 서로 강론ᄒ더니 백성의 문견이 대단이 열닌지라
41 「독립신문」, 1989년 5월 23일자 참조.
42 「신한민보」, 1919년 9월 20일자 참조.
43 1897년 7월 배재학당을 졸업한 이승만은 다음 해 3월 독립협회가 종로에서 개최한 제1회 만민공동회 연사로 참여했다.
44 "Pai Chai College", *Official Minutes of the Korea Mission of the Methodist Episcopal Church*, 1899, pp.37-38 참조.

속에서 민주주의 의식을 발견했고, 이들에게 학생들의 외침은 틀린 것이 없었다.

2. 교육선교의 정치학 – 민주주의와 저항 에너지의 발현

1887년 초대 주미공사로 임명되어 워싱턴에 머물고 있던 박정양은 미국을 가리켜, "해국(該國)은 합중신성(合衆心成)의 권리가 민주(民主)에 있는 나라"[45]라고 피력한 바 있다. 그때 그는 미국 민주주의 체제의 중심에 기독교가 있다고 확인했다.[46] 여느 개화파나 후일 해외 유학생들도 이런 생각을 갖고 있었다. 한국의 신진 엘리트들은 기독교를 "민주주의의 기초"[47]로 보았고 미국을 '민주공화국의 개조(開祖)'로 알고 있었다.[48] 한국의 근대지식사회가 미국, 민주주의, 기독교를 하나의 범주, 곧 미국을 민주주의와 기독교의 나라라고 여긴 것이다.

미국 유학시절, 윤치호는 에모리대학 학장 캔들러(W. R. Candler)에게 남감리교회 선교사들을 조선에 파송해 줄 것과 조선에 기독교 학교를 개설해 달라고 요청한 바 있다. 이를 위해 수중에 있던 200달러를 헌금했다.[49] 미국인들이 누리는 풍요로움과 자유, 사회개선과 사회정의, 민주주의 체제가 기독교에서 비롯되었고, 기독교 학교를 통해 퍼지게 되었다고 믿었기 때문이다.[50]

---

45 박정양, "美俗拾遺", 『朴定陽全集』 6(서울: 아세아출판사, 1984), p.639 "該國 卽合衆心成之權 在民主者也"
46 Ibid., pp.611-612.
47 『윤치호 일기』, 1890년 3월 7일자.
48 대한유학생회, 논설 "국가의 주동력", 「대한유학생회학보」 제2호
49 『윤치호 일기』, 1893년 3월 6일자, 3월 11일자, 9월 7일자 참조.
50 그런 이유에서 윤치호는 개성에 한영서원을 설립하고 1906년에 한영서원의 교장이 되었다. 아산 운봉면 보통학교, 송도고등보통학교, 이화여자전문학교, 세브란스의학전문학교 등에 막대한 재정적 지원했다. 모두 그의 이상을 실현하기 위한 것이었다.

학생들에게 기독교 학교는 민주주의의 이념과 그 지향점, 실천력을 구체적으로 알리고 배양하는 곳이었다. 서양 근대학문과 서양인 교사와의 접촉을 통해 개인의식, 평등의식, 노동의 존엄 의식을 습득했고 기독교 이데올로기의 진수가 무엇인지 알게 되었다. 신부적(神賦的) 인권관과 만민평등의 가치관, 민주주의 국가관이 자연스럽게 각인되었고 의식화 되었다. 이런 사상은 민주적인 근대독립국가 수립 주장으로 연결되었다. 이승만을 비롯한 배재출신들이 적극적으로 독립사상과 민주주의 사상을 주장했던 것도 배재학당 교육의 결과였다.

윤치호가 민영환과 니콜라이 2세의 대관식에 참석하기 위해 한국을 떠나게 되자, 1886년 5월 21일부터 윤치호의 뒤를 이어 서재필이 배재에서 특별 강의를 하게 되었다. 서재필은 세계지리, 역사, 의회제도와 민주주의, 서구문화와 세계정세를 피력했다.[51] 학생들은 매주 토요일 오후마다 회의 진행법과 절차, 토론과 연설 방법에 대한 체계적인 훈련도 받을 수 있었다. 특히 이승만은 관심 있게 서재필의 강의를 들었다. 학생들은 개인이 갖고 있는 본래의 자유, 평등한 참여, 자유롭고 합리적인 토론, 민주적 합의, 진정성의 의미를 습득했다. 이후 이승만의 주도 아래 11월 30일, 배재학당 내에 협성회가 만들어졌다.

협성회를 통해 '질서정연한 학생의 모습, 회의 규칙의 엄격한 적용, 성실하게 토론에 임하는 자세, 전 회원의 열정적인 참여, 자기주장을 표현하는 용감한 태도'가 길러졌다. 민주주의가 지향하는 "자유, 평

---

51   잡보, 「독립신문」, 1896년 5월 23일자.

등, 질서, 공적 정의"도 교육되었다.[52] 그리고 논리적이고 합리적 주장을 펼치는 방법도 체득되었다. 학생들은 의회설립을 주장했고, 주간 『협성회 회보』, 일간 『미일신문』을 발간해 자신들의 주장을 펼쳤다.[53] 1898년 종로 백목전 앞에서 열린, 만민공동회의 만여 명 앞에서 가두 연설을 하고 시국 토론을 펼칠 수 있던 것도 협성회 교육 덕분이었다.[54]

미션스쿨 학생들은 민주주의 체제를 습득했고 전통적 계급의식을 극복했다. 남녀가 평등하다는 사상, 노동의 존엄성, 강연회나 토론회를 통한 인간 권리의 발현, 그리고 이웃과 민족을 위해 봉사하는 새로운 차원의 사회도덕과 새로운 정치의식을 습득했다. 스스로 생각하게 하고 판단하고 결정하는 권리와 함께 타인의 권리를 위협하는 것을 용납하지 않는 것을 각인했다. 이러한 의식은 일본의 체제를 거부하는 규범이 되었다.[55]

---

52 The Independent, 1886년 12월 3일자.
53 「협성회보」는 1면에는 논설, 2면에는 국내의 정세, 3면에는 국외의 정세, 4면에는 학생회 관련 내용들을 실었는데, 14호(1898년 4월 2일자)로 종간 후 일간지로 전환했다. 이후 1898년 4월 9일자로 미일신문을 창간했으나 내분으로 1899년 4월 4일 폐간되었다.
54 협성회가 설립된 1896년 11월 30일부터 처음 가두 연설이 개최된 1897년 여름까지 약 6개월간 10회 정도의 토론이 진행됐다. 초창기의 협성회는 배재학당 내에 머물면서 한 달에 평균 1-2회정도의 실제적인 토론이 진행되었던 것이다.
55 민경배, 『日帝下의 韓國基督敎 民族.信仰運動史』(서울: 대한기독교서회, 1991), p. 75 참조.

5

2.8독립선언

우리 민족은 오래도록 고등한 문화를 가지었고 반만년간 국가
생활의 경험을 가진 민족이다. 비록 다년간의 전제 정치의 해독
과 우연히 겹친 불행으로 우리 민족이 오늘에 이르고 말았지만,
정의와 자유를 실현하고 있는 선진국의 모범을 따라 새로운 국
가를 건설한 후에는, 건국 이래 문화와 정의와 평화를 애호하
는 우리 민족은 반드시 세계의 평화와 인류의 문화에 공헌할 것
이다. 이에 우리 민족은 일본이나 혹은 세계 각국이 우리 민족
에게 민족자결의 기회를 줄 것을 요구하며, 만일 그러하지 않는
다면 우리 민족은 생존을 위하여 자유행동을 취하여 우리 민족
의 독립을 이룩할 것을 선언하노라.[56]

---

56 원문은 다음과 같다: 오족(吾族)은 구원(久遠)히 고등(高等)한 문화(文化)를 유(有)하얏고 반만년
   간(半萬年間) 국가(國家)생활(生活)의 경험(經驗)을 유(有)한 자(者)라 비록 다년(多年) 전제(專制)
   정치(政治)하(下)의 해독(害毒)과 경우(境遇)의 불행(不幸)이 오족(吾族)의 금일(今日)을 치(致)하
   얏다 할지라도 정의(定義)와 자유(自由)를 기초로 한 민주주의(民主主義)의 상(上)에 선진국(先進
   國)의 범(範)을 취하야 신국가(新國家)를 건설(建設)한 후(後)에는 건국(建國) 이래(以來) 문화(文
   化)와 정의(定義)와 평화(平和)를 애호(愛護)하는 오족(吾族)은 세계(世界)의 평화(平和)와 인류
   (人類)의 문화(文化)에 공헌(貢獻)함이 유(有)할 줄을 신(信)하노라. 자(慈)에 오족(吾族)은 일본(日

1919년 2월8일 오후 2시, 유학생 600여 명이 도쿄의 기독교청년회관(현 재일본 한국YMCA)에 모였다. 대부분 기독교에 의해 의식화된 학생들이었다. 백관수가 이광수가 기초한 독립선언문과 결의문을 낭독하고, 최팔용이 '조선청년독립단'발족을 선언했다.[57] 유학생들은 독립만세를 외쳤다. 이들은 한일합병 조약의 폐기, 한국의 독립선언, 민족대회 소집을 요구했다. 그리고 이를 실현하기까지 혈전도 불사할 것을 선언했다. 그렇지만 일본 경찰이 들이닥쳤고 학생들을 강제로 해산시켰다. 사회자 최팔용 등 60명이 검거되었고 8명의 학생들이 기소되었다.[58]

도쿄 유학생들을 자극한 것은 미국대통령 윌슨(Thomas W. Wilson)이 발표한 14개 조항의 평화원칙의 내용이었다. 덧붙여, 샌프란시스코의 한국인들이 독립운동 자금으로 30만 원을 모금했다는 아사히신문(朝日新聞)의 기사[59]도 이들을 고무시켰다.[60] 그런데 학생들이 구체적 행동으로 나선 결정적인 이유는 고베에서 발행되던 영자지 저팬애드버타이저(The Japan Advertiser)가 보도한 내용 때문이었다. 기사에는 뉴욕에서 열린 세계약소민족동맹회의 2차 연례총회에서 약소민족의 발언권을 인정해야 한다는 주장과 미국에 거주하고 있던 이승만,

---

本)이나 혹은 세계(世界)각국(各國)이 오족(吾族)에게 자결(自決)의 기회(機會)를 여(與)하기를 요구(要求)하며 만일(萬一) 불연(不然)이면 오족(吾族)은 생존(生存)을 위(爲)하야 자유(自由)행동(行動)을 취(取)하야써 독립(獨立)을 기성(期成)하기를 선언(宣言)하노라.

57 조선청년독립단의 대표자는 최팔용(崔八鏞)이었고, 이종근(李琮根), 김도연(金度演), 송계백(宋繼白), 이광수(李光洙), 최근우(崔謹愚), 김철수(金喆壽), 김상덕(金尙德), 백관수(白寬洙), 서춘(徐椿), 윤창석(尹昌錫)이 실행위원이었다.

58 야마베 겐타로 저, 최혜주 역, 『일본의 식민지 조선통치 해부: 일본의 역사학자 야마베 겐타로가 진술한 '일본 식민지 조선 통치' 보고서』(서울:어문학사, 2011), p.94. 상하이로 간 이광수를 제외하고, 서명자 전원에게 출판법위반의 유죄가 인정되었고 실형이 선고되었다.

59 「朝日新聞」, 1918년 12월 15일자.

60 덧붙여, 상하이의 신한청년당이 조소앙을 일본에 밀파시켜 유학생들을 독려했던 것도 2.8독립선언의 중요한 요인이 되었다. 유학생 사회에는 상하이의 신한청년당과의 연계를 가진 인물들이 적지 않았다.

민찬호, 정한경 세 사람이 한국독립을 제소하기 위해 파리강화회담에 파견되었다는 것과 미국에 거주하고 있는 한국인들이 독립청원서를 미국정부에 제출했다는 내용이 들어있었다.[61] 당시 이승만은 독립운동의 선도에 섰던 독보적인 인물이었고, 더구나 윌슨대통령과 프린스턴대학의 사제지간이었기 때문에 학생들로서는 흥분하지 않을 수 없었다.

독립의 기회가 왔다고 판단한 유학생들은 독립선언서를 만들어 발표하기로 했다. 조선청년독립단을 조직한 이들은 독립선언서를 만들어[62], 독립청원서와 선언서를 일본주재 각국 대사관·공사관과 일본정부의 각 대신, 일본 귀족원 중의원, 조선 총독 및 각 신문사로 보냈다. 그리고 오후 2시 기독교청년회관에서 유학생대회를 열었다.

2,8독립선언에는 한국이 전통적으로 독립국이었다는 사실이 강조되었다. 한국 국민은 일본이 강제 조약으로 한국을 강점한 것을 인정하지 않았다는 것도 밝혔다. 이들의 주장에 대한제국 복구나 존왕(尊王) 의식은 없었다. 유학생들은 "정의", "자유", "민주주의"를 부르짖었고 일본이 참정권, 집회 결사의 자유, 언론 출판을 자유 등 인간의 기본권을 무시해왔다고 고발했다. 선언서는 조선의 독립과 함께 새롭게 세워질 독립국가는 정의와 자유(justice and freedom)를 기초로 한 자유민주주의적 근대국가였다.

러일전쟁 이후, 일본으로 간 한국 유학생은 500명이 넘었다. 일제

---

61 *The Japan Advertiser*, 1918년 12월 1일자, 15일자, 18일자; 류시현, 『재팬 애드버타이저(The Japan advertiser) 3·1운동 기사집』(독립기념관, 2015) 참조
62 독립선언서 기초위원으로 백관수·김도연·이광수가 선출되었으나 실제로는 이광수가 독립선언서를 기초했다는 것이 정설이다.

가 한국을 강제 병합한 후에는 그 수가 더 불어났다. 일본 총독부가 일본으로 가는 길만 열어났기 때문이다. 1912년 안재홍(安在鴻), 최한기(崔漢基), 서경묵(徐慶黙) 등이 '조선유학생학우회(朝鮮留學生學友會)'를 만들었고, 직후에는 송진우(宋鎭禹)를 중심으로 김성수(金性洙), 장덕수(張德秀), 최두선(崔斗善), 현준호(玄俊鎬), 신익희(申翼熙), 조소앙, 김준연(金俊淵), 백남훈 등이 중심이 되었다. 1917년에 이르러 최팔용, 이광수, 송계백, 김도연, 백관수, 서춘, 이종근, 김철수 등이 중심이 되었다. 시간이 가면서 주도한 인물들이 바뀌었지만 유학생들의 활동 장소는 도쿄의 한국YMCA였다.[63]

일제는 YMCA 모임에 참가하고 한국YMCA 회관에 출입하는 것만으로도 요주의 인물로 여겼다. 그렇지만 세계적 기독교기관인 YMCA의 출입이나 활동을 막을 수 없었다. 그런 이유로 도쿄의 한국YMCA는 재일 유학생들의 안식처이자, 해방구가 되었다. 여기에서 비교적 자유롭게 민족운동의 지렛대 역할을 할 수 있었고 서로 다른 배경을 갖고 있었던 학생들을 하나로 묶어주는 역할도 했다. 일제의 수도 한복판에서 한마음으로 독립만세를 외쳤던, 2.8독립선언의 진원지가 되었던 이유이다.

유학생들이 계획한 거리 시위는 일본 경찰의 강경한 진압으로 뜻을 이루지 못했다. 그러나 3.1항쟁의 도화선이 되었고 2.8독립선언서는 3.1독립선언서의 기초가 되었다.[64]

---

63 도쿄의 재일 한국YMCA는 서울YMCA가 1906년, 최초로 해외에 설립했고 1914년에 이르러 '조선 YMCA 회관'의 이름으로 건축되었다. 총공사비 30,000원을 위해 유학생들이 700원의 의연금을 갹출했고 스코틀랜드YMCA가 1,000원, 나머지는 뉴욕의 북미YMCA가 지원했다. 1917년 기관지 '기독청년'을 창간했고 유학생의 모든 집회는 여기에서 열렸다. 처음 총무는 독립협회의 일원이었고 한성감옥에서 회심을 체험한 바 있던 김정식이었다.

64 일본의 기록에 따르면, 1919년 2월 8일부터 5월 15일까지 재일유학생 359명이 귀국했고, 그중 127명은 서울에 머물렀다.

6
3.1항쟁

1. 그 전개

1919년 3월 1일 오후 2시, 독립선언서에 대표 서명한 인물들이 종로 태화관에 모였다.[65] 기독교, 천도교를 중심으로 한 종교계 지도자들로, 이들은 불승(佛僧) 한용운의 선창에 따라 독립만세를 외쳤다. 그리고 일본 헌병경찰에 알렸고 자진해 연행되었다. 파고다 공원에서 이들을 기다렸던 약 200여 명의 학생들과 시민들은 독자적으로 독립선언식을 거행했다. 학생들은 대한문 앞에 집결해 재차 독립을 외쳤고 창덕궁으로 향했다. 총독부 경무청장은 보병 3개 중대, 기병 1개 소대를 급파해 일본 헌병경찰들과 합류시켜, 궁 안으로 들어가려는 학생들을 제지했다.[66]

다음 날 정오, 탑골공원을 중심으로 400여 명의 학생들과 군중들이 다시 모였고, 일본은 약 20여 명을 긴급 체포했다. 그렇지만 3월

---

65 본래 계획에는 학생들과 함께 파고다 공원에서 독립선언식을 거행할 예정이었다. 그러나 공원에서 독립선언식을 할 경우 혼란이 일어날 것을 염려해 따로 태화관에서 거행하기로 결정했다.
66 「京城 宣川지역의 시위運動 및 派兵 상황」, 密受 제102호, 제74호, 朝督 제1호, 1919년 3월 1일자.

5일, 서울역 앞에서 연희전문 학생들이 주도하는 대규모 시위가 다시 일어났다. 학생들과 수만의 사람들이 가득 모였고, 이들은 연희전문 학교생 강기덕의 선도에 따라 독립만세를 외쳤다. 만세 시위는 계속 이어졌고, 전국적인 운동으로 확산되었다. 12일의 만주 서간도를 시작으로 15일에는 샌프란시스코와 하와이, 17일에는 블라디보스토크 등으로 번져나갔다. 만세운동은 3월 20일부터 절정을 이루었고 4월 9일까지 지속되었다.

곳곳에서 만세운동을 주도한 지도자들은 전국의 기독교 학교와 교회, 천도교의 종교시설을 근거지로 시위를 해나갔다. 사람들은 학생들의 선도에 따라 만세를 외쳤다. 도시 사람들은 시내를 활보하며 시위를 벌였고, 농촌 사람들은 마을과 장터를 중심으로 만세를 외쳤다.

33인 중 16명이 기독교계 인사였다. '105인 사건'에 연루자였던 양전백, 이승훈, 이명룡과 평양 장대현교회 길선주, 정주장로교회 김병조, 신의주 동장로교회 유여대, 남산장로교회 집사 이갑성 등의 장로교 지도자들 YMCA간사 박희도, 감리교 목사 이필주, 신석구, 최성모, 신홍식, 정춘수, 오화영, 감리교 전도사 김창준, 기독신보사 서기 박동완이었다. 이중 YMCA계는 모두 7명이었다.

이런 이유에서 일본은 기독교회를 겨냥했다. 선교사들이 시위를 선동한다고 보았고[67] 미션스쿨 학생들이 시위의 전면에 나섰기 때문에 적개심을 가지고 기독교를 대했다. 예배당을 부수고 종탑과 성경책들을 산산조각 냈고 기독교인들을 잡아들여 잔혹하게 다루었

---

67 「時事新報」, 1919년 3월 8일자.

다.[68] 수원 제암리교회, 강서 사천교회, 정주교회, 강계교회, 위원교회 등에서 수많은 교인이 죽임을 당했다.[69] "무수한 십자가를 배열해서 포박한 남녀를 그 위에 매달고 독을 바른 몽둥이로 때려" 수많은 사상자를 양산했다.[70] 오직 만세만 외쳐대는 방식이었는데, 군중들을 잡아들이고 잔혹하게 살해했고 집과 교회 등에 불을 질렀다.[71] 검거된 기독교인들에게는 가능한 중형을 내렸다.[72]

조선총독부는 3.1항쟁 당시 피검자는 19,525명인데, 기독교 신자는 3,373명(천주교인 55명)으로 17.7%로 다른 종교에 비교해서 가장 높았고, 기독교 피소자 가운데 244명은 목회자라고 발표했다. 당시 기독교 신자는 천도교인의 5분의 1에 불과했으나 피체된 종교인의 60% 이상을 차지했다. 여성 피소자 가운데 기독교인은 471명으로 전체의 65.6%를 차지했다.[73]

1919년 10월의 장로교 총회는 독립운동에 참가했던 장로교인들과 장로교회의 피해 보고에서 체포 3,804명, 체포된 목사와 장로 134명, 기독교 관계 지도자로서 수감 202명, 사살 41명, 수감 중인 자 1,642명,

---

68 기독교인 주도의 시위는 경기도 7회, 강원도 9회, 경상북도 13회, 경상남도 10회, 전라남도 4회, 황해도 24회, 평안남도 10회, 평안북도 16회, 함경북도 11회, 함경남도 13회였다. 민경배, 『한국기독교회사』, p.367 참조.
69 김양선, 『韓國基督敎史硏究』(서울:기독교문사, 1971), pp.115-117.
70 박은식, 『한국독립운동지혈사』 상, p.112.
71 제암리교회의 경우, 기독교 지도자 홍원식과 안종후를 비롯해 마을 사람들과 교인들 대부분을 죽였다. 이를 감추려고 제암리 마을전체를 불 태웠다.
72 일본 헌병대가 조사한 1919년 말까지 3.1항쟁 관계 피검자에 수에 따르면 목사를 포함한 교역자는 천도교나 불교의 약 두 배에 이르고 있었다. 당시 한국 총인구의 1.5% 정도에 지나지 않았던 기독교인이 3.1항쟁과 관련된 피검자의 17.6%를 차지하고 있는 것을 보면, 기독교인들이 얼마나 적극적으로 시위를 주도하고 독립의 열망을 드러냈는지, 일본이 기독교를 얼마나 적대적으로 대했는지 짐작할 수 있다.
73 朝鮮總督府 官房 調査課 편, 『朝鮮の獨立思想及運動』(朝鮮総督官房庶務部調査課, 1924), pp.36-42, 44-48, 71-74 참조.

매 맞고 죽은 자 6명, 훼손된 교회당 12개소임을 밝히고 있다.[74] 일본의 발표와 큰 차이가 있는 것이다. 1919년 제8회 장로교 총회록에 기록된 대로 한국교회는 "대단한 환란"을 당했던 것이다.[75]

감리교회도 목회자들이 부족하게 되었고, 교회 운영 방식을 바꿔야 했다. 경성지방 감리사 최병헌은 교역자가 피수되는 바람에 교회 사업이 멈추고, 기독교인들이 도피하는 바람에 예배를 이끌 사람이 없다고 토로했다.[76] 평양 선교사 무어(John Z. Moore)도 평양지방의 목사, 전도사, 권사, 속장, 학교 교사, 주일학교 교사를 합해서 모두 160명이 구속되었다며 "금년 지방회는 감옥에서 개회하면 좋겠다"고 한탄했다.[77] 감리교회가, 1920년대 초까지, 합(合)구역이나 목회자 한 사람이 두 개 이상의 교회를 담임해야 했던 것도 이런 이유에서였다.

이 같은 희생에도 불구하고 3.1항쟁은 한국 근대사에 의식의 대전환을 가져왔다. 절대 왕정체제와 신분 계급이 구분이 뚜렷했던 주자학적 세계관을 외면했고 민주체제를 가진 새로운 근대 독립국가를 기대했다. 식민지 확장의 철학이 되는 서구의 사회진화론(social Darwinism)과 식민의 논리가 되는 일본 근대주의를 거절했다. 민주주의를 외쳤고 자유와 평등이 인류의 보편적 가치와 이념이라 소리를 높였다. 여기에서 주장된 민주주의는 당연히 미국식 민주주의, 곧 자유민주주의 체제를 의미했다. 그 이념은 자연스럽게 상해임시정부나 한성임시정부를 거쳐 대한민국 헌법 제1조, 곧 "민주공화제"와 연

---

74   조선예수교장로회 총회 제8회 『회록』, 1919. pp.64-118; 민경배, 『한국기독교회사』, pp.372-373에서 재인용.
75   조선예수교장로회 총회 제8회 『회록』, 1919, p.75.
76   『예수교美監理會朝鮮年會錄』, 1919년 제20회, "감리사 보고", pp.69-70.
77   Ibid., p.82.

결되었고 대한민국의 기초가 되었다.

2. 그 기획

1919년 1월 상순, 백관수는 와세다 대학생으로 서울YMCA학관 출신 송계백을 한국으로 보냈다. 독립선언서를 인쇄할 수 있는 활자와 활동 자금을 구하기 위해서였다. 송계백은 중앙학교 숙직실에서 교사로 있던, 와세다대학 선배인 현상윤과 중앙학교 교장 송진우를 만났다. 이후 이들에 의해 보성학교 교장 최린과 연결될 수 있었다.[78]

밀사로 왔던 송계백이 모자 내피에서 독립선언서를 꺼내 보여주었을 때, 소극적이었던 최남선도 독립운동 참가를 결심했다. 연이어 최린이 독립선언서를 보았고, 최린은 다시 권동진·오세창에 보인 후에 손병희에게도 보였다. 현상윤은 천도교 측의 독립운동 방침이 확정된 것은 송계백을 통해 도쿄 유학생들의 독립운동 소식을 알게 된 이후라는 진술을 했다. 일본 경찰에 진술한 손병희의 기록도 현상윤의 주장을 뒷받침한다.

> 1월 20일경 동경과 국내의 젊은 학생들이 독립운동을 한다는 풍문을 듣고 권동진, 오세창, 최린을 집으로 불렀는데 천도교 측에서 독립운동을 하면 어떻겠냐는 의견이 제기되었다.[79]

---

78 1919년 당시 동경의 한국YMCA 총무인 최승만도 송계백이 현상윤을 먼저 접촉한 후 송진우를 만났고, 송진우와 현상윤의 안내로 최남선과 최린을 만났다고 피력하고 있다. 또한 송진우를 만났을 때 2.8독립운동에 대한 재일유학생들의 활동을 설명했다고 진술하고 있다. 최승만, 『나의 회고록』(인천:인하대학교출판부, 1885), p.81.

79 "손병희 경찰 취조서", "손병희 검사 조서", 김정명, 『조선독립운동 1』(서울:원서방, 1967), p.783, 785쪽.

손병희도 송계백을 통해 일본 유학생들이 2월 8일에 독립선언을
할 것이라고 알게 되었고 이것이 계기가 되어 천도교 측이 독립운동
에 나서기로 했다고 밝힌 것이다.[80]

현상윤은 손병희가 최종 독립운동에 나서기를 결심했던 날, 최린
의 집에서, 자신을 포함해 송진우, 최남선, 최린이 축하의 술잔을 나
누면서 밤늦도록 독립운동의 구체적 방법에 대해 논의했다며 다음과
같이 피력하고 있다.

> 그날 저녁에 최린, 송진우, 최남선과 나는 재동의 최린 씨 집에
> 내실에 비밀히 회합하였는데, 이날 저녁에 4인은 기뻐서 축배를
> 들면서 천도교가 현 세력(인적 물적)을 2분하여 반은 금번 운동
> 에 쓰고 반은 후일에 대비하기로 간부회의에서 작정하였다는 말
> 과 당시 혹독한 유행성 감기가 있어서 명사가 불소하게 사망하
> 던 때이므로 농담 삼아 우리는 이 일에 생명을 바칠 각오를 하
> 여야 할 터인데 독감에[81] 죽은 줄로 알자는 말과 또 그러나 선비
> 는 평생에 죽을 곳을 못 얻어서 근심하는 것이니 이번에 우리는
> 죽을 곳을 얻었다는 말들을 서로 교환하고 밤 깊도록 독립운동
> 의 실행에 대하야 구체적으로 계획과 방안을 토의하였다.[82]

송진우와 최린 등은 이 운동을 이끌어 줄 지도자를 섭외하려 했
고 그 대상으로 윤용구(尹用求), 한규설(韓圭卨), 박영효(朴泳孝), 윤치

---

80 최린, "자서전", 앞의 책, 48쪽 참조.
81 당시 1917년부터 스페인독감이 전국을 휩쓸고 있었고, 약 14만 명이 병사한 것으로 알려져 있다.
82 현상윤, "3.1항쟁 발발의 개략",『기당 현상윤전집4』,전집 4, 281-282쪽.

호(尹致昊) 등을 지목했다. 송진우는 박영효를 만났고 최린은 한규설을, 최남선은 윤용구과 윤치호를 만나 설득했다. 그러나 한규설만 신중히 생각하겠다고 말했을 뿐 나머지 인물들은 이에 응하지 않았다.[83] 최남선은 기독교 측에서도 독립청원 운동에 나서려 한다는 소문이 있으니 기독교 측과 합력을 모색하자고 제안했다.[84] 그것은 기독교계만큼 의식화된 학생들과 전국적인 조직을 가진 세력이 없었기 때문이다.

최남선은 기독교 측을 대표할 수 있는 인물로 이승훈을 추천했고, 2월 8일 현상윤이 김도태를 통해 이승훈과 연락이 닿았다. 이후 2월 11일 이승훈이 서울에 도착해 최린 등과 만났고, 천도교와 기독교의 연합으로 3·1운동의 거사가 본격적으로 추진되었다.[85] 2월 11일 최린과 만난 이승훈은 선천으로 돌아가기 전 남대문교회에서 YMCA계의 인물인 함태영과 이갑성을 만나 천도교와 논의했던 계획을 알렸다.[86] 장로교회를 대표했던 함태영은 종로감리교회 전도사로 YMCA 간사였던 박희도를 선택했다. 감리교회와 연결하고 YMCA의 학생조직을 움직일 수 있었기 때문이다.

일이 진행되는 동안 불교 측도 참여시켜야 거족적 운동이 될 수 있다는 의견이 개진되었다. 이에 따라 최린이 한용운을 만났고 이후

---

83 최린, "자서전", 48-49쪽. 윤치호는 1919년 1월 28일 자신의 일기에서 최남선이 찾아왔던 일을 기술하고 있다. 그리고 최남선의 말에 침묵했다고 전한다. 29일 일기에서도 거사에 반대하는 뜻을 분명하게 피력한다.
84 당시 기독교계는 이승만과 긴밀히 연락하고 있었고, 파리강화회의에 대표단을 보내는 것에 주력하고 있었다.
85 김정회, 『송암 함태영』(서울:연세대학교 대학출판문화원, 2022), 167쪽. 1920년 3월 22일자 고등법원 예심결정서는 2월 7일 최린·최남선·송진우 등이 현상윤이 이승훈과의 연락을 맡도록 했으며, 이에 현상윤이 정노식에게 부탁하고 정노식은 김도태가 이승훈을 만나 상경했다고 기술되어 있다.
86 함태영과 이승훈은 1915년부터 2년간 평양신학교에서 함께 공부했다.

기독교, 천도교, 불교의 연합으로 독립운동 계획이 진행될 수 있었다.[87] 기독교계는 이승훈과 함태영, 천도교는 최린, 불교계는 한용운이 대표가 되었고 최남선은 개인 자격으로 참여했다.[88] 3.1항쟁을 기획하는 과정에서 최남선에게 독립선언서를 맡겨졌다.[89] 최남선은 2.8독립선언서를 참고로 독립선언서를 작성했고[90] 2.8선언서의 입장을 대부분 따랐다.

송진우 등 3.1항쟁의 기획자들과 기독교, 천도교, 불교측은 독립운동의 구체적 방법에 대한 양측의 합의 사항을 9개 사항으로 정리했다. 안세환과 임규는 독립선언서를 일본 정부와 일본 의회에 전달하는 책임을 맡았고 김세환은 각 민족대표로부터 서명을 받아오는 역할을 맡았다.[91] 송진우와 함태영, 최남선, 정광조, 현상윤 등은 "뒤에 남아서 3인이 체포된 후에 운동에 대한 계속 지도와 기타 제반 선후 조치를 담당할 것"을 결정했다.[92] 감옥에 갇힐 서명자들과 그 가족들의 뒷바라지를 위해, 그리고 일회성으로 끝날 것이 아니라 지속적으로 전개해야 할 운동이라 판단했기 때문이다.[93]

---

87 "3.1항쟁 前後의 密議", 「동아일보」, 1962년 2월 27일자.
88 같은 신문.
89 최린, "자서전", 앞의 책 53쪽. 한용운이 자신이 독립선언서를 쓰겠다고 주장했지만 관철되지 않았다.
90 두 선언서는 명칭과 순서에 있어서는 차이가 있지만 이념과 구조에 있어서는 거의 차이가 없다.
91 현상윤, "사모친 독립의 비원, 죽엄으로 정의의 항거-기억도 생생 31년 전 장거", 『기당 현상윤 전집 4』, 214-215쪽.
92 현상윤, "3.1항쟁의 회상", 『기당 현상윤 전집4』, 276쪽. 이와 같은 사실은 최린의 자서전에서도 확인된다. 현상윤은 회고에서 "나는 처음부터 관계는 하였으나 송진우, 함태영, 김도태, 안세환, 임규, 김지환, 정노식, 김세환 씨 등과 같이 제2진으로 남아 있다가 제2차 운동을 한 후에 잡혀가기로 되었으므로 1일에는 선포식에 참예하지 않고 뒷산에 올라가 구경을 하였습니다."고 술회했다. "사모친 독립의 비원, 죽엄으로 정의의 항거-기억도 생생 31년 전 장거", 위의 책, 218쪽.
93 함태영, "기미년의 기독교도", 『신천지』 1946년 3월(통권 2호, 제1권 제2호), 57쪽 참조.

7

3.1항쟁에 있어서의
YMCA의 위치와 역할[94]

1. 서울YMCA와 그 위치

종로는 임금이 거하는 곳으로 철저히 중앙집권 아래 있었고, 조선 정치이념의 중추 가치체계가 보존되고 구현되는 곳이었다. 유학·관료층들의 거주지로 유학적 전통과 그 관습이 엄격했다. 그러나 종로는 개화 지식인들의 터전이 되었고 근대사상의 집결지이기도 했다. 1898년 3월의 만민공동회에서 보듯이, 근대사상이 대중들에게도 확산될 만큼 진취적인 터였던 것이다.

한국에 들어온 모든 사상과 문화는 종로에 모였고, 종로를 통해 한반도 전체로 확산되었다. 조선이 창립된 이래로, 종로는 나라의 과제와 그에 대한 사명의식, 곧 국가와 민족이 당면한 정치·경제·사회 문제에 대해 보다 집중적인 관심을 가지고 있는 터였다.[95] 따라서 이

---

94 "3.1항쟁에 있어서의 YMCA의 위치와 역할"에 대해서 월남시민문화연구소 김정회 연구위원이 2023년 YMCA 전기학술대회에서 발표한 "3.1항쟁에서의 YMCA의 역할과 의미"를 발췌하고 근거로 했음.

95 이런 토양적 환경은 복음주의 기독교가 뿌리 내리기에 부적합할 수 있었다는 것과 근대사상을 전

곳에서 기독교의 복음이 자리를 잡으려면 개인구령뿐만 아니라 근대 이데올로기에 근거한 국가적 과제에 대한 해결과 국가구원의 의지도 제시해야 했다. 서울YMCA가 구령의 문제와 구국의 과제를 합치시키는 조직이 되었던 이유이다.

1899년, 한성판윤(漢城判尹)이 되는 이채윤을 비롯한 150명의 친미개화파 인물들이 별도의 기독교기관을 세워줄 것을 언더우드(Horace G. Underwood)에게 요청했다. 그는 당시 상민들과 부녀자들이 교회를 점하고 있다는 이유로 상류계급과 관료들이 교회에 나가지 못한다는 이유를 들었다.[96] 언더우드에게 YMCA는 좋은 대안이었다. 이 일련의 과정에서 언더우드와 아펜젤러(Henry G. Appenzeller) 등은 각각 YMCA 세계본부에 편지를 보내 YMCA 사업의 필요성을 강조하고 간사 파견과 건물 건립을 요청했다.[97] 그러나 설립의 의도와는 달리 YMCA는 계급이나 계층에 상관없이 활동할 수 있었다. 애초부터 기독교적 평등과 공적 정의 등의 민주적 사상을 내세웠기 때문이다.

YMCA의 초기 주도자에는 이채연에 이어 한성판윤이 되어 탑골공원을 실행하고 있었던 윤치호[98], 독립협회 출신의 이상재와 김정식 등이었다. 이들은 자주독립사상과 민권사상, 평등사상을 갖고 있던 친미개화파들로 기독교의 복음과 친미개화파들의 정치사상을 합치

해야 비로소 복음이 퍼져나간다는 사실을 말해준다. 한국선교에서 안동권역의 선교가 가장 늦었는데, 그것은 선교사들이 위정척사파의 고장이었던 안동지역에 복음을 전하는 것이 효과가 없을 것이라 판단했기 때문이다.

96 전택부와 브로크만은 당시 YMCA 설립을 요청한 사람들의 대표자가 한성판윤 민경식이라고 하지만, 민경식은 1904년에 한성판윤에 임명된다. 전택부, 『한국기독교청년회운동사』(서울:정음사, 1978), p.15, F.S. Brockman's to J. R. Mott, 1903년 5월 13일자 참조.

97 P. S. Gillett, A Report, Colorado, Spring, 1900-1901, 민경배 『서울YMCA 운동사 1903-1993』(서울:로출판, 1993), p.73.

98 윤치호는 1898년 한성판윤에 임명되었다.

시키려 했다.

언더우드가 보기에도 종로는 한반도의 실제적인 중심축으로 한국 지식문화의 집결지요 사상의 집합소였다. 한국의 정치와 외교, 경제와 문화, 교회와 사회가 모두 유기적으로 얽혀 있는 곳이었다. 만민공동회에서 나타났던 것처럼, 진취적 근대의식도 종로를 통해 처음 펼쳐진다는 사실도 목격했다. 종로가 흔들면 한반도 전체가 요동을 치게 된다는 것을 사실을 경험했고, 종로가 가지고 있는 힘과 그 역할을 확인했던 것이다.

오랜 선교 경험을 통해 언더우드와 아펜젤러는 기독교의 복음이 근대 한국의 모든 영역에서 힘을 발휘되어야 한국의 중심으로 자리 잡을 수 있다는 것을 체득했다. 한국과 같은 비기독교 국가에서 복음을 교회의 영역으로만 제한하면 그 힘은 제한되고 한정되어 한국 전체로 힘을 뻗기 어렵다는 것을 발견한 것이다.

YMCA가 설립되는 과정에서, 개인구령의 복음주의를 강력히 주장했던, 스크랜튼(William B. Scranton)을 위시한 일부 선교사들은 YMCA 사업이 "교회의 사업을 약화시킬 우려가 있다"고 우려하기도 했다.[99] YMCA 운동이 내적 신앙을 무시한 채 사회개선에만 전력하게 되면 진정한 기독교라 할 수 없다는 생각이었다. 기독교의 복음이란 내적 회심에서 시작하여 외연(外延)에 이르게 되는 것이지, 그렇지 않으면 엉뚱한 방향으로 가게 되어 있다고 본 것이다. 이에 대해 헐버트(Homer B. Hulbert)는 "YMCA는 교회에 유익이 되면 됐지 절대로 방해가 되지 않는다"고 강변했다.[100]

---

99   Editorial Comment , *The Korea Review*, 1903, 4월호, pp.163-165.
100   *Loc.cit.*

논쟁이 계속될 때, 언더우드가 보완책을 내놓았다. YMCA가 하나님 나라의 가치관, 즉 기독교 복음이 가진 도덕의 바른 표준을 세우고 복음주의 기관이라는 목표를 설정해 운영하면 된다고 피력했다. 언더우드는 1914년 4월 2일부터 3일 동안 개성의 한영서원에서 열린 YMCA '3년 대회(Triennial Convention)'에서 정회원의 자격을 "완전한 복음주의 교회 교인들에게만 적용"한다고 못을 박았다. 그리고 "복음주의의 교회라함은 성경을 완전한 믿음과 행함의 표준으로 채택하고 예수 그리스도를 유일한 구주로 믿는 교회"라고 규정지었다. YMCA의 활동이 복음주의 교회의 연장선에 있음을 분명히 한 것이다.[101]

그렇지만, 초대 한국인 총무 이상재나 그 후임인 윤치호, 신흥우 등은 기독교의 국가적 사명에 보다 집중했다.[102] 전술한 대로, YMCA를 주도한 이 사람들은 독립협회에 간여했던 친미개화파 지식인들이었고 사대부적 전통 아래 있던 근대 엘리트들이었다. 서구문명과 그 지식에 박식한 인물들이었고 민주주의 의식이 뛰어난 사람들이었다. 기독교를 통해 근대화를 추진하려 했고 인재를 양성하려 했던 인물들이다. 이들은 YMCA를 통해 민족을 교화시키려했고 사회를 개혁시키려 했다. 그리고 자주독립사상과 민주주의 사상을 확고히 펼치려했다.

한국의 국권이 일본에 침탈되고 있던 상황에서, 선교사 언더우드의 꿈은 독립된 한국이었고, 복음으로 세계 속에 우뚝 서는 것이었다.

---

101 김명구, 『월남 이상재의 기독교 사회운동과 사상』(서울:도서출판 시민문화, 2003), pp.189-190.
102 이상재, "余의 經驗과 見地로브터 新任宣敎師諸君의게 告흠," 『신학세계』제8권 6호 참조.

지금(今) 제군들(諸君)이 내(我)가 가르친 도(道)를 믿고 있는 상태(狀態)가 옛날(昔日)보다 배가(倍加)되어, 소위(所謂) 확고부발(確固不拔)의 정신(精神)을 통해서 신앙(信仰)을 키우고 계신다면, 그(其) 결과(結果)는 언젠가(他日) 반드시 큰 성효(成效)를 드러낼 것이라는 점(點)은 한 치의 의심(疑)할 여지도 없습니다. 그러기에 선포(布)하며 바라건데 여러분이 더욱더 용기(勇氣)를 떨쳐(振) 우리 교회(我敎會)를 성대하게 하며, 내가 믿고 사랑하는(信愛) 곳인 한국이 지극히 완전한(純然) 독립국(獨立國)이라는 것을 늘(常) 마음에 두기로(留意) 결심(決)하고 결코 한 순간(時)도 망각(忘却)하지 말고 기대하는(望) 마음으로써(云) 살기 바랍니다.[103]

1909년 9월 16일, 언더우드는 YMCA 강당에서 학생들을 모아놓고 소리를 높였다. 이 땅에 국권회복과 독립국가에 대한 희망이 사라지고 있을 때, 자괴감에 빠져있던 청년들에게 한 연설이다. 그는 한국의 젊은 지식인들에게 복음과 함께 강력한 독립정신을 요청했다. 그것이 복음의 결과라는 논리였다. 선교지 한국에 대한 더 말할 나위없는 애착이었고, 기독교적 정의였고 사명이었다. YMCA는 이런 의식이 보존되고 확장되는 근거가 되었다.

2. 3.1항쟁에서 YMCA의 역할과 공헌

3·1항쟁에서 서울YMCA가 끼친 영향은 지대했다. 한국교회가 항쟁에 참여해야 하는 이유에 대한 논리와 당위성을 마련했고 실제 행

---

103 警視總監若林賚藏, 外務部長鍋島桂次郎殿, 隆熙3년(1909) 9月17日, (34) 警秘第238號-「ハールバト」ノ行動『; 駐韓日本公使館記錄』, 第37卷, p.474.『; 統監府文書』, 第9卷, pp.177-178.

동의 도구가 되었다. 직접적인 정치 참여에 부정적이었던 교회들을 설득했고 감리교와 장로교로 구분되어 있던 기독교회를 하나로 묶었다. 또한 '독립'이 민족적 명제라는 사실을 확인시키며 이질적으로 여겨지는 기독교와 천도교를 합력시켰다.

수직적 체제를 가지고 있던 천도교는 손병희 한 사람의 결심이 관건이었지만 기독교회는 감리교회와 장로교회로 나누어져 있고 정치 체제도 달라 하나로 모으기가 쉽지 않았다. 더구나, 1907년 이후, 한국교회는 비정치를 교회의 정체로 내걸고 있었다. 그런데 감리교회와 장로교회를 하나로 묶고 항쟁에 참여를 설득한 그룹이 함태영과 이승훈을 중심으로 한 종로YMCA계였다.

33인에 이름을 올린 이필주는 초기 교육부 간사를 역임했고 오화영은 종교부 위원장이었다. 양전백과 정춘수, 최성모는 YMCA 학생 하령회의 주강사였고 박동완은 적극적으로 회원 활동한 인물로 기록되어 있다. 오산학교 설립자이자 3.1항쟁의 기독교를 대표했던 이승훈은 오산학교에 YMCA를 설립했다.[104] 한편, 일제는 월남 이상재는 이 운동에 직접 가담하지 않았지만 4월 4일 체포했다.[105] 일제가 파악한 YMCA에 대한 정보에 의한 것이었지만, 그만큼 일제가 YMCA의 저항성을 두려워했다는 것을 보여준다.[106]

남대문교회 조사이자 세브란스의전 YMCA 지도 목사였던 함태영은 이승훈과 함께 기독교계를 규합했고, 기독교계를 대표해 천도교

---

104 전택부, 『한국기독교청년회운동사』(서울·홍성사, 2017), p.242. 민족대표 33인 중의 9명이 YMCA 계였다.

105 윤치호, 『윤치호 일기』, 1919년 4월 4일.

106 『함태영 신문조서』, 1919년 7월 21일 경성지방법원 신문조서. 이상재는 26일경 함태영으로부터 기독교 대표자로 이름을 올리는 것을 요청받았으나 연로함을 들어 거절한다. 다만 거사에 참여한 이들이 투옥될 경우 그 가족들을 돌보는데는 찬성했다.

측과 협의를 진행했다. 특히 기독교측이 가지고 있었던 의구심을 천도교 측에 설명하고 협동을 이끌어냈다. 또한 구체적인 날짜와 운동의 방법, 독립선언서의 인쇄와 배포계획, 그리고 천도교와의 역할 분담 등을 결정했다. 각 영역에 대표자를 선정하고 참여시키는 한편 구체적인 계획도 완성했다.

YMCA 회우부 간사로 학생YMCA를 내표하고 있던 박희도는 감리교의 정춘수와 신홍식, 오화영 등을 참여하게 설득했고 전국의 학생YMCA로 하여금 항쟁의 선도에 서게 했다.[107] 세브란드 의전 YMCA에서 활동하다가 병원 제약주임을 맡고 있던 이갑성은 독립선언서를 학생대표단과 기독교계에 배포했다. 특히 이갑성은 2월 28일 이종일로부터 선언서를 전달받고, 모두 3,000부를, 세브란스의전 학생 김성국과 세브란스의전 학생YMCA 김문진을 통해, 승동교회와 정동교회에 모여있던 학생대표단에 전달했다.[108] 이 독립선언서는 3월 1일 탑골공원에서 시위를 주도한 중등학교 학생대표들에게 전달되었다. YMCA가 학생들을 동원하고 독립선언서의 배포하는 가교 역할을 했던 것이다.

3월 1일 오후 2시에 당시 탑골공원에 모인 시위 인원수는 200여 명이었고 시가행진하는 동안 만 명 이상으로 불어났다.[109] 한위건을 중심으로 했던 경신의학전문학교 학생 50여 명이 참가했고[110] 함태영

---

107 박희도는 회우부 위원이며 연희전문 학생YMCA를 대표하던 김원벽을 만나고 1월 27일 대관원에서 학생YMCA의 대표들과의 모임에서 독립운동을 고무시켰다.

108 장규식, "YMCA 학생운동과 3·1운동의 초기 조직화", 「한국근현대사연구」, 제20집, 2002년 봄호, p.134.

109 박찬승, 『대한민국의 첫 번째 봄:1919』 (서울:다산북스, 2019), p.195. 정확한 시위 참가인원은 추계되지 않았지만 시위의 종결지였던 대한문 앞에 1만여 명 안팎이 모였던 것으로 추정하고 있다.

110 Ibid., p.271.

의 아들로 경성의전 2학년이었던 함병승도 이날 시위에 참여했다. 대부분이 학생YMCA가 동원한 학생들이었다. 다음 날 정오, 탑골공원을 중심으로 400여 명의 학생들과 군중들이 다시 모였고, 일본은 약 20여 명을 긴급 체포했다. 그렇지만 3월 5일, 서울역 앞에서 연희전문 학생들이 주도하는 대규모 시위운동이 다시 일어났다. 학생들과 수만의 사람들이 독립만세를 외쳤고 만세 시위는 전국으로 확산되었다. 물론 전국적으로 확산하는 과정에서 학생YMCA는 각 지역 독립운동에서 선도의 역할을 했다. 3.1항쟁은 전 세계로 알려졌다. 종로에서의 외침이 그렇게 퍼져나갔던 것이다.

8
탑골공원 설립의 이념

    1897년에 시작된 대한제국은 두 개의 근대공원을 조성하려 했다. 곧 독립문과 함께 조성된 독립공원과 파고다공원(현재의 탑골공원)이었다. 특히 독립공원은 제국 설립 전(前) 해부터 시작되었다. 곧 1896년 7월 2일에 독립협회가 창립된 목적이 독립문과 독립공원을 건립하기 위한 것이었다.[111] 독립공원은 독립협회에 의한 것이었지만 파고다공원은 해관 총세무사이자 탁지부고문을 맡은 영국인 브라운(John M. Brown)의 건의에 의해 계획되었다. 그렇지만 그 배경에 친미개화파들의 의도가 있었다.

    당시 대한제국은 아관파천 후 내부대신 박정양을 비롯한 친미개화파, 곧 정동개화파가 주도하고 있었다. 이들은 근대 개혁정책을 세웠고, 갑오개혁 이후 국가의 근대화를 지향한 일련의 제도개혁을 계

---

[111] 당시 내무대신이었던 박정양은 고종의 지시로 독립문 건립 보조금 모집에 심혈을 기울였고, 1896년 7월 18일에는 독립협회의 임원들과 각 부의 칙(勅).주(奏).판임관(判任官)들과 한성부에 모여 논의하는 등 독립협회 창립을 실질적으로 지원하였다. "종환일기,"『朴定陽全集』3, pp. 256-257. 丙申年 6월 8일. "出往漢城觀察府 議慕華館獨　立門樹建事 各部勅奏判任官同會"

승하려 했다. 이들 친미개화파가 이끈 정책 가운데 특히 중요했던 것 중 하나가 한성부 내의 치도사업(治道事業)이었다. 이들은 고종이 환궁한 경운궁(현재 덕수궁)과 러시아, 영국, 미국 등 각국 공사관이 위치하는 정동을 중심으로 해서 도로의 신설과 정비·확장 사업, 그리고 서울의 위생환경을 개선하겠다는 명분을 내걸었다. 그런데 이 사업에는, 특별히 공원 조성에는 황제권을 확인했지만, 민권(民權)을 지향했던 개화파들의 정치철학이 담겨 있었다.[112] 곧 '인간화'로 대변되는 자유민권사상, 자주독립의 정신, 국민평등권사상의 결실이었던 것이다.[113] 이러한 정치철학은 기독교의 신부적(神賦的) 인간관과 상통했고 미국의 정체, 곧 만민평등의 가치관과 민주주의 국가관으로 자연스럽게 연결되었다.

파고다공원 터는 본래 고려시대 흥복사(興福寺)터였고 조선시대 세조 10년(1464년)에 중건되면서 흥각사(圓覺寺)로 이름을 바꾸었다. 그러나 연산군 10년(1504년)에 폐사(廢寺)가 되었고 공원 조성을 계획했을 때는 석탑과 원각사비만 남아있었다. 당시 두 번에 걸쳐 한국을 방문한 바 있던 영국인 여행가 비숍(I. B. Bishop)은 다음과 같은 기록을 남겼다.

700년이 된 대리석 탑(Marble Pagoda)! 이 도성은 불결하고 좁은 길가에 있는 건물의 뒤뜰에 완전히 숨겨있기 때문에 많은 사람

112　김광우, "대한제국시대의 도시계획-한성부 도시개조사업", 『서울과 역사(향토 서울)』 p.50, 서울역사편찬원, 참조.
113　신용하, "독립협회와 월남 이상재" 『月南李商在硏究』, 월남이상재선생동상건립위원회, p.28 참조.

들이 그것을 볼 수가 없다. 나는 그 탑의 양각 세공의 사진을 몇 장 찍고 싶었기 때문에 다섯 번이나 방문했는데 갈 때마다 느낌이 새로웠다. 그러나 탑이 있는 곳이 너무 비좁기때문에 담 위에 올라가야만 겨우 사진을 찍을 수 있다. 모든 부분에 조각이 새겨 있고 평평한 부분의 조각은 더욱 아름답다. (중 략) 답은 13층인네, 3개는 3세긴 선 일본 침략 때 없어졌고, 나머지 손상되지 않은 부분이 남아있다. 그러나 그나마 남아있던 부분은 나의 지난번 방문 때에는 아이들이 정교한 조각을 떼어 내어 팔고 있었다. 그리 멀지 않은 곳에 또 다른 고대 유물이 있다. 이것은 거대한 크기의 화강암 거북의 등에 조각된 비석이 있다.[114]

공원 조성을 위해 독립협회는 『독립신문』과 『독립협회회보』를 도시 위생상의 이유를 들며 서구가 공원을 어떻게 활용하는지에 대해 적극 제안하고 있었다.

…… 이 보기 싫은 것을 고치고 돈이 많이 들지 않는 방책이 있으니, 이것은 농상공부와 한성부에서 협력하면 곧 될 일이다. 지금 성안으로 다니며 나무를 모두 돌아가면서 심으면 몇 해가 되지 않아 훌륭한 울타리가 될 것이고, 무너지고 허술한 성곽이 숨겨질 것이다. 또 보기에도 매우 좋을 것이다. 다만 보기에만 좋고 모양이 날 뿐만이 아니라 성안과 성 밖 인민의 위생이

114 I. B. 비숍 지음, 신복룡 역주, 『조선과 이웃나라들』(서울:집문당, 2000), pp.52-53. 원본은 Isabella S. Bird Bishop, Korea and her neighbours, A Series of reprints of western books in Korea: vol. 4, Yonsei University Press, 1970, p.43에 있다.

매우 좋아질 것이다. 나무가 사람 사는 근처에 많이 있으면 그 근처 땅에 있는 습기를 빨아들여 사람 사는 터전이 좋아질 것이다. (중 략) 그런 까닭에 외국은 동네마다 공원지가 있어서 나무를 많이 심고 각각의 집에도 나무를 심는 것이다. 조선도 다른 곳에 공원지를 만들기 전에 성의 가장자리로 다니며 나무를 심게 하면 여러 가지로 좋아질 일이 많이 있을 것이다. 한성부와 농상공부에 지식이 많은 관원들이 많이 있으니 일을 하는 것이 경제학과 위생학, 의학상에도 도움이 될 일이 한 두가지는 아닐 것이다. 이것을 힘쓰기를 바라노라[115]

연이어 독립신문은 정부의 치도사업이 근대 문명국가가 되기 위한 작업이라는 것이라며 다음과 같이 강조했다.

한성부 판윤이 정무 규칙을 받들어 도로를 정비하는 것은 첫째, 인민을 위하는 것이요 둘째는 외국 인민에게 조선도 야만이 아니라는 것을 보여줄 수 있는 사상이다. (중략) 이번에 한성판윤이 화를 내며 백성들의 집들을 허는 것에 대해 그 백성들이 잘한 일이 아니라고 하겠지만 집이 힐리는 사람은 성(成) 안에

---

115 독립신문, 1896년 10월 29일자. 원문은 다음과 같다: 이 보기슬흔거슬 고치고 돈 만히 안들 방칙이 잇스니 이거슨 농상공부와 한성부에서 합력 ᄒ야 ᄒ면 곳 될 일이라 지금 성 안으로 다니며 나무를 모도 도라 가면셔 슴으면 몃히가 아니 되야 훌륭훈 울타리가 될터이요 문허지고 허슐훈 성이 숨길터이요 또 보기에도 미우 죠흘지라 다만 보기에만 죠코 모양만 날뿐이 아니라 셩안 셩외 인민의 위싱에 대단이 유죠 흘것시 나무가 사름 사는 근처에 만히 잇스면 그 근처 싸에 잇는 습귀를 싸라 올닌즉 사름 사는 터뎐들이 코강 히질 터이오 (중 략) 그런 고로 외국은 동리 마다 공원디가 잇셔 나무를 만히 슴어 노코 집집 마다 나무를 슴으는지라 죠션도 다른디 공원디 몬들기 젼에는 셩가으로 다니며 나무를 슴으게 ᄒᆞᆫ거시 여러 가지로 죠흘 일이 만히 잇슬터이니 한셩부와 농상공부에 유지 각흔 관원들이 만히 잇슨즉 이런 일을 ᄒᆞᆫ거시 경제학과 위싱학과 의학상에 유죠흔 일이 흔두가지가 아닐터이니 이거슬 힘 쓰기를 ᄇᆞ라노라

몇 백명이 되지 않고 그 집들을 다 헌 후에 길을 잘 닦아 놓으면 도움이 받는 성 안에 살고있는 몇 만명의 백성들이 그 효과를 볼 것이다. 또 전국 인민들이 외국 사람에게 야만으로 안보일 것이다. (중략) 한성부와 경무청의 일손이 부족하지만 기여히 서울을 정하기로 결심 하려면 몇 해가 안되어서 서울이 야만이 사는 곳과 같지 않을 것이다. 지금 원방하던 사람들도 그때는 서울이 이렇게 잘 된 것에 대해 도리어 좋아하게 될 것이다.[116]

도로를 확장하고 근대공원을 만드는 치도사업이 조선을 문명국 대열에 합류시키기 위한 근대화 정책의 일환이라는 주장이었다.

당시 한국을 여행 중이던 비숍(I. B. Bishop)은 이 치도사업을 매우 고무적으로 평가하며, 특별히 파고다공원의 설계는 맥레비 브라운이 제안하고 실행했지만 이를 주도했던 한성판윤이 친미개화파인 이채연이었다고 밝히고 있다.[117]

당시[118] 한성판윤은 이채연이었다. 그는 매우 정력적으로 개명된 시장(판윤)이었으며 그의 호의로 서울 서부 지역의 특징이 되고 있고 있던 냄새나는 오물 더미가 제거되었다. (중 략)

116 독립신문, 1896년 11월 7일자. 원문은 다음과 같다: 한성부 판윤이 정부 규칙을 밧드러 도로를 졍케 ᄒᆞᄂᆞᆫ 거슨 첫지 인민을 위ᄒᆞ셔 ᄒᆞᄂᆞᆫ 거시요 둘지는 외국 인민의게 죠션도 야만이 아닌 거슬 보이랴는 쥬의라 (중략) 이번에 한성판윤이 범노ᄒᆞ야 지은 집들을 헐나 흑즉 그 빅셩들이 죠치 안타고 흘터이나 범노ᄒᆞ야 집 지은 사름은 성즁 안에 몃 빅명이 아니 되고 그집을 다 헌 후에 길을 잘 닥가 노커드면 유죠ᄒᆞ기는 성즁에 잇는 몃 만명 몃 빅셩이 다 그 효험을 볼터이요 또 전국 인민이 외국 사름의게 야만으로 아니 보일지라 (중략) 한성부와 경무청이 손이 마져 기여히 서울을 졍ᄒᆞ게 ᄒᆞ기로 결심 ᄒᆞᆯ 것 ᄀᆞᆺ흐면 몃히가 아니 되야 서울이 야만사ᄂᆞᆫ ᄃᆡ와 ᄀᆞᆺ지 안 흘터이요 지금 원망ᄒᆞ던 빅셩들도 그 ᄶᆡ는 서울이 이러케 잘 된 거슬 도로혀 죠하 흘듯 ᄒᆞ더라
117 이채연은 1898년 12월, 윤치호에 이어 한성판윤에 재차 임명된다.
118 1896년을 말함.

이 비상한 변모는 4개월 만에 이뤄졌다. 능력있고 지각있는 시장(판윤)인 이채연의 도움을 받은 해관총세무사인 브라운 (MCLeavy Brown)씨 덕분이라고 한다. 이채연은 워싱턴의 시정(市政)을 돌아본 일이 있는 사람으로서 서울의 시정이 이렇게 좋아진 것은 자신의 공이 아니라고 극구 겸손히 말했다.[119]

조선 정부는 1882년의 미국과 조미조약(朝美條約)을 맺고 5년 뒤인 1887년에 워싱턴에 주미공사관을 개설하고 박정양을 초대 공사로 파견했다. 그때 이상재는 서기관이었고 이채연은 통역관이었다. 박정양과 이상재는 청나라의 압력으로 11개월 만에 미국을 떠나야 했지만 이채연은 약 5년 동안 머물렀다. 이후 독립협회가 창립되었을 때 위원으로 참여했던 개화지식인이다.[120]

조선의 개화사상은 기존의 중화적 세계관에서 희생된 민초들에게 인간의 본래성을 되찾아 주기 위한 저항의 의식화 작업이기도 했다. 근대물질·기술문명을 수용해야 한다고 강조했지만 개화파들에 개화는 인간화의 이상을 실현하기 위한 조치였다. 박영효가 1888년 1월에 고종임금에게 올린 건백서(建白書)에서 '개화가 새로운 것을 성취하여 자립하는 것'이라 주장한 것도 개화를 인간화의 문제로 보았기 때문이다. 또한 유길준도 '인간이 원래 있던 상태에서 보다 높은 단계로 발전하는 문명화'를 개화로 보았다.[121] 누구나 인간답게 문명을 누려야 한다는 주장이었다. 각 계보에 따라 방식의 차이가 있지만, 모든

119 I. B. 비숍 지음, 신복룡 역주, 『조선과 이웃나라들』, p.404, 414.
120 "논설,"「독립신문」, 1896년 7월 4일자 참조.
121 俞吉濬, "開化의 等級", 『俞吉濬全集』1, (西遊見聞 제 14편), 일조각, 1971, p.395참조.

개화파들이 갖고 있던 자주의식이나 계급타파, 이용후생, 부국강병 인식은 결국은 '인간이 인간다워야 한다'는 '인간화(人間化)'로 귀결된다. 곧 '인간화'없는 근대화는 의미가 없었다. 여기서 인간화는 평등과 자유, 민권 등 민주주의의 개념과 연결된다. 친미개화파들이 서울에 공원을 만들려고 했던 것도 이런 정치철학이 담겨있다.

황제와 역대 왕들이 살던 궁전과 고위관료와 부유층들의 저택에 만들어진 정원은 개인적인 향락의 일환이었다. 일반 백성, 곧 대중들과 상관이 없었다. 계급적 불평등의 성리학적 세계관에서는 이것이 당연했다. 그러나 '인간화'를 내걸었던 개화지식인들은 공원을 만들어 모든 대중들이 의견을 표출하고 생활을 영위할 수 있는, 민주의 공간을 제공하려 했다. 독립공원과 함께 기획된 파고다공원에는 이런 의식이 담겨 있다. 1899년경부터 파고다공원이 본격 조성되었다.[122] 곧 관민공동회와 만민공동회가 있은 다음 해였다. 고종황제로서도 근대의식을 지닌 민중들의 불만을 의식하지 않을 수 없었을 것이다.

그런데 파고다공원은 독립공원계획과 달리 일방적으로 일반 민중들을 위한 공간으로만 설계되지 않았다. 곧 제국의 위엄을 과시하기 위한 공간도 함께 지향하려 했다는 것이다. 거기에는 황제권을 굳건히 지키려 했던, 관민공동회와 만민공동회에서 보인 고종황제의 의지가 들어 있었다. 그런 이유로 파고다 공원의 팔각정에서는 황제의 호위를 받은 시위군악대가 매주 목요일 연주를 할 때, 외교사절단과 정부 관료에게만 공개했다. 그러나 공원의 건립에는 황제권을 인정하

---

122 경성부사 1권은 파고다공원 설치년을 1897년으로 한다(215, 216면). 그러나 독립신문 등 당시 신문 기사를 참고로 하면 1899년에 이르러 공원 준비가 활발하게 진행되었음을 알 수 있다.

되 중추원의 기능을 강화해 그 권한을 제한하려 했던, 곧 헌의 6조로 대변되는 관민공동회와 자주독립사상과 국민주권사상을 외친 만민공동회의 이념이 들어있다.

탑골공원 팔각정은 3.1항쟁의 출발점이 되었다. 감리교 전도사 정재용이 독립선언서를 읽었고 학생과 군중들이 함께 독립을 외치며 독립을 선언했다.[123] 기독교계 학생 속에 각인되어 있던 '자유'와 '정의', '평등'의 사상이 탑골공원 설립의 이념과 합치되어 자유, 민주의 독립국가를 외친 것이다. 이것은 상해임시정부를 거쳐 대한민국 헌법 제1조가 되었다. 자주와 독립의 자유민주주의를 염원하는 종로 탑골공원에서의 외침에 한반도 전체가 요동을 쳤고, 대한민국의 정체성이 되었다. 탑공공원에는 그런 상징성이 들어있다.

---

123 학계 한편에서 선언서를 낭독한 인물이 경성의전 학생이었던 한위건이라는 주장도 있다.

9

여언

한국에서 근대 민주주의에 대한 의식은 기독교 병원과 미션스쿨에서 비롯되었다. 자유의 문제와 생존의 문제가 하나로 묶여있다는 의식을 갖게 되었고 생존의 권리와 자유의 권리가 서로 부딪치는 개념이 아니라는 것도 확인했다. 특별히 기독교 학생들은 서양 근대학문과 서양인 교사와의 접촉을 통해 국제성을 갖게 되었고 개인의식, 평등의식, 노동의 존엄 의식을 습득했다. 신부적(神賦的) 인권관과 만민평등의 가치관, 민주주의 국가관이 자연스럽게 각인되었고 의식화되었다. 이런 사상은 민주적인 근대독립국가 수립 주장으로 연결되었다. 이승만을 비롯한 배재출신들이 적극적으로 독립사상과 민주주의 사상을 주장했던 것도 배재학당 교육의 결과였다. 인간의 생명에 대한 근원적 이해, 그리고 신부적 권리에 대한 근대의식은 2.8독립선언과 3.1항쟁과 연결되었다. 개인의 자유와 '평등'을 세계가 신봉해야할 정의로 여겼고 신념으로 삼았다. 이런 의식 아래 3.1항쟁에 나섰고 독립운동에 나섰던 것이다.

2.8독립선언과 3.1독립선언문은 천황제와 일본의 이데올로기를 거절함을 분명히 했다. 동시에 절대 왕정체제와 신분계급의 구분이 뚜렷했던 주자학적 세계관의 폐기하고 민주화된 나라와 민주체제를 가진 근대 독립국가를 기대했다. 여기에서 민주주의는 미국식 민주주의를 의미했다. 이를 위해 식민지 확장의 논리가 되는 서구의 사회진화론을 거부했다. 그 의식과 개념은 자연스럽게 '상해 임시정부'의 '대한민국 임시헌장'과 '한성 임시정부'의 '약법(約法)'으로 나타났다. 곧 두 임시정부의 임시헌법과 약법의 제1조, "대한민국은 민주공화제로 함"과 "국체는 민주제를 채용홈"은 2.8독립선언과 3.1항쟁에서 표방한 것을 실제화한 것이다. 임시정부의 헌법 제1조는 현재의 대한민국 헌법 제1조가 되었다. 이것은 역으로 대한민국의 정체성이 3.1운동에서 시작되었다는 것을 확인하고 있다.

YMCA계 인물들이 2.8독립선언과 3.1항쟁을 주도했다고 해도 과언이 아니다. 유학생들의 대부분이 YMCA에서 활동했고 이들에 의해 3.1항쟁이 촉발되었다. 서울YMCA계 인물들은 한국교회가 왜 항쟁에 참여해야 하는지에 대해 논리적으로 설득했다. 감리교와 장로교로 구분되어 있던 기독교회를 하나로 묶었고 독립의 명제아래, 이질적으로 여겨지는 기독교와 천도교를 합력시켰다. 특히 학생YMCA는 항쟁의 이끌었다. 세브란스의전 YMCA의 이갑성은 3월 1일 탑골공원에서 사용된 독립선언서를 배포했고 각지의 미션스쿨의 학생YMCA는 선도에서 군중을 이끌었다.

한편, YMCA와 탑골공원 설립의 이념이 서로 연결되어 있음을 확인했고 그 사상은 3.1항쟁에서 확연히 나타났다. 서울YMCA의 설립 주도자들과 탑골공원을 기획하고 실행에 옮긴 인물들이 모두 친미개화파들이었기 때문이다. 탑골공원은 자주독립사상과 민권사상, 평등사상아래 설립이 되었고 서울YMCA는 기독교의 복음과 친미개화파의 철학이 합치되어 기독교적 평등과 공적 정의, 애국과 독립사상을 전수하는 곳이 되었다. 탑골공원에서의 3.1항쟁에는 공유된 사상이 드러났다. 의식화된 기독교계 학생들이 탑골공원 설립의 이념과 합치되어 독립과 자유와 민주의 나라가 될 것임을 선언한 것이다.

참고문헌

「駐韓日本公使館記錄」, 1905년 , 電受
國友尙謙, 『百五人事件資料集』 "不逞事件＝依ツテ觀タル朝鮮人" (高麗書林, 影印本, 1986)
「독립신문」
「皇城新聞」
「大韓自强會月報」
「대한그리스도인회보」
「대한유학생회학보」
「大韓每日申報」
「동아일보」,
「時事新報」
「신한민보」
「朝日新聞」
『신천지』
『신학세계』
『윤치호 일기』

예수교美監理會朝鮮年會錄
조선예수교장로회 총회록
고재식, "이데올로기와 신앙", 『기독교사상』16, 1983년 6월호
김명구, 『월남 이상재의 기독교 사회운동과 사상』(서울:도서출판 시민문화, 2003)
김양선, 『韓國基督敎史硏究』(서울:기독교문사, 1971)
김정명, 『조선독립운동 1』(서울:원서방, 1967)
김정회, 『송암 함태영』(서울:연세대학교 대학출판문화원, 2022)
노치준, 『일제하 한국기독교 민족운동 연구』(서울:한국기독교역사연구소, 1993)
류시현, 『재팬 애드버타이저(The Japan advertiser) 3·1운동 기사집』(독립기념관, 2015)
박정양, "美俗拾遺", 『朴定陽全集』6(서울: 아세아출판사, 1984)
민경배, 『한국기독교회사』(서울: 연세대학교출판사), 2007
민경배, 『日帝下의 韓國基督敎 民族.信仰運動史』(서울: 대한기독교서회, 1991)
민경배, 『서울YMCA 운동사 1903-1993』(서울:로출판, 1993)
『朴定陽全集』
박찬승, 『대한민국의 첫 번째 봄:1919』 (서울:다산북스, 2019)
야마베 겐타로 저, 최혜주 역, 『일본의 식민지 조선통치 해부 :일본의 역사학자 야마베 겐타로
        가 진술한 '일본 식민지 조선 통치' 보고서』(서울:어문학사, 2011)
朝鮮總督府 官房 調査課 편, 『朝鮮の獨立思想及運動』(朝鮮総督官房庶務部調査課, 1924)
『月南李商在研究』, 월남이상재선생동상건립위원회,
장규식, "YMCA 학생운동과 3·1운동의 초기 조직화", 「한국근현대사연구」, 제20집, 2002년

봄호

전택부, 『한국기독교청년회운동사』(서울:정음사, 1978)

전택부, 『한국기독교청년회운동사』(서울:홍성사, 2017)

조항래, "黃遵憲의 朝鮮策略에 對한 檢討", 「한국근현대사논문선집」1 (서울: 삼귀문화사, 1999)

최규진, 『근대를 보는 창』20 (서울:서해문집, 2007)

최승만, 『나의 회고록』(인천:인하대학교출판부, 1885)

한철호, 『親美開化派硏究』(서울: 국학자료원, 1998)

현상윤, "3.1항쟁 발발의 개략", 『기당 현상윤전집』

"遣美使節 洪英植復命問答記", 김원모 역, 『史學志』15, 1981

I. B. 비숍 지음, 신복룡 역주, 『조선과 이웃나라들』(서울:집문당, 2000)

The Independent

Korea Mission Field

Official Minutes of the Korea Mission of the Methodist Episcopal Church

The Christians of Korea

장우순

성균관대 박사(한국사)
한국정신대연구소 연구원
대련대학교 동북사연구센터 연구원
성균관대학교 강사
대덕대학교 강사
광복회학술원 연구위원 등 역임
현 동학연구소 연구위원

Ⅴ

'3·1혁명정신'과 '독립정신'

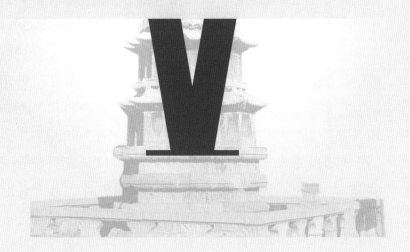

1

서론

　근대 이후 한민족의 의식체계를 구축한 가장 중요한 핵심요소로 '독립정신'을 지목하는 것에 이의를 제기할 대한민국 국민은 거의 없을 것이다. '독립정신'은 일제에 국권을 빼앗긴 한민족의 사활이 걸린 유일한 전략이었지만, 결코 배타적 성격과 독선에 기반하지 않았다. 오히려 한민족 고유의 여러 전통사상과 다양한 근대 서구 사상이 조화롭게 융합된, 세계 만민의 평화를 궁극적 목적으로 하는 한민족 특유의 평화적, 포용적 세계관이 드러난 근대 전략이었고, 사상, 종교, 인종적 경계마저 뛰어넘은 평등과 공존의 가치관이었다.

　3·1혁명을 통해 한민족 역사상 처음으로, 그것도 혁명적이며 폭발적으로 표출된 한민족의 근대적 민족 정체성은 바로 이 '독립정신'의 완성과 내면화의 과정이었다. 3·1혁명을 계기로 고유의 전통사상들은 근대적인 의미를 획득하게 되었고, 다양한 서구의 근대사상들을 포용하면서 한민족의 미래를 밝히는 과학적 전망으로 정립될 수 있었다. 이러한 '독립정신'은 3·1혁명의 결과로 탄생한 대한민국임시

정부와 임시정부가 표방한 각종 강령과 헌장, 건국이념을 통해 계승, 발전하는 과정을 거치면서 보다 구체적이고 근대적이며, 세계 보편을 지향하는 사상체계로서 그 지평을 확장할 수 있었다.

본고는 '독립정신'을 보다 체계적으로 이해하기 위해 첫째, '독립정신'의 내용과 사상적 함의를 살펴볼 것이다. 둘째, '독립정신' 성립의 사상적 기원이 되었던 전통 및 서구의 사상으로 과연 어떤 것들이 있었으며, 이들 사상이 '독립정신'에 어떠한 영향을 미쳤는지 분석해 보고자 한다. 셋째, '독립정신'이 완성되는 시·공간적 배경이 되었던 '3·1혁명'이 '독립정신'의 성립에 어떠한 영향을 미쳤는지 그 관계의 내막 또한 들여다보고자 한다. 이러한 논의를 통해 그간 추상적이거나 일부 정치집단에 의해 정치적인 '프로파간다'로 언급, 회자되면서 무의미하게 소비되었던 '독립정신'의 구체적인 의미와 역사적 실체에 조금이나마 접근해보고자 한다.

2
'독립정신'

이 장에서는 '독립정신'의 내용과 의미를 간략하게 살펴보고자 한다. 이를 위해 '독립정신'이 완전체를 형성하는 3·1혁명을 분기점으로 하여 그 이전과 이후에 어떠한 공통점과 차이를 나타내고 있는지 고찰해볼 것이다.

1. 3·1혁명 이전

1918년 11월(음력) 조소앙 등이 작성하여 2월 1일 중국 상해에서 발표된 것으로 알려진 「대한독립선언서」[1]와 최남선 등이 작성하여 1919년 3월 1일 탑골공원에서 낭독된 「독립선언문」에는 개항 이후 한민족의 과제로 부상한 '독립정신'의 내용이 비교적 구체적으로 언급되어 있다. 다음의 글은 「대한독립선언서」의 일부로 '독립정신'의 가장 핵심적인 구성요소인 '평등', '평화'에 대한 인식이 언급되어 있다.

---

1   무오년인 2018년 작성되어 「무오독립선언서」라고도 한다. 해외에 망명한 명망 있는 민족운동 지도자 대다수가 참여하였다. 아직까지 작성 시기와 발표 시기가 정확하게 고증되지 않았다.

"……我大衆아 公義로 獨立한 者는 公義로 進行할지라. 一切方便으로 軍國專制를 剗除하야 民族平等을 全球에 普施할지니 此는 我獨立의 第一義오. 武力兼倂을 根絶하야 平均 天下의 公道로 進行할지니 此는 我獨立의 本領이오. 密盟私戰을 嚴禁하고 大同平和를 宣傳할지니 此는 我復國의 使命이오. 同權同富로 一切同胞에 施하야 男女貧富를 齊하며 等賢等壽로 智愚老幼에 均하야 四海人類를 度할지니 此는 我立國의 旗幟오. 進하야 國際不義를 監督하고 宇宙의 真善美를 體現할지니 此는 我韓民族이 應時復活의 究竟義니라……"[2]

「대한독립선언서」에는 당시 해외에서 민족운동을 이끌던 민족운동 지도자 다수가 참여하여[3] 선언서의 내용이 선언서를 기초한 조소앙 등 소수 인물에 국한된 견해가 아니라는 사실을 확인할 수 있다.

인용문의 내용 중 동권(同權)은 정치적 평등을, 동부(同富)는 경제적 평등을, 동현(等賢)은 교육적 평등을, 등수(等壽)는 사회적 평등을 개인 및 국내적 차원에서 언급한 것이고, 민족평등(民族平等)은 민족 간의 평등을, 평균천하(平均天下)는 국가 간의 평등을 국제적 차원에

---

2   삼균학회, 『素昂先生文集』上, 서울, 횃불사, 1979, 230~232쪽.
3   「대한독립선언서」에 서명을 한 이들은 金敎獻, 金奎植, 金東三, 金躍淵, 金佐鎭, 金學滿, 呂 準, 柳東說, 李 光, 李大爲, 李東寧, 李東輝, 李範允, 李奉雨, 李相龍, 李世永, 李承晩, 李始榮, 李鍾倬, 李㳓, 文昌範, 朴性泰, 朴容萬, 朴殷植, 朴贊翼, 孫一民, 申檉, 申采浩, 安定根, 安昌浩, 任邦, 尹世復, 趙鏞殷(조소앙), 曹煜, 鄭在寬, 崔炳學, 韓興, 許爀, 黃尙奎 등으로 당시 해외에서 민족운동을 주도하던 대부분의 명망가들이 포함되어 있었다. 지역적으로 만주, 연해주, 미주, 중국 관내를 포괄하고, 정치, 사상적으로는 민주공화제와 사회주의를 아우르며, 종교적으로도 대종교와 기독교, 유교 등이 망라되어 있다. 1917년 「대동단결선언」에 서명을 했던 인물들과 당시 민족운동을 양분하였던 외교노선과 무장투쟁노선을 대표하는 인물들도 대부분 이름을 올리고 있다. 따라서 「대한독립선언서」는 당시 민족운동을 이끌던 대부분의 운동가들이 동의하였던 독립 및 민족운동의 방향에 대한 거대한 합의점이며, '독립정신'의 유력한 실천적 전략의 하나로 보는 것이 타당하다.

서 언급한 것으로 이러한 평등들이 사해인류, 즉 세계의 평화를 이끌 것이라 인식하였다. 「대한독립선언서」는 첫째, 민족평등을 전 세계에 베푸는 것, 둘째, 평균천하의 세상을 만드는 것, 셋째, 대동평화를 선전하는 것, 넷째, 남녀노소, 빈부 차별이 없는 동권동부의 이념으로 세계에 기여하는 것을 조선독립의 명분으로 제시하고 있다. 이러한 「대한독립선언서」의 인식은 「독립선언문」에서도 확인이 가능하다. 다음은 「독립선언문」의 내용이다.

"……半萬年 歷史의 權威를 仗하야 此를 宣言함이며, 二千萬 民衆의 誠忠을 合하야 此를 佈明함이며, 民族의 恒久如一한 自由發展을 爲야 此를 主張함이며, 人類的 良心의 發露에 基因한 世界改造의 大機運에 順應并進하기 爲하야 此를 提起함이니, 是 天의 明命이며, 時代의 大勢며, 全人類 共存 同生權의 正當한 發動이라, 天下何物이던지 此를 沮止抑制치 못할지니라.……(중략)……今日 吾人의 所任은 다만 自己의 建設이 有할 뿐이오, 決코 他의 破壞에 在치 아니하도다. 嚴肅한 良心의 命令으로써 自家의 新運命을 開拓함이오, 決코 舊怨과 一時的 感情으로써 他를 嫉逐排斥함이 아니로다.……(중략)……二千萬 含憤蓄怨의 民을 威力으로써 拘束함은 다만 東洋의 永久한 平和를 保障하는 所以가 아닐 뿐 아니라, 此로 因하야 東洋安危의 主軸 四億萬 支那人의 日本에 對한 危懼와 猜疑를 갈수록 濃厚케 하야, 그 結果로 東洋 全局이 共倒同亡의 悲運을 招致할 것이 明하니, 今日 吾人의 朝鮮獨立은 朝鮮人으로 하여금 邪路로서 出하야 東洋 支持者인 重責을 全케 하는 것이며, 支那로 하여금

夢寐에도 免하지 못하는 不安, 恐怖로서 脫出케 하는 것이며, 또 東洋平和로 重要한 一部를 삼는 世界平和, 人類幸福에 必要한 階段이 되게 하는 것이라. 이 엇지 區區한 感情上 問題리오......"[4]

「독립선언문」의 경우 「대한독립선언서」와 같이 구체적이지는 않지만,[5] 역시 평등과 평화를 위해 한민족의 독립이 필요하다는 점을 분명하게 강조하고 있다. 인용문에서 밑줄 친 부분의 "인류 공존 동생권의 정당한 발동"이라는 언급은 「대한독립선언서」가 언급한 민족평등과 상통한다. 「독립선언문」은 한민족의 독립이 일제를 파괴하거나 증오의 감정으로 일제를 배척하기 위함이 아니며, 동양평화와 세계평화를 위한 하나의 단계로서 정당성이 있음을 역설하고 있다. 한민족의 독립을 동양평화, 세계평화와의 밀접한 관계 속에서 이해하되, 독립의 과정과 그 연장의 과정에서 평등에 기초하여 동양평화를 이루고, 나아가 세계평화를 이룩하자는 평등과 포용을 핵심으로 하는 평화적인 세계관을 강하게 표방하고 있음을 알 수 있다.

「대한독립선언서」와 「독립선언문」의 주장처럼 개인적, 민족적, 국가적 평등을 이루고 세계의 평화를 달성하기 위해서는 당연히 한민족의 독립이 전제되어야 했다. 이렇게 평등과 평화의 전제 조건인 한민족의 독립을 위해서는 무엇보다 한민족 내부의 갈등을 극복하여 소아를 버리고 대아를 취하는, 커다란 우리로 화합하여 '하나'가 되는

---

4   최남선 등, 「독립선언문」, 1919. 3. 1. 해외에서 선포된 여러 '독립선언서'의 영향을 받았지만, 주로 국내에서 활동하던 민족운동 지도자들의 인식을 기반으로 작성되었다.

5   이러한 구체성의 차이는 국내에서 민족운동의 방략을 도모한 세력과 해외로 망명하여 적극적으로 항일, 구국 운동을 전개하던 세력이 가지고 있던 전술적 차이나 적극성, 혹은 서구의 혁신 사상을 수용할 수 있는 사회 환경의 차이에서 기인하였을 가능성이 있다.

'대동단결'의 자세가 절실하게 요구되었다. 하지만, 대동단결은 단순히 한민족의 단결, 통합만을 위한 구호가 아니었다. 민족 간 평등, 국가 간 평등을 통한 세계평화 역시 민족 간, 국가 간 대동단결을 전제로 하기 때문이다. 대동단결은 민족 간, 국가 간 평등의 전제 조건이자 세계평화를 위한 세계 모든 민족과 국가의 당연한 의무이지만, 역으로 민족 간 평등, 국가 간 평등(의 보장)을 대동단결을 위한 필수 조건으로 요구한다.

대동단결이 민족독립을 위한 가장 중요한 급선무라는 인식은 1917년 신규식, 박은식, 신채호, 조용은(조소앙), 윤세복, 한진교, 박용만 등 해외에 망명한 14인의 민족운동 지도자들이 통합적인 독립운동 조직을 결성하고 민족대회를 촉구하기 위해 작성한 「대동단결선언」을 통해 확인할 수 있다. 조소앙이 기초한 것으로 알려진 「대동단결선언」의 앞부분이다.

"夫合則立分則倒난 天道의 原理오 分久欲合은 人情의 律呂라 撫念하건대 久로난 三百年儒者의 黨論이 李朝滅亡史의 太半을 占領하엿고 近에 至하야 난 十三道志士의 墻鬩이 新建設의 中心을 攪亂하난도다 如斯한 三分五裂의 悲劇을 目睹하고 分門立戶의 苦痛을 備嘗한 吾人은 情律에 依하야 大合同을 要求함이 自然의 義務오 또 道理에 據하야 總團結을 主張함이 當然의 權利로다 非但吾人의 主論이 如是라 一般同胞의 聲이오 時代의 命이니 滿天下傷心志士에 誰가 獨히 同感치 안으리오……"[6]

6   申圭植·趙鏞殷·申獻民·朴容萬·韓震·洪焯·朴殷植·申采浩·尹世復·曹煜·朴基駿·申斌·金成·李逸,「大同團結之 宣言」, 1917. 7.

1917년 당시 민족운동의 주요 지도자들은 민족운동세력의 분열을 가장 큰 민족운동 내부의 모순으로 인식하고 있었다. 이들은 유학자들의 당쟁을 조선이 멸망한 근본 원인으로, 지역감정에 기반하여 벌어지던 민족운동세력의 내부분열을 민족운동의 전진을 가로막는 가장 큰 적으로 보았다. 내부의 뿌리 깊은 분열이야말로 나라가 망한 원인이자, 나라를 되찾지 못하도록 가로막는 가장 고질적인 민족 내부의 병폐라 인식하였던 것이다. 따라서 이러한 분열을 극복하고 민족운동을 전개하여 민족독립을 쟁취하기 위해서는 내부의 '대합동'과 '총단결'을 통해 민족의 '대동단결' 반드시 이루어야만 했다. 한편, 「대한독립선언서」에서는 「대동단결선언」에서 제시된 민족독립의 전제인 '대동단결'을 실천하기 위한 방략 또한 엿볼 수 있다. 그것은 당시 민족운동세력 대부분이 수용할 수 있는 합리적인 정책과 지도이념을 표방하는 것이었다. 서구 열강과 일본이 걷던 자본주의와 제국주의를 배제하고, 개인의 평등(계급해방), 민족평등(민족해방), 평균천하(세계해방)를 추구하자는 주장이 바로 그것이다. 대동단결은 독립과 평등을 실천하기 위한 전제로 제시되었지만, 동시에 독립과 평등 또한 대동단결을 위한 요구이자 선제적 전망이어야 했다. 다시 말하면 대동단결, 독립, 평등, 세계평화는 서로가 서로를 위한 전제 조건이자 전망으로, 대동단결이라는 독립과 평등의 전제 조건을 달성하기 위해서는 독립된 국가에서 개인 간 평등, 민족 간 평등이 보장된다는 구호나 보장이 필요했고, 세계평화 역시 민족, 국가 간 평등을 전제 조건으로 하지만, 반대로 세계평화가 이루어진다면 민족 간, 국가 간 평등이 이루어질 수 있다는 구호나 보장이 필요했다.

　　1919년 3·1혁명이 폭발하기 이전까지 민족운동 내부에서 논의되고 있었고, 선언문 등을 통해 일정 부분 공감대가 이루어지고 있었던 것으로 확인되는 '독립정신'의 대체적인 윤곽을 살펴보면, 민족의 '대동단결'을 통해 민족독립의 기반을 이룩하고, 개인적, 민족적, 국가적 평등이 실현되는 민족독립과 국가의 발전을 이룩함으로써 세계평화라는 궁극의 목적을 이룰 수 있다는 한민족의 독립론이자 세계관이며, 민족운동 전략으로서 그 지위를 확보해 가고 있었음을 파악할 수 있다. 이러한 인식을 공유한 것은 단지 민족운동 지도자들뿐만이 아니었다. 3·1혁명은 일반 민중 속에 이러한 인식을 빠르게 확산시켰고, 민중 스스로가 '독립정신'을 선도하는 주체로 성장하는 발판이 되었기 때문이다.

2. 3·1혁명 이후의 '독립정신'

3·1혁명의 영향으로 성립된 대한민국임시정부나 그밖에 민족운동단체들이 3·1혁명 이전의 '독립정신'을 어떠한 모습으로 계승하고 있었는지를 살펴보는 것은 '독립정신'의 보편적 함의와 전략적 가치를 확인하기 위해 반드시 필요하다. 우선 살펴볼 것은 3·1운동 직후인 1919년 4월 11일에 선포된 대한민국임시정부의 「정강」과 「헌장」이다. 「정강」에는 역시 앞에서 확인된 독립정신의 핵심요소인 '평등'과 '평화'가 강조되어 있다. 다음은 대한민국임시정부가 선포한 「정강」[7]이다.

一. 民族平等 · 國家平等及 人類平等의 大義를 宣傳함
二. 外國人의 生命財産을 保護함

---

7   대한민국임시정부, 「정강」, 1919. 4. 11.

三. 一切 政治犯人을 特赦함

四. 外國에 對한 權利 義務난 民國政府와 締結하난 條約에 一依함

五. 絶對獨立을 誓圖함

六. 臨時政府의 法令을 違越하난 者난 敵으로 認함

「정강」의 1항에는 '민족평등, 국가평등, 인류평등의 대의를 선전한다'고 하여 3·1혁명 이전 '독립정신'의 핵심요소인 평등과 평화의 가치를 그대로 계승하고 있음을 보여준다. 다음은 대한민국임시정부의 「헌장」[8]이다.

神人一致로 中外協應하야 漢城에 起義한지 三十有日에 平和的 獨立을 三百餘州에 光復하고 國民의 信任으로 完全히 다시 組織한 臨時政府는 恒久完全한 自主獨立의 福利에 我 子孫黎民에 世傳키 爲하야 臨時議政院의 決議로 臨時憲章을 宣布하노라

第1條　大韓民國은 民主共和制로 함

第2條　大韓民國은 臨時政府가 臨時議政院의 決議에 依하야 此를 統治함

第3條　大韓民國의 人民은 男女貴賤及 貧富의 階級이 無하고 一切 平等임

第4條　大韓民國의 人民은 信敎·言論·著作·出版·結社·集會·信書·住所·移轉·身體及 所有의 自由를 享有함

8　대한민국임시정부, 「헌장」, 1919. 4. 11.

第5條　大韓民國의 人民으로 公民資格이 有한 者는 選擧權及 被
　　　選擧權이 有함

第6條　大韓民國의 人民은 敎育 納稅及 兵役의 義務가 有함

第7條　大韓民國은 神의 意思에 依하야 建國한 精神을 世界에 發
　　　揮하며 進하야 人類의 文化及 平和에 貢獻하기 爲하야 國
　　　際聯盟에 加入함

第8條　大韓民國의 舊皇室을 優待함

第9條　生命刑 身體刑及 公娼制를 全廢함

第10條　臨時政府난 國土恢復後 滿 一個年內에 國會를 召集함

　대한민국임시정부의 「헌장」에서 주목할 것은 '제1조'와 '제3조', '제
7조'의 내용이다. 다른 조항이 형식과 절차를 나타내는, 시기별로 변
화가 가능한 가변적 가치를 담고 있는 반면, 이들 조항은 임시정부가
지향하는 이념적, 사상적 가치를 표방하고 있기 때문이다. 우선 제1
조는 대한민국이 민주공화정체의 국가임을 선포하고 있다. 이는 「대
한독립선언서」나 「독립선언문」 등에서 볼 수 없지만, 이미 1907년 당
시 비밀결사 신민회가 민주공화정체의 국민국가 수립을 목표로 하였
다[9]는 점에서 전혀 새로운 내용이 아니며, 대다수 민족운동 지도자
들이 공유한 가치였다. 제3조의 경우 대한민국이 빈부나 계급이 없
는 평등사회를 지향한다고 표방하였는데, 이는 앞서 「대한독립선언
서」 등에서 표방된 '독립정신'의 핵심 가치인 '평등'을 대한민국임시정
부 역시 핵심적인 이념적 가치로 설정하고 있었음을 보여준다. 제7조

9　신용하, 「신민회의 창건과 그 국권회복운동」, 『한국민족독립운동사연구』, 을유문화사, 1985,
　　136~137쪽.

의 경우 역시 앞서 표방된 '독립정신'의 핵심 가치인 평화를 대한민국 임시정부 역시 중요한 이념적 가치로 설정하고 있었음을 확인할 수 있다. 이처럼 3·1혁명의 민족적 요구로 설립된 대한민국임시정부는 「정강」 및 「헌장」을 통해 3·1혁명 이전에 민족운동세력 대다수가 합의 한 '독립정신'을 공유, 계승하고 있다는 사실을 명확하게 표명하였다.

1930년 1월 상해에서 설립된 한국독립당(이하, 한독당)은 임시성부 민족주의 계열의 인물 대다수가 참여한 정당으로 당시 임시정부 주 도세력의 지향점을 「당의」와 「당강」을 통해 확인할 수 있다. 다음은 한독당 설립 당시 발표된 「당의」의 내용이다.

우리는 5천 년 獨立自由하여 오던 국가를 異族 일본에게 빼앗 기고 지금 정치의 蹂躪과 경제의 破滅과 문화의 抹殺 아래서 사멸에 직면하여 민족적으로 自存을 得하기 不能하고, 세계적 으로 共營을 圖하기 末由한지라. 이에 본당은 혁명적 수단으로 써 원수 일본의 모든 침략세력을 撲滅하여 국토와 주권을 완전 히 광복하여 정치, 경제, 교육의 균등을 기초로 한 신민주주국 을 건설하여서, 안으로는 국민 각개의 균등 생활을 확보하며, 밖으로는 민족과 민족, 국가와 국가와의 균등을 실현하고, 나아 가 世界一家의 進路로 향함.[10]

역시 개인의 평등(균등), 민족의 평등, 국가의 평등을 실현하는 것, 그리하여 세계평화를 달성하는 것을 목적으로 하고 있음을 확인할 수 있다. 주목해야 할 것은 이 시기부터 한독당과 임시정부는 비교적

10   삼균학회, 앞의 책(『素昻先生文集』上), 337쪽.

분명한 이념적 색체를 가지게 되었다는 점이다. 「대한독립선언서」에서 공개되었던 '독립정신'의 개략적인 내용이 '삼균주의[11]'를 통해 단계별 전술과 전략으로 구분되어 보다 구체화 되었고, 이로써 삼균주의는 정치이념으로써 일정한 이론적 뼈대를 구축하게 되었다. 첫 번째 단계는 혁명적 수단으로 일제를 박멸하는 것이고, 두 번째 단계는 정치, 경제, 교육의 균등을 기초로 하는 '신민주국가'를 건설하는 것이며, 세 번째 단계는 민족과 민족, 국가와 국가 간의 균등을 실현하여 세계가 일가를 이루는 세상을 만드는 것으로 각각의 단계를 거쳐 '독립정신'과 '삼균주의'의 최종 전략 목표인 '세계일가'를 이루자는 이상을 피력하고 있다. 다음은 한독당의 「당강」이다. 「당강」은 당의에 나타난 '독립정신'의 전략적 가치를 실현하기 위한 전술적 지침들을 제시하고 있다.

1. 대중에 대하여 혁명의식을 환기하고 민족적 혁명역량을 총집중할 것
2. 엄밀한 조직하에 민중적 반항과 무력적 파괴를 적극적으로 진행할 것
3. 세계 피압박민족의 혁명단체와 연락을 취할 것
4. 보선제를 실시하고 국민의 참정권을 평등하게 하고 기본권리를 보장할 것
5. 토지와 대생산수단을 국유로 하여 국민의 생활권을 평등하게

---

11 조소앙이 정립한 정치사상으로, 개인과 개인, 민족과 민족, 국가와 국가 간의 평등을 실현함으로써 세계평화를 달성하는 것을 전략으로 설정하고, 이를 위한 전술로 개인의 정치, 경제, 교육적 균등을 역설하였다. 한국독립당과 임시정부의 주요 정치이념으로 채택되었다. 삼균주의는 서구의 여러 사상의 영향 뿐 아니라 한국의 전통사상인 단군사상으로부터 유래한 '수미균평'의 평등사상의 영향 역시 강하게 받았다.

할 것

6. 생활상의 기본지식과 필요기능을 수학하기 위해 충분한 의무교육을 공비로써 실시하여 국민의 수학권을 평등하게 할 것

7. 민족자결과 국제평등을 실현할 것

8. 세계일가의 조성을 위해 노력할 것[12]

　한독당의 「당의」, 「당강」은 기존의 '독립정신'을 계승한 바탕 위에서 보다 구체적으로 단계별 전술을 제시하고 있음을 확인할 수 있다. 한독당이 이전에 표방된 '독립정신'에서 볼 수 없었던, 민족 평등을 위한 필수 조건인 한민족 독립을 위해 '일제 침략세력을 박멸'하는 민족혁명의 단계를 새롭게 설정하고 있음을 주목할 필요가 있다. 이 시기에 이러한 민족혁명론이 대두된 것은 1917년이나 1919년 당시에는 민족운동 세력이 외교론 등 무장투쟁 외에도 다른 전술적 수단을 가지고 있었지만, 1930년이 되면 이런 수단들이 모두 무용지물이 되고, 일제에 대한 무장투쟁 외에는 독립을 쟁취할 수 있는 다른 방도가 없었기 때문이다.

　여기까지 진행된 본고의 논의를 보면서 한 가지 의문이 제기될 수 있다. 한독당의 「당의」와 「당강」에 나타난 핵심 정치사상인 '삼균주의'='독립정신'이라는 등식이 과연 성립될 수 있는 것인가? 하는 점이다. 정답을 말한다면 '그렇지 않다'는 것이다. '삼균주의'는 '독립정신'을 체계화한 매우 뛰어난 정치사상이지만, '독립정신'의 일부분을 나타내고 있을 뿐이며, '독립정신'이라는 거대한 민족의 전략적 가치를 구성하는 하나의 부분집합으로 보아야 한다. '독립정신'은 민족의 독립,

---

12　노경채, 『한국독립당연구』, 신서원, 1996, 86~87쪽.

민족의 통일과 발전, 평등과 세계평화를 지향하는 모든 전략적 가치를 포괄하고 있기 때문이다. 모든 종교, 정치, 사회, 경제, 사상적 가치가 '독립정신'이라는 전략적 가치를 위해 하나로 화합하고 대동단결할 수 있다. 누군가 사회주의 계열의 독립운동이 '독립정신'에 어긋나거나 의병들의 복벽을 위한 항전이 '독립정신'에 위배된다고 단언한다면 그는 독선에 빠져 진영을 가르고 민족을 분열시킴으로써 자신의 진영논리에 따라 정치적 이익을 추구하려는 선동 내지 협잡의 유혹에 빠진 인물이라고 보면 틀림없을 것이다.

한독당의 「당강」과 「당의」를 통해 전술적 구체성을 확보한, '독립정신'을 대표하는 정치사상의 하나인 '삼균주의'를 독립과 민족의 발전, 세계평화를 위한 전략으로 실천하겠다는 의지는 1931년 4월에 발표된 「대한민국임시정부선언」에서도 반복적으로 표방된다.[13] 주목할 것은 '삼균주의'를 대한민국임시정부가 광복 후의 민족국가 건설을 위한 이념으로 지목하고 있었다는 점이다. 이는 임시정부의 구성원들역시 '삼균주의'의 이념에 동의하였다는 것이며, 독립된 조선에 그간논의되어온 '독립정신'의 이상을 실현하기 위한 국가를 건설하겠다는합의가 이루어졌음을 의미한다.[14] 한편, 대한민국임시정부는 1941년11월 「대한민국건국강령」에서 다시 광복 후 한반도에 건설할 신국가의비전을 제시하고 있다. 「건국강령」의 총장 6항에서는 1931년 4월에 발표한 「대한민국임시정부선언」에서 언급한 '삼균주의'를 건국한 새로운국가에서 확대하고 발양할 것임을 천명하였고, 3장에서는 건국된 국

---

13   국사편찬위원회, 『大韓民國臨時政府資料集』 22, 국사편찬위원회, 2008, 59~65쪽.
14   당시 김원봉이 이끌던 민족혁명당 역시 삼균주의와 거의 동일한 당강을 채택하였고, 이는 임시정부
      에 참여한 좌파, 혹은 사회주의 세력 역시 독립정신의 현실적 실천을 위한 전략으로 삼균주의에 동
      의하였다는 의미를 갖는다.

가에서 삼균제도의 이념을 실현하기 위해, '삼균주의'에 입각한 각종 제도를 실행할 것임을 분명히 하고 있다.[15]

　이처럼 3·1혁명 이후에도 이전부터 논의되어온 '독립정신'의 골자는 대한민국임시정부 등에 의해 그대로 계승되었고, 이러한 전략을 보다 강화하고 원활하게 실천하기 위해 보다 구체적인 전술과 방략들이 첨가되었다. 광복 이전 '독립정신'의 주요 실천과제는 민족의 대동단결과 이를 바탕으로 한 민족혁명, 즉 민족의 독립이었고, 광복으로 독립국가가 건설된 이후에는 개인, 민족, 국가의 평등을 이룩하여 세계평화에 기여하고, 주도하는 과제를 남기게 되었다. 하지만, 광복 이후 미국과 소련에 의해 신탁통치가 이루어지고 좌·우 이념 갈등이 고조되면서 민족독립, 혹은 민족혁명의 전제 조건이었던 대동단결이라는 선결과제를 완성하지 못한 채 남북이 분단되는 현실을 맞이하게 되었다. 따라서 민족단결을 통한 민족혁명으로 민족국가를 수립하고, 개인, 민족, 국가 간의 평등을 이룩하여 세계의 평화를 달성하고자 하였던 '독립정신'의 원대한 이상은 여전히 '민족통일'과 '평등'의 과제를 진행형으로 남겨놓게 되었다. 이들 과제가 완성된 이후 한민족은 '독립정신'의 마지막 목표인 국가 간 평등을 통한 세계평화의 길을 비로소 주도할 수 있을 것이다.

15　「大韓民國臨時政府公報 第 72號」(국사편찬위원회, 『대한민국임시정부자료집』 1, 국사편찬위원회, 2006, 250~254쪽).

3
'독립정신'의 기원

'독립정신'은 앞서 간략하게 언급하였듯이 대동단결, 평등, 평화를 핵심요소로 하고 있다. 이들 세 가지 요소 중 가장 중요한 요소가 바로 '평등'이다. 평등은 대동단결이 지향하는 과제일 뿐 아니라 평화를 위한 절대적인 전제 조건이기 때문이다. 평등을 통해 민족의 대동단결과 세계의 평화는 연결고리를 갖게 되고, 매우 긴밀한 하나의 완성체로 기능하게 된다. 그렇다면 이러한 핵심요소들로 구성된 '독립정신'은 과연 어떤 사상들의 영향을 받아 만들어진 것일까? 이 장에서는 '독립정신'의 기원이 되었던 한국의 전통사상 및 서구의 근대사상을 살펴보고자 한다.

1. '독립정신'과 한국의 전통사상

한국의 전통사상과 문화에서 '독립정신'의 가장 핵심적인 사상이라고 할 수 있는 '평등'의 요소를 발견할 수 있다. 한국의 전통사상 가운데 평등을 지향하거나 '독립정신'에 부합하는 요소들로 어떤 것이 있으며, 이들 요소가 '독립정신'의 탄생에 어떤 영향을 미쳤는지 알아보자.

1) '단군사상'

'단군사상'은 근대 민족주의의 태동기에 국내의 여러 사상이나 민족운동의 강력한 상징으로 작용하였다. 서구 제국수의 국가들이 부르주아 혁명의 과정에서 근대의 주요 작동 기제로 '민족'을 고안하고 경제적 이해에 기초한 민족주의 사상을 확고히 하는 동안 한국의 민중들은 나라를 잃고 일제에 의해 제국주의적 질서에 편입되었다. 이 과정에서 제국주의에 의한 경제적·민족적 이중의 수탈과 함께 내부적으로는 봉건적 착취구조까지 더해진 삼중의 고통을 감수해야만 했고, 일부는 경제적 난민이 되어 외국을 떠도는 무적자로 전락하기도 하였다.

서구열강이 자본과 경제적 이해에 기초한 '민족주의'의 논리를 장착하고 제국주의의 침탈을 강행한 반면, 식민지 민중으로 전락한 조선인들에게 제국의 논리에 저항할 '민족'과 '민족주의'를 구성할 핵심적 토대—경제적, 정치적 토대를 포괄하여—는 존재하지 않았다. 단지 역사적 전통 속에서 민중이 공감하고 한뜻으로 뭉칠 수 있는 가치를 추출하고, 이를 바탕으로 서구의 민족주의에 대항하는 논리를 개발, 공유하는 것이 그나마 유력한 방책이었다. 그렇게 조선 민중들에 의해 민족의 상징적 가치와 구심점으로 소환된 것이 바로 '단군사상'이었다. 독립정신의 실천적 전략으로 제시된 삼균주의가 '단군사상'의 영향을 받았다는 사실은 이러한 정황적 근거 외에도 조소앙이 균등론의 역사적 근거라고 직접 언급한 『고려사』의 기록을 통해서도 확인된다.

"……又神誌祕詞曰如秤錘極器秤幹扶踈樑錘者五德地極器百牙
岡朝降七十國賴德護神精首尾均平位興邦保太平…"[16]

  고려사에 언급된 '수미균평'은 봉건주의적 한계에도 불구하고 왕이
나라의 구성원 상하 간, 지역 간, 국가 간 평등을 유지해야 나라가
흥하고, 태평할 것이라는 우리 전통의 평등사상을 언급하고 있다는
점에서 획기적인 안목이라고 하지 않을 수 없다. 더군다나 이러한 관
점을 조소앙이 근대시기 '독립정신'의 실천전략인 '삼균주의'를 기초하
면서 매우 중요한 근거로 차용하였다는 점은 주목할만 하다.
  '단군사상'은 '동학농민혁명'의 과정에서 혁명적인 민중의 지도이념
으로도 기능하였다. 이들이 혁명의 과정에서 내건 각종 개혁안은 탐
관오리 응징과 잡세 철폐, 전정의 개혁이었지만, 이 과정은 봉건주의
의 병폐와 억압된 인권을 신장시키는 과정이었고, 평등을 향한 전진
의 과정이었다. 동학을 창시한 최제우는 '시천주' 사상을 통해 모든
인간이 평등함을 주장하였고, 3대 교주 손병희는 동학을 천도교로
재편하면서 '인내천' 사상을 내세움으로써 최제우의 '시천주' 사상을
근대적으로 재해석하였다. '하늘(天)이 곧 사람'이라고 주장하는 이들
의 사상은 2,000년 이상 동아시아를 지배해 온 천하관(天下觀)에 입
각한 동양적 봉건질서인 유교적 세계관을 부정하고 전통사상을 바탕
으로 평등을 지향한 근대적 민족사상이었다. 동학은 한국의 전통적
세계관 안에서 모든 사람 하나하나가 주인이 되는 '평등사회'를 구현
하는 한국적 근대의 전략을 제시하였던 것이다.
  '삼균주의'를 기초한 조소앙 역시 근대시기에 일어난 5차례의 혁명
을 언급하면서 1기를 이하응의 皇族革命, 2기를 김옥균의 閔閥革命, 3

16 「金謂磾傳條」, 『高麗史』 卷 一二二.

기를 전봉준의 평민혁명, 4기를 서재필의 민권혁명, 5기를 3·1혁명으로 이족을 쫓아 버리는 민족혁명이라고 정의한 바 있다. 단군사상을 바탕으로 전개된 동학혁명을 '평민혁명'이라며 커다란 역사적 의미를 부여한 그의 시각 또한 단군사상의 영향을 크게 받고 있었다는 사실을 보여준다.

한편, 단군사상은 대종교의 활동을 통해 신민회와 만주 및 연해주의 민족운동단체, 임시정부 등에 전파되면서 독립운동과 독립정신을 구성하는 핵심요소로 자리잡게 된다. 대종교의 평등사상은 명문화된 문서를 통해 확인되지 않는다. 아마도 여러 차례의 교난으로 많은 문서가 소실된 것과 관련이 있을 것이다. 하지만, 대종교에서 중요한 역할을 하였던 인물들이 결성한 단체들이 한결같이 평등을 지향하는 혁신적 사상을 표방하고 있었다는 점에 주목할 필요가 있다. 대종교 계열 인물이 다수 참여한 만주지역의 삼부, 즉 정의부, 신민부, 참민부 및 관련 단체들은 민족해방과 계급해방 두 가지 과제를 민족해방운동의 전략 목표로 인식하는 관점과 강한 사회주의적 경향[17]

---

17 1923년 정의부 주도세력이 결성한 다물청년단과 다물당이 당헌과 강령에서 사회주의적 색체를 표명하고 있고(日本外務省亞細亞局, 「高警 第2394號-다물靑年黨憲章入手ニ關スル件(1924. 8. 6)」; 日本外務省亞細亞局, 「朝保秘 第1182號-タムル黨ノ近況ニ關スル件(1926. 9. 7)」). 1924년 2월 역시 정의부 주도세력이 결성한 동우회의 기관지『동우』에서 "무산군중을 교양하여 계급타파의 단합적 자각을 일깨우자"라고 천명하였다(日本外務省亞細亞局, 「朝保秘 第376號-不穩雜志『同友』ノ 記事ニ關スル件(1926. 8. 11)」). 역시 정의부 주도세력이 참여한 한족노동당의 기관지『농보』는 '프롤레타리아' 국제 연대를 주장하는 등의 좌경적 발언을 계속 실어 일제 당국의 지속적인 주목을 받았다(日本外務省亞細亞局, 「朝保秘 第243號-不穩新聞『農報』記事ニ關スル件(1926. 5. 28)」). 또한, 1926년 3월 정의부의 주도세력은 연해주에서 온 공산주의자, 천도교 혁신파, 형평사 등과 함께 길림에서 고려혁명당을 결성하였는데 그 강령에는 사회주의적 색체가 강하게 드러나고 있다(高等法院檢査局, 『高麗革命黨ノ硏究-天道敎衡平社正義府各員ノ提携』, 1928, 13쪽). 1927년에는 정의부의 기관지인『대동민보』가 확대되어 발간된 잡지『전우』역시 창간사에서 사회주의적 구호와 선전을 제기하고 있다(日本外務省亞細亞局, 「朝保秘 第374號-不穩雜誌『戰友』ノ發刊ニ關スル件」. 한편, 대종교 신자인 김좌진이 이끌던 신민부 의 기관지『신민보』역시 「혁명정책과 민중운동 본위」라는 제하의 사설에서 "조선이 자본주의적 압박과 일제의 침략이라는 두 가지 압박"을 받고 있음을 지적하고 "민중해방을 목적으로 하는 혁명적 정당과 조직의 깃발 아래에서 단결하여 민중 본위의 근본적 해방을 목적으로 분투 돌진하자"라고 천명하였다(日本外務省亞細亞局, 「朝保秘

이 드러나는데 이러한 특성, 즉 평등을 운동의 주요 전략으로 설정하는 관점은 대종교뿐 아니라 1920년대에 해외에서 활동한 거의 모든 민족운동세력이 표방하는 관점이었다. 지역적으로 연해주, 만주, 중국 관내를 넘어 미주나 기타 지역의 한인 민족운동 세력도 동의하는 관점이었다는 점에서 이러한 평등지향이 러시아혁명 및 소련의 등장 등 외재적 조건의 영향만으로는 충분하게 설명되지 않는다. 필자는 민족운동 단체에서 나타나는 이러한 경향을 '사회주의적민족주의(이하, 사회민족주의)'라고 명명한 바 있다.[18] '사회민족주의' 역시 '삼균주의'와 사상적으로 같은 궤도상에 존재하는 한국 고유의 역사적 산물이라는 점에서, 두 사상 모두 민족주의를 기반으로 하되 사회주의적 지향을 포함하고 있는 정치사상이라는 점에서, 또한, 두 사상을 표방한 단체의 주된 구성원들이 단군사상과 밀접한 관련이 있는 대종교 계열 인물들이었다는 점에서 두 사상을 단군사상을 기반으로 하는 같은 범주에 포함되는 개념으로 파악하여도 크게 무리는 없을 것이다. 즉, 당시 대부분의 민족운동 단체와 그 구성원들이 한국 고유의 전통사상인 단군사상을 근간으로 하는 '독립정신'의 실천전략으로 평등을 지향하는 '삼균주의', '사회민족주의' 등으로 무장하고 조국의 독립을 위한 민족운동을 전개하였던 것이다.

여기서 주목해야 할 것은 '삼균주의'나 '사회민족주의'를 표방한 단체와 인물들이 민족주의를 지향하고 있었음에도 강력하게 평등을 주장하고 사회주의적 전망에 동의하였다는 점이다. 이러한 사실은 이들 단체나 인물들이 마르크스-레닌주의에 입각하여 사회주의국가

第463號-不穩新聞『新民報』/記事ニ關スル件(1926. 6. 23)」).

18   장우순, 「1920년대 만주한인사회의 세대교체와 운동이념의 변화」, 『사림』 제 26호, 2006.

의 건설을 추구하였다는 것을 의미하지 않는다. 이들은 한국 고유의 전통사상에 뿌리를 둔 평등사상에 근거하여 서구의 제국주의 질서가 빚어낸 근대 최대의 모순인 국가 간, 민족 간, 개인 간 불평등의 문제를 해결하고자 한민족 특유의 평등이념을 접목시켜 '독립정신'의 실천전략으로 이와 같은 사상들을 고안하고, 제시하였던 것이다. 이처럼 단군사상과 연결된 평등 추구의 역사적 전통은 오랜 시간 축적되어온 한국역사의 내부에 이미 서양의 근대와 필적할 수 있는 사상의 근원과 동력이 일정하게 존재하고 있었음을 보여준다.

2) 실학 및 기타사상

한국의 역사는 평등을 지향하며 신분 해방 및 사회개혁을 추구한 수많은 역사적 경험을 보유하고 있다. 고려시대부터 조선 말기까지 끊이지 않았던 노비의 난, 묘청의 난, 홍경래의 난, 임꺽정의 난, 농민의 난 등의 수많은 민란은 봉건적 착취와 불평등의 사슬을 끊고 평등 세상을 지향하였던 당대 민중의 필사적 투쟁이었다. 이런 개혁 및 혁명의 전통이 조선 후기에는 성리학을 수학한 유림과 관료들 사이에서도 간헐적으로 나타나기 시작하는데 실학사상이 그 대표적인 예일 것이다. 조선 후기에는 유교적 질서 안에서 사회의 개혁을 주장하는 '실학'이 등장하는데 실학파로 분류되는 몇몇 학자는 조선시대 봉건제도의 가장 기본적인 경제적 토대인 토지를 둘러싼 생산 관계[19]의 변화가 사회개혁의 기본적인 관건이라는 것을 깨닫고 여러 개혁적

---

19 '사적유물론'에 따르면, 생산력은 끊임없이 발전하는 데 비해 기존의 생산 관계가 늘어난 생산력에 어울리지 않아 생산력의 발전을 저해하는 상황이 되면 발전된 생산력과 기존의 생산관계 사이에 갈등과 모순이 생기게 되고, 결국 새로운 생산 관계를 지향하는 혁명이 일어나게 된다.

인 토지 관련 제도를 제시하였다.

실학의 개창자로 알려진 유원형은 '균전제(均田制)'[20]를 주장하였다. 유형원은 양반 토호들의 토지 겸병으로 농민이 농토에서 유리되는 상황이 갈수록 심화되자 토지가 원래 국유라는 점에 착안하여 국가가 소유권을 행사하여 모든 농민에게 균일하게 토지를 나누어 주자고 주장하였다. 하지만 유원형은 신분제도 자체를 부정하지 않았고, 관리, 선비, 농민 등에게 차등적으로 토지를 재분배할 것을 주장하였다. 중농주의 실학자 이익은 한 가정의 생활을 유지하는 데 필요한 일정한 토지를 영업전으로 하고, 그 밖의 토지는 매매를 허용하자는 '한전제(限田制)'를 주장하였다. 나라가 빈곤하고 농촌이 피폐한 것은 양반 제도, 노비 제도, 과거 제도, 사치와 미신 숭배 때문이라고 보고 이를 폐지할 것 역시 주장하였다. 중농주의 실학을 집대성한 것으로 알려진 정약용은 마을 단위의 공동 농장을 만들어 농산물을 공동생산하고, 노동력에 따라 수확량을 나누어 가지자는 여전제(閭田制)를 주장하였다. 하지만, 그는 국가가 전국의 땅을 수용해야만 실행 가능한 여전제는 실행 가능성이 높지 않다고 보고 개인의 땅을 인정한 상태에서 공동 경작을 늘려가는 방식인 '정전제(井田制)'[21]를 대안으로 제시하기도 하였다.

실학자들이 주장한 개혁론은 대부분 유교적 신분질서의 틀 안에서 주장되었지만, 기본적으로 평등을 추구함으로써 사회적 모순을

---

20 본래 균전제는 북위, 북제, 북주, 수, 당 등 선비족 계열의 북조 정권이 실시하던 토지제도다. 북위에 의해 창시된 균전제는 토지의 사유를 제한하여 토지의 겸병을 막고, 국가 소유의 토지를 분급하는 형식으로 생산자인 농민들의 이탈을 막고 국가가 생산과 관련한 질서를 강력하게 통제하려 시행한 정책이었다. 유목국가였던 북위가 농경과 유목민의 농경과 정착을 추진하는 과정에서 고안되었다.

21 춘추전국시대 중국의 맹자가 주장한 제도다. 우물 정(井)자 모양으로 토지를 구획하여 여덟 가구에게 주위의 한 구획씩을 경작하게 하고 중앙의 한 구획은 공동으로 경작하게 하는 방식이었다.

해결하려는 노력이었고, 몇몇 주장은 유교적 신분질서 자체를 부정하기도 하였다. 이러한 실학의 주장 역시 한국 고유의 전통인 '두레'나 '단군사상' 등의 평등사상에 일정한 영향을 받은 것으로 보인다. 하지만, 실학의 개혁론 대부분이 명(明)의 양명학이나 명말청초의 고증학의 영향을 강하게 받아 주장되었다는 점에서 한국 전통사상의 범주에 들어간다고 평가할 수 있을지는 확신하기 어렵다. 다만 근대시기 민족운동을 주도했던 수많은 인물 중 압도적 다수가 유학을 학문적 배경으로 가지고 있었다는 점에서 실학사상과 양명학 등의 개혁적 유교사상은 독립정신의 '평등' 사상 형성에 조금이나마 영향을 미쳤을 것으로 보인다.[22]

2. 독립정신과 서구의 평등사상

1) 서구의 민족주의 사상

서구민족주의 사상은 서구의 부르주아 혁명 단계에서 고안된 사상이다. 서구민족주의 사상의 핵심 작동원리는 민족이라고 간주되는 일정 집단의 '내부적 평등'을 주장하여 집단의 구성원을 하나의 공동체로 묶고 기존의 정치질서인 봉건제도를 파괴하여 자본가가 주도하는 새로운 질서를 창출하는 것이다. 이는 외부의 자본과 명확하게 경계가 그어진 자본의 영토를 확보하기 위함이다. 하지만, 서구민족주의 사상은 민족을 위한다는 명분을 내걸고 다른 집단이나 민족을 타자화하는 것을 정당화하며, 공동체를 위한 제국주의적 정책이나 식

---

22 유학자였던 박은식의 경우 중국으로 망명한 후 대종교에 입교하여 활동하면서 러시아와 중국, 일본의 혁신적 혁명사상을 수용하였지만, 평생 유학을 버리지 않았다. 그는 양명학을 개혁사상으로 받아들였고, 양명학을 그의 활동과 사상에 중요한 지표로 삼았다(장우순, 「박은식의 평화적 포용사상과 대한민국임시정부」, 『국학연구』 23, 국학연구소, 2019).

민지 개척, 침략 등을 '선'이라 호도한다. 하지만, 결국 이러한 민족주의 사상과 정책의 이익은 모두 자본가에게 돌아가고 만다. 봉건제도 속에서 농노로 착취당하던 민중은 서구의 민족주의 혁명을 통해 '농노'라는 속박을 벗어버리고 '국민'의 신분을 확보한 것으로 보이지만, 결국 더욱 교묘하고 고도화된 감시와 통제가 이루어지는 사회에서 '자본'과 자본이 장악한 '권력'의 이익을 위해 소모될 뿐이었다. 영국과 프랑스, 후발 선진국인 독일 등의 자본가들이 전쟁과 침략으로 영토를 확장하고 산업의 발전을 통해 부와 사치를 누렸지만, 정작 혁명의 과정에서 물리력의 근원으로 동원된 일반 국민의 경우 그 가족인 여성이나 아동까지 가혹한 노동과 빈곤한 일상 속에서 고통을 받아야 했다.[23] 이러한 착취는 서구민족주의가 주장하는 민족 내부의 '평등'이라는 미명하에 이루어졌다. 국내의 민족운동 세력은 서구의 민족주의가 주장하는 '내적 평등과 외부적 대립'의 변주곡인 '사회진화론적' 발전론에 영향을 받아 '애국계몽운동'을 전국 각지에서 전개하였다. 이 과정에서 '민주공화정체'를 받아들이고, 봉건적 신분질서를 초월할 수 있는 제도적 단서를 확보할 수 있었다. 비록 진정한 의미의 평등이라고 말하기 어렵지만, 서구민족주의는 적어도 1919년 3·1혁명 이전까지 한국의 민족운동 지도자들에게 평등과 발전의 모델로 수용된 된 측면이 있다.

---

23 공장에서 노동하는 아동은 서구 산업자본 발전에 핵심적인 역할을 하였다. 그들은 초기 면공업이 당면한 노동력 부족을 타개할 수 있는 손쉬운 노동의 공급원이었다. 온 가족이 일해도 생계를 유지하기 어려운 노동자의 가정은 산업자본의 비약적인 발전과 이윤에도 불구하고, 먹고살기조차 어려운 상황이었다. 1883년 영국 맨체스터의 43개 면공장에 고용된 아동은 전체 노동자 17,235명 중에서 9,693명으로 전체의 56.24%를 차지하고 있다. 유아기에 해당하는 9세 이하의 아동도 798명으로 4,58%에 달하였다(이영석, 「영국 산업혁명기의 면공업과 아동노동」, 『서양사론』 28, 한국서양사학회, 1987, 98쪽). 이들 중 상당수는 과도한 노동과 부족한 식사로 성인이 되기 전에 질병을 얻어 사망하였다.

공화주의는 주지하듯이 전제정치에 반하는 정치사상으로 현재 대부분의 국가들이 채택하고 있다. 하지만 공화주의는 개인주의적 자유주의 혹은 소유적 개인주의에 반하는 개념으로, 개인이 사적으로 누려야 할 권리보다 공민으로서의 의무를 강조한다. 현대적 관점에서는 진보적 의미보다 주로 보수적 의미로 사용되지만, 당시의 민족운동세력이 공화주의를 받아들이던 시기 공화주의는 왕정 및 봉건주의를 반대하는 혁신적 사상으로 인식되었다. 한국에 공화주의가 소개되고 주된 정치이념으로 채택된 것은 1900년대의 일로 1907년 4월에 결성된 신민회는 「대한신민회 통용장정」 제2장 제1절에서 "궁극적 목적은 국권을 회복하여 자유 독립국을 세우고, 그 정치 체제를 공화정체로 하는 것"이라고 밝히고 있다. 한민족 역사상 처음으로 전제군주제, 입헌군주제를 배척하고 공화정체를 정치제도로 채택하였다는 점에서 상당한 의미가 있다. 신민회에 참여한 인물들 상당수가 훗날 연해주와 만주에서 민족해방운동을 이끌었고, 임시정부를 주도하였다. 따라서 신민회 출신 인물들이 주축이 되어 결성된 만주지역의 운동단체와 그 지도이념인 사회민족주의, 임시정부와 그 지도사상인 삼균주의에 공화주의적 영향이 강하게 계승된 것은 당연하고, 삼균주의와 사회민족주의를 실천전략으로 하는 '독립정신'에도 공화주의의 영향이 일정하게 반영될 수밖에 없었다. 하지만, 서구민족주의의 영향은 3·1혁명 이후 상당 부분 지워지게 된다.

2) 사회주의

한국의 민족운동세력이 최초로 조직적으로 의미가 있는 사회주의적 영향을 접하게 된 것은 러시아혁명을 통해서였다. 연해주의 한인

사회를 중심으로 사회주의적 영향이 전파되었고,[24] 김알렉산드라, 이동휘, 박진순, 박애, 김립 등의 주도로 1918년 동양 최초의 사회주의 정당인 '한인사회당'이 결성되었다. 이동휘 등이 주도한 연해주의 여호인[25] 중심의 민족운동세력은 만주 및 관내에도 상당한 영향력이 있었고, 신민회 활동으로 만들어진 네트워크를 통해 서로 긴밀하게 연결되어 있었다. 때문에 연해주와 연결된 중국의 만주지역뿐 아니라 관내 지역의 한인들에게도 러시아혁명의 영향은 매우 신속하게 전파되었다. 아울러 1919년 상해에서 대한민국임시정부가 수립되면서 연해주의 국민의회와 통합의 논의가 진행되고, 한인사회당의 이동휘가 정부의 총리로 참여하면서 임시정부는 이들을 통해 사회주의적 영향을 받아들일 수밖에 없었다. 한편, 조소앙은 1919년 5월 파리강화회의 참석을 위해 유럽으로 파견되었는데, 1921년 5월까지 2년간 유럽에서 머물면서 사회민주주의 계열의 정당들과 교류하면서 사회민주주의 이론을 접할 수 있었고, 소련을 직접 방문하여 공산당 관계자들을 만나 소련의 체제를 직접 경험할 수 있었다. 이렇게 확보된 사회민주주의 및 볼셰비즘에 대한 견문들 역시 '삼균주의'에 일정하게 반영되었다. 특히, 3·1혁명 이후 파리강화회의를 목표로 활발하게 진행되었던 '외교적 독립론'이 처참한 실패로 귀결되자 서구 제국과 일본 제국의 이념적 본질인 자본주의를 배척하게 되었고, 이러한 반감으로 인해 민족운동세력 다수가 사회주의와 무장투쟁으로 관심을

---

24 연해주의 한인사회는 귀화하여 지주의 지위를 확보한 한인들에 비해 귀화하지 않은 한인들은 상대적으로 빈곤하고 척박한 상황에 놓여있었다. 비귀화인을 극도로 차별하였던 귀화인들의 태도는 한인 간의 계급적 갈등을 심화시켰고, 비귀화인들이 볼셰비즘의 혁명적 제안을 적극적으로 수용하게 하는 내적 요인으로 작용하였다.

25 러시아에 귀화한 한인을 원호, 귀화하지 않은 한인을 여호라고 칭하였다.

돌리게 되었다.

민족운동세력 대다수는 외교 독립론의 실패 이후 독립운동과 민족운동의 실천적 전술로서 부분적으로나마 사회주의를 받아들일 수밖에 없었고, 사회주의의 평등사상 역시 받아들이게 되었다. '독립정신'의 대표적인 실천전략인 '삼균주의'와 '사회민족주의' 역시 일정하게 시회주의의 영향을 빈아들어 보다 정교하게 평등의 개념을 정립할 수 있었다.

살펴본 바와 같이 '독립정신'은 한국 고유의 전통사상을 기반으로 서구의 근대 혁신 사상을 흡수하여 서구와는 조금 다르지만, 개인과 민족, 세계의 평화를 지향하는 한민족 특유의 평등 개념을 정립하고, 이러한 평등, 평화를 목적으로 하는 민족통합, 발전의 전략을 전망하였다. 언급된 사상들 외에도 한국의 다양한 전통사상과 서구의 근대 사상들이 독립정신을 구성하는 데 영향을 미쳤을 것이다. 하지만, 핵심적인 요소를 기준으로 본다면 본문에서 언급한 몇몇 사상 및 제도가 '독립정신'을 구성하는 결정적인 역할을 한 것으로 판단된다.

4

3·1혁명과 독립정신

　일제가 조선을 강제로 병합한 이후 국내에서는 일제의 모진 탄압과 착취 속에서도 민족운동이 지속적으로 확대, 발전하면서 3·1운동을 폭발시킬 민족운동의 주체적 역량 역시 빠른 속도로 성장하고 있었다. 첫째, 애국계몽운동과 실력양성론의 시각에서 진행되었던 교육·문화운동으로 전국 각지에 사립학교, 서당, 야학 등이 설립되면서 민족의식에 눈뜬 청년·학생들이 배출되었고, 이들은 3·1운동 당시에 각 지역의 항일운동을 선도하면서, 지역 민족운동의 주체 및 거점의 역할을 하게 되었다. 둘째, 일제의 경제수탈이 심화되자 노동자·농민들이 점차 민족모순과 계급모순을 자각하고, 생존권을 주장하면서 산발적인 쟁의와 파업투쟁을 전개하였는데, 이 과정에서 형성되기 시작한 이들의 민족의식은 3·1운동을 폭발시키고, 지속시킨 가장 강력한 민족 내부의 주체적 동력이었다. 농민들은 토지조사사업 반대투쟁, 삼림정책 반대투쟁, 각종 조세 반대투쟁 등을 벌였으며, 일부 지역에서는 주재소나 면사무소, 경찰서 등 일제의 통치기구를 공격하기도 하였다.[26] 농민들은 초기에 만세운동에 수동적으로 참여하다가 점차 만세운동을 주도하는 세력이 되었고, 이들에 의해 만세운동은 두 달가량 지속될 수 있었다.[27] 노동자들도 민족적 차별대우와 장시간 노동, 저임금 등 열악한 노동조건의 개선을 요구하며 전국 곳곳에서 파업을 벌였다.[28] 이 시기 조선의 노동자들은 계급모순과 민족모순을 일제에 의해 강제된 동일한 성격의 모순으로 인식하고 있었기 때문에 그 투쟁의 방향 역시 일제에 대한 강렬한 민족적 저항과 독립운동으로 통합될 수 있었다.[29] 이들 노동자, 농민층은 이후 3·1혁명의 경험을 통해 민족운동을 주도하는 주체세력으로 성장할 수 있었다.

3·1혁명은 지식인, 학생, 농민, 노동자 외에도 조선 내 모든 직업

---

26 3·1혁명으로 재판을 받고 수감된 사람들의 다양한 직업군 중에서 압도적인 1위를 차지한 집단은 농민으로 총 수감자가 5,629명에 달해 59.5%의 비중이었다. 농민들은 처음에 지식인, 학생이 조직한 만세운동에 수동적으로 참여하였지만, 만세운동의 과정에서 점차 이들 중에서 '만세꾼'이라는 전문적으로 만세운동에 참여하고, 선동하는 사람들이 자발적으로 조직되었다. 농민들이 적극적으로 만세운동에 참여하기 이전인 3월 초·중순에 만세운동이 261회 진행되었지만, 농민들이 적극 참여하기 시작한 3월 하순과 4월 상순에는 544회의 만세운동이 전개되어 그 횟수가 200% 이사 증가하였다. 농민층이 참여한 만세운동은 과거 의병활동이 활발했던 강원도에서는 매우 격렬한 형태로 나타났다(조동걸, 「3·1운동의 지방사적 성격-강원도 지방을 중심으로」, 『역사학보』 47, 역사학회, 1970, 117-118쪽).
27 독립운동사편찬위원회, 『한국독립운동사자료집』 5 (3·1운동 재판 기록), 1974, 1171-1172쪽.
28 3·1혁명이 발발하기 이전인 1915년에서 1918년까지 4년간 총 75건의 파업이 발생하였다(朝鮮總督府內務局社會課, 「會社及工場ニ於ケル勞動者ノ調査」). 성대경의 「3·1운동 시기의 한국노동자의 활동에 대하여」(『역사학보』 11, 역사학회, 1969, 64쪽)에서 재인용.
29 서울의 경우 초기의 만세운동이 주로 학생들 주도로 전개되었지만, 3월 5일을 정점으로 일제의 검속으로 도심 내 집회는 거의 중단된다. 하지만, 3월 8일 이후 노동자가 시위의 주력으로 부상하면서 이들이 주도하는 만세운동이 본격적으로 전개되었다. 3월 8일 200명의 조선총독부 인쇄소 노동자들이 총독부인쇄소 식당에서 만세운동을 벌였고, 9일 120명의 전차 운전수 및 수선공들이 파업에 돌입하여 29일까지 21일 동안 지속하였고, 10일 300명의 노동자가 종로에서, 23일 600명이 노동자 역시 종로에서 만세운동을 전개하였다. 25일 용산에서 70명의 노동자가 만세운동을 벌였고, 노동자가 주도하는 1,000여 명의 시위대가 시내 3개 장소에서 만세운동을 전개하였다. 3월 26일에는 광화문 300명, 종로 1가, 파고다공원, 종로 4가 등에서 노동자 주도로 다수가 참가한 만세운동이 벌어졌다.

군 및 연령층의 사람들이 참여하여[30] 각자의 정치적, 경제적, 사회적 요구를 거대한 민족적 요구에 강하게 결합시키는 역할을 하였다. 3·1혁명의 이러한 역할에는 매우 중대한 의미가 있다. 서구민족주의가 집단 내부의 '평등'을 선전하며 자본가들의 요구에 따라 경계를 구축하는 역할을 하였지만, 한국에서는 3·1혁명을 통해 전체 민중이 자발적으로 만세운동에 참여하여 스스로의 요구를 투영한 전민족적인 '독립정신'을 구축하는 과정에서 서구와는 다른 방식으로 근대적 민족정체성을 확립하였다. 때문에 한국의 민족주의는 다른 민족을 타자화하거나 배척하는 자본의 경계를 구축하지 않았다. 이러한 과정은 서구처럼 주어지거나 선언된 평등이 아닌 스스로의 요구가 반영된 자발적 평등을 획득하는 과정이었고, 한국에서만 볼 수 있는 특유의 민족적 정체성이 정립되는 세계사에서 유래가 없는 매우 독특하고 특수한 과정이었다. 1919년 3월 1일부터 2개월 가량 벌어진 만세운동과 그 후 벌어진 임시정부 수립 등 일련의 과정을 3·1혁명이라 지칭해야만 하는 이유가 바로 여기에 있다.

본고에서 다루고 있는 '독립정신'은 3·1혁명을 통해 전민족적 요구를 반영하여 비로소 완성된 형태를 갖추기 시작하였다. 따라서 3·1혁명을 통해 표출된 전국민적 요구인 '3·1혁명정신'은 당시의 '독립정신'과 정확하게 동일하다고 평가할 수 있다. '독립정신'은 시기와 단계에 따라 다양한 전술을 채택할 수 있지만, 전략과 목표라는 측면에

---

30 3·1운동으로 수감된 사람들의 직업군은 매우 다양하여 당시 조선의 거의 모든 직업군을 아우르고 있다. 이들 수감자들을 전체 인원수로 비교하면 농업·목축업·양잠업 종사자, 학생, 잡화상, 무직자, 교사, 상업 기타, 노비·일용직, 숙박업·음식점업, 노동자 기타. 곡물상 등의 순으로 나타난다(朝鮮總督府,「騷擾事件月報第1號(1919. 7. 31). 매우 다양한 직업을 가진 사람들이 만세운동에 참여하였음을 알 수 있다. 하지만, 순위에 들지 않은 수많은 다른 직업군의 사람들이 만세운동에 참여하였다는 사실을 간과하면 안 된다.

서는 3·1혁명에서 표출된 민족적 요구와 정확하게 일치한다. 3·1혁명은 민중의 요구를 모아 '독립정신'을 완성하는 전무후무한 의식이었고, '독립정신'은 3·1혁명으로 확인된 민족의 요구에 따라 민족의 독립과 미래를 전망하는 원대한 전략이었다. 때문에 3·1혁명의 결과로 탄생한 대한민국임시정부가 3·1혁명의 전민족적 요구인 '3·1혁명정신'을 계승하여 '독립정신'을 실천하기 위해 수십 년의 분투 노력을 쏟아부을 수밖에 없었던 것이다.

이러한 까닭에 3·1혁명은 조선의 민중을 분산되고 고립되어 있던 식민지 노예에서 각성하고 단합된 하나의 민족으로 통합하여 '독립정신'의 기치를 높이 들어 올리도록 추동한 한민족 역사상 최초로 이루어진 진정한 의미의 '후천개벽'이라 하여도 과언이 아닐 것이라 생각한다.

5

결론

'독립정신'은 민족의 독립과 평등, 세계평화를 지향하는 한민족의 민족적 지향점이자 남녀노소, 빈부귀천, 종교, 사상의 차이를 초월하여 모든 민족이 염원하는 이상을 실현하기 위한 최종전략이다. 대동단결한 민족의 대오를 결성, 민족혁명에 매진하여 민족의 독립을 쟁취하고, 개인의 평등, 민족의 평등, 국가 간 평등을 이룩하여 세계평화에 공헌하는 원대한 이상을 담고 있다. 대동단결은 평등과 평화를 이룩하기 위한 전제 조건이지만, 평등은 다시 대동단결을 위한 필수 요구사항이 된다. 평등은 평화를 위한 선결과제이지만, 평화에 대한 보장은 반대로 평등을 실현하기 위한 전제 조건이 된다. 독립정신의 핵심요소인 대동단결, 평등, 평화는 이처럼 서로가 서로를 필요로 하는 불가분의 관계를 가지고 있다.

이러한 '독립정신'이 완성된 형태로 세상에 드러난 것은 3·1혁명을 통해서였다. 3·1혁명의 과정에서 전민족적 요구가 결집되었고, 이 과정에서 한민족의 근대적 정체성이 정립될 수 있었다. '독립정신'은

3·1혁명에서 확인된 전민족적 요구인 '3·1혁명정신'을 실천하는 전략이자 3·1혁명을 통해 정립된 한민족의 근대적 정체성을 현실 속에서 구현하는 전략이다. 따라서 3·1혁명과 '독립정신'은 뗄래야 뗄 수 없는 밀접한 관계다. 3·1혁명 이전에도 '독립정신'이 존재하였지만, 이는 일부 계층의 요구만이 반영된 파편적이고, 부분적인 성격의 전략으로 결코 전민족적 요구를 반영할 수 없었다. 3·1혁명을 통해 전민족적 요구가 반영된 이후에야 '독립정신'은 온전한 의미를 확보할 수 있었다. 이후 '독립정신'은 민족의 대동단결이나 민족국가 건설의 전술 등이 포함되면서 외연이 확장되었고, 오늘날에도 현실에 맞는 전략의 확대가 가능하다. 즉, '독립정신'은 박제화된 이념이나 전략이 아니며, 시대에 따라 민족의 요구를 반영하여 외연을 확장하거나 새로운 전략을 추가할 수 있는, 마치 살아있는 유기체처럼 탄력 있고 융통성 있는 민족 전략이자 이념이다.

오늘날 한민족의 미래 전략인 '독립정신'은 여전히 실천의 과정에 놓여있다. 남북으로 분단되어 '대동단결'의 민족통합도 이루지 못하였고, 통일된 민족국가를 수립한 이후의 과제인 개인 간, 민족 간, 국가 간의 평등과 이를 통한 세계평화의 실천 또한 아직은 요원한 상태다. 1919년 3월 1일의 기억을 오늘에 되살려 종교적, 정치적, 사회적, 사상적 차이를 극복하고 우리 사회가 대동단결할 수 있기를, 그리하여 민족의 통일을 실현하고 평등과 평화의 가치로 민족의 발전을 도모하고 세계평화에 공헌할 수 있기를, '독립정신'의 위대한 역사를 잊지 않고 바로 오늘, 이곳에서 그 실천을 위해 고민하고 전진하는 우리가 될 수 있기를 희망해 본다.

참고문헌

문헌

-「金謂磾傳條」,『高麗史』卷 一二二.
-申聖·趙鏞殷·申獻民·朴容萬·韓震·洪煒·朴殷植·申采浩·尹世復·曺煜·朴基駿·申斌·金成·李逸,
　　　　「大同團結之 宣言」, 1917. 7.
-최남선 등, 「독립선언문」, 1919. 3. 1.
-대한민국임시정부, 「정강」, 1919. 4. 11.
-대한민국임시정부, 「헌장」, 1919. 4. 11.

딘행본 · 자료집

-박은식, 『독립운동지혈사』, 上海, 維新社, 1920.
-대종교총본사 편, 『대종교중광육십년사』, 대종교총본사, 1971.
-박은식전서편찬위원회, 『박은식전서』상, 중, 하, 단국대학교부설 동양학연구소, 1975.
-대한민국도서관 편, 『한국민족운동사료(중국 편)』, 1976.
-삼균학회, 『素昻先生文集』上, , 서울, 햇불사, 1979.
-노경채, 『한국독립당연구』, 신서원, 1996.
-국사편찬위원회, 『한국독립운동사자료』36, 2000.
-장세윤, 『중국 동북지역 민족운동사』, 명지사, 2005.
-국사편찬위원회, 『대한민국임시정부자료집』1, 국사편찬위원회, 2006.
-국사편찬위원회, 『大韓民國臨時政府資料集』22, 국사편찬위원회, 2008.

연구논문

-성대경, 「3.1운동 시기의 한국노동자의 활동에 대하여」(『역사학보』11, 역사학회, 1969.
-신용하, 「신민회의 창건과 그 국권회복운동」, 『한국민족독립운동사연구』, 을유문화사,
　　　　1985.
-장우순, 「1920년대 만주한인사회의 세대교체와 운동이념의 변화」, 『사림』제 26호, 2006.
-윤해동, 「뉴라이트 운동과 역사인식 : '비역사적 역사'」, 『민족문화논총』51, 영남대학교민족
　　　　문화연구소, 2012.
-장우순, 「박은식의 평화적 포용사상과 대한민국임시정부」, 『국학연구』23, 국학연구소,
　　　　2019.
-허선주·송은경, 「민족주의에 의한 국가 폭력의 정당화 ; 델리 시크 대학살과 제주 4.3」, 『남아
　　　　시아연구』26권 3호, 한국외국어대학교인도연구소, 2020.
-장우순, 「서일과 1920년 독립전쟁」, 『한일관계사연구』77, 한일관계사학회, 2022.

김지영

한국외국어대학교 철학과에서 문학사
헝가리 ELTE 및 고려대학교 박사학위 취득
한국외대, 서강대, 고려대 연구교수
대한민국역사박물관의 학예사
현재 숭실대학교 한국기독교문화연구원 인문한국플러스사업단 교수

저서
『헝가리 전통문화연구』
『중유럽 민족문제』
『인물로 보는 유럽통합사』
『모순의 제국』 등 20여권의 단행본, 공저, 번역서가 있음

논문
「헝가리-오스트리아 제국의 역사」, 「헝가리 사학사」, 「헝가리 현대사」 등
40여편의 논문이 있음.

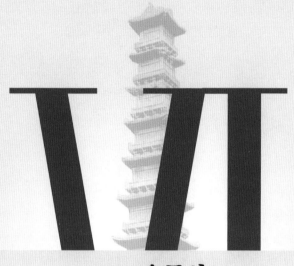

Ⅶ

3·1운동의
세계사적 의의

1

서론

　3·1운동은 식민지 조선에서 일어난 독립운동이었지만, 그 파급효과는 세계적이었다. 1919년은 제 1차 세계대전이 끝나고 윌슨의 민족자결주의에 의거한 피식민지 혹은 피압박민족들의 독립운동이나 해방투쟁이 격화되던 시기이다. 식민지를 유지하고 있었던 강대국들과 피식민지 국가, 혹은 종주국과 보호국 간의 갈등은 정도의 차이는 있을지언정 이시기 어렵지 않게 발견할 수 있는 국제정세였다. 제 1차 세계대전은 독일, 오스트리아=헝가리, 불가리아 등 주축국의 패망으로 끝났지만, 그 결과는 제국의 해체와 민족구가들의 탄생이었다. 식민지배하의 조선도 이러한 세계적 조류의 흐름에서 예외는 아니었다. 3·1운동은 세계적인 환경, 정세와 이에 부응하는 조선 민족의 적극적인 응전이 빚어낸 세계적인 사건이다.　이 시기 제국주의 세력에 대한 약소국의 투쟁이 없었던 것은 아니지만, 전국적인 규모의 평화적인 대규모 민족해방투쟁은 3·1운동이 최초이자 최대의 사변이었을 것이다.

특히 주목할 점은 조선 반도 전역에 걸쳐 수십만 명의 대규모 민중이 참여한 전 민족적 투쟁이었음에도 불구하고 비폭력 평화 투쟁으로서 세계 민족 해방 운동사에 일획을 그었다는 점이다. 당시 세계의 각 언론들은 3·1운동에 대하여 자신들이 처한 상황에서 비교적 객관적이고 호의적으로 보도하였다. 일본과 우호적인 관계였던 영국, 이탈리아의 언론보도는 예외로 하더라도, 초기에 일본에 우호적이었던 미국의 언론은 선교사들의 보고, 해외특파원들의 기사 송고 등을 통하여 3,1 운동에서 일본이 저지른 만행에 대해 비교적 정확하게 인식하고 보도하였다. 이에 더하여 1917년 볼세비키 혁명을 성공시킨 소련이나 동병상련의 처지에 있었던 중국의 언론들은 3·1운동에 대하여 우호적이고 지지하는 입장을 보였다.

조선(대한)독립만세의 함성은 일제의 식민지배를 탈피하려는 조선 민족의 외침이었지만, 한민족이 선도적으로 행동함으로써 제국주의에 신음하던 아시아·아프리카 식민지의 각 민족의 독립운동을 촉발한 세계사적 사건인 것이다. 당시의 국제정세는 일본에 우호적이었지만, 들불처럼 퍼져나간 3·1운동의 소식은 일본의 본모습을 세계에 알리는 계기가 되었다. 중국의 5,4운동, 인도의 간디가 주도한 비폭력 독립투쟁이 운동이 3·1운동의 영향을 받았음은 국내 외의 다기한 연구들을 통하여 공인된 사실이 되었다. 국내에서 3·1운동의 세계사적 의이를 심도 있게 조망한 것은 2019년에는 연합뉴스의 기획이다. 연합뉴스는 3·1운동의 세계사적 의의, 3·1운동에 대한 세계의 반응에 대한 기획기사를 13회에 걸쳐 연재하였다.[3]

---

3   연합뉴스, 2019. 2.14-24. 기사에 따르면 부정적이든 긍적적이든 3.1운덩에 대해 보도한 언론은 일본, 중국, 러시아, 미국, 영국, 독일, 프랑스, 이탈리아, 독일, 브라질, 싱가포르 등이 있다.

필자는 동유럽의 민족해방투쟁을 연구하던 와중에 3·1운동의 세계사적 맥락에 대해 인식하게 되었다. 동유럽사 전공인 필자에게 3·1운동과 동유럽의 민족해방 투쟁이 겹쳐지는 부분이 많았기 때문이다. 특히 정한경 선생이 1921년 출간한 The Csae of Korea 라는 책을 번역하면서 당시 3·1운동에 대환 실상과 3·1운동에 대헤 보도한 각종 신문, 보고서, 언론자료들을 상세히 검토할 수 있었는데, 책 내용 중 도유럽에 관한 언급이 필자의 관심을 글었다. 정한경 선생의 The Case of Korea가 미국에서 영어로 출간되어 미국 조야의 일본에 대한 인식을 정정하게 되는데 크게 기여 했음은 두말할 나위가 없다.[4]

이 글의 기본 입장은 3·1 운동이 세계의 민족해방 운동을 견인하게 된 기폭제의 역할을 하였으며, 미국을 위시한 세계 각국에서 상당한 관심을 받았었다는 점이다. 필자가 번역한 The Case of Korea는 이런 점에서 분석해볼 가치가 있다. 정한경 선생은 비록 머나먼 미국 땅에서지만, 이 책을 통하여 탄압받는 식민지 조선의 실상과 제국주의 일본의 야만성을 만천하에 고발하였으며 이를 통하여 세계 여론의 주목을 받게 되었던 것이다. 따라서 이 책의 가치는 아무리 강조해도 지나침이 없다.

이 글에서는 The Case of Korea의 내용을 분석해 보고자 한다. 이를 통하여 당시 미국의 언론들이 3·1운동을 어떻게 이해하고 인식했는지 살펴보조자한다. 이 책에는 1905년 을사늑약부터 시작하여 일

---

https://www.yna.co.kr/search/index?query=%EC%99%B8%EC%8B%A0%EC%86%8D%203%C2%B71%20%EC%9A%B4%EB%8F%99&from=20190214&to=20190321&period=diy 필자가 조사 바에 따르면 이 기사에 언급된 나라이외에도 헝가리, 체코등 동유럽 국가들의 언론에서도 3.1 운동에 대한 기사가 게재되었다.

4   책 내용 중에 언급된 체코슬로바키아의 마사리크 대통령의 활동이 동유럽의 민족 해방 투쟁과 3·1 운동의 성격을 동일한 선상에서 바라보는 단초가 되었다.

제의 병탄, 이후 3·1운동과 이에 대한 일본의 야만적인 탄압, 이후의 내용이 서술되어있다. 3·1운동이 발생한 이후 일본은 언론의 통제와 프레임 짜기를 통하여 3·1운동의 실상과 학살의 만행을 감추고자 하였다. The Case of Korea에서는 일본의 주자에 대해 일본, 미국측의 자로들을 통하여 조목조목 논박하고 있다.

이 책은 단지 3·1운동에 대한 내용뿐 아니라 일본은 조신의 병단, 식민지화 고정, 무단 통치에 대해서 일본의 찬양과 미화의 위선을 걷어내고 있다. 일본은 조선의 병탄 이후 지속적으로 조선이 일본에 합병된 것을 조선에게 행운이고, 이 때문에 조선의 발전이 이루졌다는 주장을 펴고 있을 때였기 때문에 일본에게 3·1운동은 충격이었을 것이다. 따라서 일본은 구미 각국에 3·1운동을 비하하고 폄훼하는 자료를 만들어 발송하고, 각국의 언론에 3·1운동의 성격과 본질을 호도하는데 광분하고 있었다. 이때 정한경 선생은 일제의 외교권 침탈 이후 1919년까지의 무도한 행위와 거짓선전을 세계에 알리고, 3·1운동을 진압하기 위해 일본이 행하였던 잔인무도한 행태와 일본의 양면성을 전세계에 정확히 알리고자 하는 의도에서 이 책을 집필하였던 것이다.

당시 서양은 일본을 아시아의 문명개화국으로서 평가하는 경향이 있었는데, 이 책의 발간을 통하여 일본의 잔학무도한 행태가 일부나마 전세계에 알려지게 되었다. 특히 이 책은 당시 일본정부의 대외홍보 자료를 활용하여 일본 제국이 주장하는 조선 발전론이 허구임을 입증함으로써 일본 제국주의의 본질을 정확하게 짚어 내고 있다는 점에서 의미가 크다.

전술하였듯이 1919년 3·1 운동은 식민지 조선에서 일본의 식민통치에 저항하기위해 민중이 주체가 되어 일어난 평화적 독립투쟁이다. 그러나 3·1운동은 조선이라는 공간을 넘어 전세계 피압박 민족들의 반제국주의 민족해방투쟁을 견인하는 기념비적인 투쟁이며, 그에 대한 정당한 평가를 받아야 하는 세계사적 사건이다.

3·1운동의 전공자도 아닌 필자가 이글 쓰는 용기를 내게된 이유는 The Case of Korea를 번역하며 3·1운동이 세계사의 어느 해방투쟁과 비추어도 모자라지 않다는 인식에 다다랐기 때문이다. 3·1운동에 대한 이해의 확장과 국제화가 필요하다는 인식에서 보다 세부적인 연구는 해당 전공자들에 의해 지속적으로 이루어지길 기대한다.

2

『3·1운동과 한국의 상황』 나타난
외국인의 보고 및 해외 언론의 보도 내용

정한경(헨리 정) 선생이 저술한 『3·1운동과 한국의 상황(The Case of Korea)』은 모두 18장으로 구성된 저서이다. 부제가 "일본의 한국 지배 및 한국 독립운동의 전개에 관한 증거 자료"인 점은 이 책의 성격을 잘 드러내준다. 머리말에는 당시 미주리주 상원의원인 셀던 P. 스펜서(Selden P. Spencer)가 쓴 추천사가 있다. 이 추천서에서 스펜서 의원은 "..일본이 어떻게 한국을 통제해서 1905년에 이 총명하고 독립적인 국민의 '보호자' 겸 외교 대변인이 되었는지, 후에 일본이 어떻게 한국을 완전히 병합하고 일본의 일개 지방으로 만들었는지, 어떻게 한국이 대한 독립을 선언했는지 등이 한국의 관점에서, 역사적 정확성과 정치적 공평함을 견지하며, 아주 상세하게 기술되어 있다. 지구상의 어느 나라도 다른 나라를 일시적으로 통제할 수 있을지는 모르지만 영원히 억압할 수는 없다."고 서술하며 한국의 입장을 지지하고 옹호하고 있다. 한국 상황, 나아가 한국의 3·1운동이 미국 조야에서 이러한 평가를 받은 데에는 정한경 선생의 이 책이 큰 영향을 미쳤을 것이다.

　서론에서 정한경은 3·1운동의 내용이 서구 사람들에게 잘 알려지지 않은 이유는 "..일본 정부에 의한 정보 차단"이라고 언급하였는데, 정한경이 이 책을 서술하게 된 직접적인 동기이기도 하다. 정한경은 "한국의 상황을 잘 알지 못하는 서양 사람에게 1919년의 독립운동 및 그에 대한 일본의 잔학 행위는 놀라움 (중략) 일본인이 저지른 잔학 행위는 1905년 피보호국 체제가 설립된 이후 작동해 온 (일본의 통치) 시스템의 일부에 지나지 않는다."고 지적하며 이 책의 방향이 한국에서 일본이 식민통치를 하며 자행한 잔학행위에 대해 서술할 것임을 암시한다.[5] 특히 저자는 "..한국은 세계에서 가장 동질적인 민족이다. 그들의 역사는 약 4천 년 전까지 거슬러 올라간다. 그들은 많은 면에서 중국만큼 위대하고 대개는 일본보다 더 위대한 문명을 가지고 있다. 독립 국가로 존재한 오랜 기간, 그들은 독자적인 문학과 예술 및 문화를 창조했다. 한마디로 그들은 민족적·역사적·문화적 의미에서 문자 그대로 하나의 나라를 구축했다. 그리고 오늘날 자신의 의지와 선택에 따라 자신의 운명을 결정할 수 있는 권리를 얻기 위해 온 국민이 단결되어 있다."고 언급하며 한국인의 정통성과 자유 의지, 독립의 열망을 강조한다. 또한 "일본은 한국 지배를 정당화하기 위해 많은 논거를 내세우고 있다..(1) 자기방어 (2) 식민지화의 필요성 (3) 한국을 돕기 위한 호의적 동기...그러나 그중 어느 것도 국제 정의와 정밀한 검증을 통과하지 않았다.[6]"고 지적하며 일본의 의도가 거짓된 대외 선전에 불과함을 강조한다.

5　　3.1운동과 한국의 상황, pp.

6　　ibid. pp.

정한경은 일본의 식민지배 논리 3가지가 모순적 전제에 근거한 것임을 하나하나 세심한 예를 들면서 입증한다. 먼저 일본이 한국을 식민지화 하려는 첫 번째 근거로 제시하는 (일본의)자기방어논리를 반박한다. 첫 번째 주장인 일본의 자기방어 논리는 "한국이 독립하게 되면 호전적이고 강력한 적(敵)의 전략적 거점이 될 가능성이 높기 때문에 일본이 위험해지고, 이러한 이유 때문에 일본이 자기방어를 위해 한국을 지배해야 한다"는 것이다. 정한경은 이러한 주장이 한국에 직접적인 관심을 가진 나라는 러시아와 중국을 제외하면 미국밖에 없는데, 3국이 한국을 점령할 의도가 없음으로 일본의 주장은 공허하다는 것이다[7].

두 번째로 일본이 한국을 식민지화해야 하는 필요성이라고 주장하는 일본의 인구과잉, 실업자 문제가 사실아 아니라는 점을 일본측의 통계자료를 들어 반박한다[8]. 즉, 당시 한국에 있는 30만 명의 일본인은 이민자가 아니라 착취자로 한국에 왔으며, 일본인 소유의 땅은 일본인 이주자가 황무지나 미경작지를 개간하고 개량했다는 일본의 주장과 달리, 이미 관개 시설이 가장 잘 갖추어진 경작지였다는 것이다. 따라서 이러한 주장은 일본 정부가 한국인에게서 땅을 빼앗기 위해 사용한 불법적 방법을 감추기 위한 위장에 지나지 않는다는 것이다. 마지막으로 일본이 식민지배의 정당성으로 제시하는 "한국을 돕

---

7   ibid.
8   일본이 해외 침략에 사용하고 있는 산업과 자본을 내부 개발에 사용한다면 일본의 과잉 인구를 위한 자리를 일본 내에서 충분히 찾을 수 있다. 오리건 주(州) 및 워싱턴 주(州)와 비슷한 위도에 위치한 홋카이도(일본 북부)와 사할린섬 남쪽 절반 지역은 인구가 희박하다. 일본인이 편집한 준(準)공식 《1918-19년 일본 연보》에 따르면, 이 지역은 기후와 토양이 뛰어나고 어업과 광물 자원이 풍부하다. 일본이 일부만 개발한 이 지역은 약 49,000제곱마일(125,440㎢)이다. 이것은 벨기에의 4배가 넘는 크기이지만, 벨기에의 인구는 750만 명으로 홋카이도와 사할린 남부를 합친 인구의 5배에 달한다.

기 위한 호의적 동기"라는 세 번째 주장도 통렬하게 논박한다. 즉, 일본이 인도주의적 목적으로 한국을 지배한다는 주장은 위선인데, 그 예로 일본 통치방식의 잔인함, 교활함을 지적한다. 오히려 저자는 일본이 한국을 점령하려는 이유를 임진왜란시 일본이 조선을 침공한 이유와 동일한 것임을 주장한다. 임진왜란을 일으킨 일본의 목표는 중국을 포함한 아시아 본토를 점령하려는 것이었다. 한국은 중국과 일본을 잇는 다리이기 때문에 일본은 자신의 군대를 중원에 보내기 전에 먼저 한국을 정복할 필요가 있다는 것이다. 따라서 오늘날에도 그 이유는 동일하다는 것이다. 즉, 범(汎)일본주의의 궁극적인 목표는 일본의 지배하에 아시아 전체를 통합하고, 이어서 태평양의 지배권을 손에 넣는 것이고, 따라서 아시아 대륙 점령을 위해 일본은 군사작전의 근거지로 사용할 수 있는 한국을 점령해야 하는 절대적인 필요가 있다는 것이다. 정한경은 이런 점을 밝히며 일본의 호의적 동기는 어디에도 없음을 지적하고 있는 것이다.

다음 장은 서론의 성격으로 한국의 영토와 국민에 대해 서술하고 있다. 이 장은 한국이라는 나라를 잘 모르는 미국과 서구인에게 한국을 소개하기 위하여 서술한 장이다. 이 장에서 저자는 한국인이 유럽에 근대적 의미의 민족이 태어나기 훨씬 전부터 민족의식과 국민적 연대감을 형성해 왔다고 언급하며 한국인의 민족적 동질성이 높다는 점을 언급한다. 또한 일본이 한국의 모국이며 한국의 문명은 전부 일본에서 유래했다는 일본의 주장이 억지이며, 일본이 자신의 주장을 정당화하기 위해 역사적 증거를 조작하고 있다고 언급한다. 이 장에서의 중요한 언급 중의 하나는 한국과 일본은 조화롭게 살기가 불가능한데, 그만큼 한국과 일본이 다르다는 점을 강조한다.[9] 결론적으로 한국과 일본의 인종적·문화적 차이는 프랑스와 독일의 차이보다 훨씬 크며.. 한국은 한국으로 남을 것.."이라고 결론을 맺고 있다.

제 2장에서는 한국과 일본의 외교 관계라는 제목으로 일본의 조선 병탄사를 자세하게 기술하여 한국으 역사를 잘 모르는 미국인에게 일본의 한반도 침략의 의도와 속내를 매우 정밀하게 소개하고 있다. 제 3장은 한국이 일본에 병합된 이후 일본 이 자행한 정치적·법적 탄압에 대하여 자세한 설명을 가하고 있다. 특히 조선 총독으로 부임한 데라우치 마사타케(寺內正毅)의 무단통치(식민정책)레 대해 자세히 설명하고 있다. 4장에서는 일본이 조선을 식민통치하며 자행한 고문과 구타, 예심, 즉결 심판에 대해 논의한다. 특히 스코필드(Frank W. Schofield)박사의 글을 통해 일본 경찰이 행하는 구타를 적나라하게 묘사하고 있다.[10] 제 5장은 감옥과 고문이라는 제목으로서 일제에 의해

---

9   한국은 문(文)을 숭상하지만, 일본은 전사의 나라이다. 한국에서 무인은 항상 2등으로 평가되지만, 일본은 칼이 지배하는 사회이며 강압적인 호엔촐레른 가문을 대단히 존경하고 있다. 일본에 매춘부가 공공연히 존재한다는 사실은 한국에 충격적이다. 의회 후보자가 자신의 가치와 직무 적합성을 주장하면서 자신이 지역 변호사나 미곡상, 매춘부 조합장에게 후원받고 있다고 말할 때 불쾌감이나 특별한 반응을 불러일으키지 않는 것을 보면, 일본이 "매춘부"에 대해 독특한 견해를 가지고 있음을 알 수 있다. 매춘부에 대한 한국인의 시각은 미국인의 시각과 동일하다. 이러한 예에서 한국과 일본이 함께하기가 얼마나 어려운지 알 수 있다. James S. Gale, "The Missionary Outlook in Korea," *The Missionary Review of the World*, February, 1920, pp. 117-122. 3.1운동과 한국의 사정에서 재 인용

10   일본이 한국인 정치 운동가를 다루는 방법은 가혹할 뿐만 아니라 불필요하게 잔인하고 야만적이다. (중략) 그녀는 단지 만세를 외쳤다는 이유로 어떻게 머리채를 잡혀 땅에 내던져졌으며, 온몸을 발로 차이고, 아침 10시 30분부터 해가 질 때까지 나무에 묶여..(중략) 그의 세 아들과 세 손자는 "대한 독립 만세"를 외쳤다는 이유로 집에서 끌려 나와 일렬로 묶여 총살당했다.(중략) 장교에게 공격받아 등에 칼을 맞은 여학생을 보았다. 정보를 캐내기 위해 뜨겁게 달군 인두로 다리를 지지는 고문을 받은 소년도 보았고, 한 손가락으로 천장에 매달리는 고문을 받은 남자도 보았다. 두 여성은 고집이 세서 일본군의 명령을 따르지 않는다는 이유로 한 명은 총으로, 다른 한 명은 칼로 살해되었다.

자행된 고문과 감옥에 대해 서술하고 있다. 저자는 Nathaniel Peffer, The Truth About Korea 이 자신의 저서에서 인용한 "..이 세상에 지옥이라 불릴 만한 곳이 있다면, 그곳은 한국에 있는 일본 감옥이다.." 라는 문장으로 이 장을 시작하고있다. 핸리 정이 인용한 저서에는 일본 경찰이 행한 고문에 대한 잔악함 그대로 들어난다.

소년을 포함해서 남자들은 팔을 묶인 채 천장에 매달리기 때문에 체중이 어깨에 가해진다. 그런 상태로 의식을 잃을 때까지 몸을 올렸다 내렸다 한다. 뜨겁게 달군 철사 위에 손가락을 누른다. 벌거벗은 몸을 날카로운 갈고리로 찢거나 뜨거운 인두로 지지고, 펜치로 발톱을 뽑는다. 남자들을 좁은 상자에 넣고 비틀어 조인다. 손을 묶고 얼굴을 뒤로 젖힌 뒤 뜨거운 물이나 고춧가루를 콧구멍에 쏟아붓는다. 나무 조각을 손톱 밑에 깊숙이 찔러 넣는다. 병원으로 옮겨져 죽은 피부 조직을 제거해야 할 만큼 구타당한다. 구타당해 죽는 경우도 많다. 보고되지 않은 고문도 여러 종류가 있다. 고문은 한두 번으로 끝나지 않고 피해자가 자백할 것이 있건 없건 자백할 때까지 낮이고 밤이고 반복적으로 한 번에 몇 시간씩 계속된다. 심지어 무엇을 인정했는지조차 모르는 채 무조건 '예'라고 대답하는 경우도 있다.[11]

또한 J. W. 허스트(J. W. Hirst) 박사가 1920년 4월 미국에 왔을 때 그와 나누었던 이야기를 서술하며, 일본의 고문이 얼마나 광범위하고 자주 이루어졌는지 설명한다. 허스트박사의 보고에 다르면 1919년

11   Nathaniel Peffer, *The Truth About Korea* (pamphlet), p. 24.

한해에만 세브란스 병원에서 76건의 괴저 및 피부 이식 수술을 했는데, 이 모든 환자가 고문의 희생자였다는 것이다. 또한 1919년 7월 13일자 *New York Times*에 선고사가 기고한 글을 토대로 일본의 야만적인 고문 형태를 소개하고 있다.

> "이 일이 있은 후, 우리 제화공 소년이 심하게 맞아서 거의 죽을 지경이라는 소식을 들었다……. 나는 병원으로 그를 보러 갔다." "그가 병원에 입원할 수 있었던 것은 경찰이 자신들의 손으로 그를 죽이고 싶지 않았거나, 그가 기적적으로 회복하는 것을 보고 그에 대한 고문을 연장하려 했거나 둘 중 하나의 이유에서였을 것이었다. (중략).."나는 그의 다리 위쪽에 깊게 새겨진 화상 자국을 보았다. 그것은 빨갛게 달군 인두로 지진 5인치 정도의 상처였다. 이런 상처는 4개나 되었다. 나는 그의 손에 남겨진, 구타로 인해 생긴 한 줄기 죽은 피부의 선을 보았는데, 그의 한쪽 손이 보통 크기의 두 배 정도로 부어 있었다고 말했다.(후략)[12]

이 기사와 더불어 3·1운동에 참가한 여성들에 대한 선교사의 보고는 미국사회에 큰 충격을 주었다. 1919년 4월 22일 공개된 미국 장로교회의 보고서에는 한국 거주 미국 선교사의 기고문이 실려있다.[13]

> "독립운동 활동으로 체포된 여성들에 대한 조사는 가장 수치스럽고 굴욕적인 형태로 진행된다. 기억해야 할 것은 일본인은 이

---

12 *New York Times*, July 13, 1919.
13 1919년 4월 22일 공개된 미국 장로교회의 보고서

성 앞에서 나체가 되어도 별로 부끄러워하지 않는다는 점이다. 반면, 한국과 중국 여성은 유럽인과 같은 섬세한 감정을 지니고 있다. 그들은 다른 사람이 자신의 몸을 보면 심한 수치심을 느낀다."

"일본인은 이런 사실을 잘 알고 있기 때문에 한국 여성을 취조실에 들여보내기 전에 완전히 벌거벗긴다.(중략) "여기서부터 다른 사람이 볼 수 있는 열린 공간을 가로질러 가야 한다. (중략) 독일인이 벨기에와 프랑스에서 여성을 심하게 다루었다는 얘기를 들었다. 여기서 행해지는 행동이 그와 같은 부류임은 틀림없다."

1919년 7월 17일 의회에 제출되어 '의회 기록'에 수록된 한국 정세에 관한 다수의 문서가 이러한 한국의 상황을 다루고 있다. 다음은 서울에 있는 미국 감리교 여자 전문학교 이화학당 학생의 이야기이다.

3월 5일, 나는 남대문에서 우리나라의 독립을 요구하는 행진에 참여했다. 우리가 궁궐에 다다랐을 무렵, 일본 경찰이 나의 머리카락을 잡아채더니 난폭하게 나를 땅에 내던졌다. 그는 무자비하게 나를 걷어찼고, 나는 거의 정신을 잃을 지경이었다. 그는 내 머리채를 잡은 채 나를 종로 경찰서까지 끌고 갔다. 경찰서 입구에 줄지어 서 있던 20여 명 이상의 일본 경찰이 나를 발로 차고 칼로 때렸다. 나는 얼굴을 너무나 많이 맞아서 나중에는 그들이 나를 때리는지 다른 사람을 때리는지 구별하지 못할 정도였다. 나는 방으로 끌려갔다. 그들은 나는 바닥으로 질질 끌고 갔고, 내 얼굴을 때렸다. 칼로 마구 구타하고 방 한구석에 나를 내던졌다. 그 이후의 일이 기억나지 않는 걸 보면, 그때쯤 정신을 잃은 것 같다.(중략) 나는 가슴을 드러내라는 명령을 받았다. 내가 명령을 거부하자 그들은 내 윗옷을 찢어버렸다. 그리고 내 손가락을 묶은 뒤 거칠게 비틀었다. 나는 눈을 감고 바닥에 쓰러졌다. (중략) 그리고 나에게 달려들어 내 젖가슴을 움켜잡고 거칠게 내 몸을 흔들었다.(후략)

C. V. 에먼스(C. V. Emmons)는 잡지에 실린 "훈족 왜놈 - 그의 기록을 보라!"라는 기사에서 위와 같은 종류의 이야기를 들려준 뒤 다음과 같이 논평하고 있다.

미국과 상관없는 일이라고? 만약 이러한 행동이 일본이 미국에게 가장 좋은 모습을 보여주던 지난 몇 달 동안 저지른 짓이라면, 조선을 통치하며 비밀리에 이들이 저지른 수년간의 기록은 과연 어떠한 것일까? 같은 피부색을 가진 사람들에게도 이런 끔찍한 짓을 저지르는데, 과연 다른 민족에게는 어떤 짓을 할 것인가? 일본이 지닌 예술과 문명 그리고 서구적 이상이 평화 시에 일본을 이렇게 행동하도록 방치한다면, 전쟁 시에는 어떻게 행동하도록 할까?[14]

---

14   C. V. Emmons, "The Jap Hun—Read His Record," in Uncle Sam (New York), a monthly published for service men, by Guy Empey, January, 1920.

실제적인 구타와 고문이 없는 경우에도 수감자들은 극도로 혐오스러운 대우를 받는다. 예를 들면, 남자와 여자가 같이 더러운 물로 몸을 씻도록 강요받는다. 소녀 수감자 중 한 명은 이렇게 말했다. "한 개의 욕조를 가지고 140명이 목욕해야 했습니다. 물이 너무 더럽고 냄새가 나서 어지러울 지경이었습니다." 1919년 8월 극동에서 돌아온 '신문 기업 협회(Newspaper Enterprise Association)'의 소녀 전쟁 특파원 페기 헐(Peggy Hull)은 한국의 감옥에 관해 얘기한 뒤, 한국 수감자를 이렇게 처우한 일본 관리를 변호하면서 다음과 같이 덧붙였다.

> 일본에 관해 공정하게 말하자면, 일본 자국 내에서는 남자와 여자가 같은 탈의실을 사용하며 성(性)과 관계없이 같은 욕조에서 목욕한다는 점을 지적하지 않을 수 없다. 심지어 그들은 이웃 사람이 목욕하는 시간에 방문하기도 하는데, 우리가 머리 빗는 정도 이상으로 그것에 대해 생각하지 않는다. 반면, 한국 여성들은 극도로 정숙해서 한국 가정에는 그런 정도의 자유로운 친밀감은 존재하지 않는다.[15]

《시카고 데일리 뉴스》 북경 특파원 윌리엄 R. 자일스(William R. Giles)는 1919년 4월에 한국에 있었는데, 그가 평양에 있는 한 형무소에서 가로 10피트(3m), 세로 6피트(1.8m)의 방에 30명이 수감되어 있는 것을 보았다는 점을 기록하고 있다. 그가 본바에 따르면 고문은 취조실에서 받는데 이 방은 꽤 넓었다. "최근 일본의 공식 잡지는 한국 감방에 관한 기사를 쓰면서, 이곳이 헬스클럽과 같은 곳이며, 기

---

15 Peggy Hull in San *Bernardino Index* (San Bernardino, Calif.), August 8, 1919.

술학교처럼 장비가 잘 갖춰져 있다고 주장"하는 위선과 만행을 저질렀다.[16]고 고발하고 있다. 또한 일본이 한국의 경제 발전에 기여했다는 내용에 대해 피츠버그 대학교 크레인(T. A. Crane) 교수가 《뉴욕 타임스》에 기고한 글을 소개하고 있다.

나는 한국에 있었을 때나 지금이나 변함없이, 일본의 의도는 모든 한국인을 실질적인 노예로 만들려 하는 것이라고 생각한다. 즉 한국인과의 거래는 농산물과 예술품으로 한정하고, 정부의 행정 업무와 금융 및 상거래 그리고 기타 이익이 많이 나는 분야는 일본인 이민자에게 맡기는 것이다. 달리 말하자면, 한국은 현지인에 대한 의무감 같은 것은 전혀 없는 일본의 이익을 위해 전면적으로 착취당하고 있는 것이다.

크레인 교수에 의하면 일본이 한국을 점령한 이후 국부(國富)의 총량은 증가했지만, 한국인의 경제적 지위는 과거보다 훨씬 나빠졌다는 것이다. 한국이 일본에 병합된 후 150만 명 이상의 한국인이 일본의 군사적 압제를 피하거나 일본의 통치로 야기된 경제적 압박에서 탈출하기 위해 중국과 시베리아로 이주했다는 점에서 일본의 가혹한 경제적 수탈을 가늠해 볼 수 있다는 것이다. 뿐만 아니라 문화적인 부분에서 한국의 지적유산에 대한 훼손이 이루어졌는데, 병합 이후 데라우치가 가장 먼저 했던 일 중 하나는 학교나 도서관, 민간 가정에서 한국 역사서와 저명한 인물의 전기를 거둬들여 불태운 일이었

---

16   Peggy Hull in San *Bernardino Index* (San Bernardino, Calif.), August 8, 1919.

다는 것이다.[17]

더불어 일본이 주장하는 한국의 근대화에 대해서도 날카로운 비판을 가한다. 특히 미국 내 일본의 대변인들이 일본이 한국 젊은이를 교육하기 위해 좋은 학교를 많이 세웠다고 수시로 말하는데, 이 점도 사실이 아니라는 것이다. 오로지 한국인에 대한 교육 목표가 1911년 8월 23일 공포된 제국 칙령 229호에 제시된대로 "충성스럽고 선량한 국민을 육성하는 데 있다."는 것인데, 이는 한국인을 충직한 일본 국민으로 만들기 위해 모든 것을 희생해야 한다는 뜻이다. 일본 정부는 한국 젊은이들의 머릿속에 일본 애국심을 세뇌하는 정책을 거침없이 강요하고 있다. 일본의 한국 통치는 처음부터 끝까지 오류로 가득 찬 비극이다. 일본은 처음부터 비스마르크의 방식을 따라 정복 정책을 추진하는 잘못을 저질렀다. 게다가 다른 사람의 심리 상태를 파악하지 못하는 이 특이한 독일인의 근시안적 성격을 모방한 듯 보인다. 만약 일본 관리들이 한국인에게 인기 없는 방식을 고안하기 위해 밤을 새웠다면 더 완전한 성공은 불가능했을 것이다.[18]

이와 더불어 일본이 조선을 통치하며 저지른 가장 나쁜일은 사회악을 조장하고, 마약을 승인하고 보호하며, 교회를 박해 했다는 것이다. 특히 마약의 양성화에 대해《런던 데일리 메일》전쟁 특파원 F.

---

17 한국에 파견된 캐나다인 의료 선교사 프랭크 W. 스코필드 박사가 예일 신학교 교장 J. W. 그레이브스(J. W. Graves)에게 보낸 편지. 이 편지에서 스코필드 박사는 일본의 한국 역사서 파괴에 관해 언급했다. 이 편지는 1919년 12월 30일 *New Haven Journal-Courier*에 수록되어 출판되었다.
   나다니엘 페퍼(Nathaniel Peffer)는 팸플릿 *The Truth About Korea*에서 다음과 같이 말했다. "이처럼 한국 역사는 가르침이 허용되지 않았다. 병합 즉시 모든 한국 역사서는 몰수되어 파괴되었다. 민가는 조직적으로 수색 되었고, 한국의 발전을 얘기하는 모든 책은 불태워졌다. 그리고 책을 소유하고 있던 사람은 감옥에 갇혔다. 현재 한국 역사서를 소장하는 것은 범죄이다. 나는 자신의 조국에 관한 책을 읽은 죄로 구타당하고 감옥에 15~30일간 갇혔던 한국인들과 얘기를 나누었다."
18 Elsie McCormick, "The Iron Hand in Korea," *Christian Herald* (New York), Vol. 43, pp. 469, 493, April 17, 1920.

A. 매켄지(McKenzie)가 보고한 내용을 소개하며 일본의 정책을 비판
한다.

일본의 한 가지 행동이 그들을 가장 잘 아는 사람들조차 놀라
게 만들고 있다. 일본에서 아편 흡연은 무거운 처벌의 대상으
로 금지되고 있으며, 어떤 형태로든 국외로 반출하는 것을 막
기 위해 정교한 예방 조치가 취해지고 있다. 한국의 이전 정부
도 강력한 아편 방지법을 시행했었다. 그러나 일본은 현재 자
국민이 한국에 건너가 한국인에게 마약을 판매하는 것을 허용
하고 있다. 이 때문에 특히 북서 지역에서 마약 중독자가 양산
되고 있다.[19]

일본의 기독교 교회의 대한 박해는 선교사에 대한 탄압과 동시
에 이루지면서, 그 실상을 고발한다. 특히 1919년 3월 독립운동이 일
어나자 일본은 증오와 의혹의 눈으로 기독교인을 상대했다고 서술하
며, 교회를 훼손하고 미션 스쿨을 파괴하는 것이 일본 군인들의 가장
좋아하는 여흥 거리가 되었고, 기독교인은 학대를 위해 선별되었다는
점을 기록했다. 정한경은 캐나다 선교사가 1919년 4월 25일 다음과
같이 보고한 글을 소개하며 기독교의 상황을 가감 없이 보고한다.

그들(일본경찰)은 모든 수감자에게 선교사들이 봉기를 주도했는
지 강조해서 물었다. 모진 고문에도 우리가 진실을 말할 수 있
도록 힘을 주신 하나님께 감사드린다. 우리 읍에서만 천 명이

---

19 F. A. McKenzie, *The Tragedy of Korea*, p. 114.

넘는 한국인이 감옥에 갇혔다. 그들은 선교사들의 지도를 받아 독립운동을 하게 되었다는 진술을 얻기 위해 많은 기독교인을 구타하고 고문했다. 여자들은 남편과 아들이 어디에 있는지 말하라고 발길질 당하고 얻어맞았다. 어제 한 여인이 이곳으로 보내졌는데, 그녀의 몸은 박차가 달린 구두로 짓밟히고 심하게 손상되어 있었다. 최근 며칠간 일곱 명이 맞아 죽었다.[20]

이와 더불어 다른 곳에 거주하는 캐나다 출신의 여성 선교사가 캐나다 장로교 외국 선교 위원회 부총무 암스트롱(Armstrong) 목사에게 보낸 편지를 소개하며 일본 경찰이 행한 기독교 선교사에 대한 탄압을 보고하고 있다.

많은 교회가 불타고 있다. 당국이 기독교인들을 한 곳에 몰아넣고 군인들이 그곳을 에워쌌다. 그리고 그곳에 불을 지르고 총을 난사하였다. 탈출하려고 했던 사람은 총검과 맞닥뜨릴 뿐이었다. 건물은 불에 휩싸였고 총에 맞지 않은 사람은 불에 타 죽었다. 모두 서른한 명이었다. 훈족보다 더 나쁘고, 튀르크가 넘볼 수 없는 대학살이다. 감옥 안의 고문은 그날그날의 일과이다. 많은 사람이 채찍 자국을 지닌 채 죽어간다. 기독교인을 표적으로 삼는 공포의 시대이다. 이곳에 수감된 가여운 기독교인들은 매를 많이 맞는다. 선교사들이 한국인에게 독립 만세를 외치도록 사주했다고 말하라고 강요당할 때 특히 더 매를 맞는

---

20 Quoted by Rev. A. E. Armstrong in an article published in *The Toronto Globe*, Toronto, Canada, July 12, 1919.

다. 학교는 문을 닫았다. 다른 곳의 교회는 불에 타고 폐쇄되었지만, 우리 교회는 아직 문을 열고 있다. 3월 4일 내 남편은 '만세'를 외치며 시내로 달려 나갔다가 약 한 시간 후 크게 울부짖으며 돌아왔다. "세상에! 이런 잔혹한 일이! 쇠갈고리와 곤봉으로 무장한 일본 깡패들이 무기도 없는 불쌍한 한국인들을 갈기갈기 찢어발기고 있어!" 그는 머리에 깊은 상처를 입고 다리를 절뚝거리며 두 명의 깡패에게 끌려가는 여전도사의 남편을 보았다고 했다.

이상의 보고서가 미국 조야에 공개되자, 일본에 대한 미국의 여론은 급격히 악화되었다. 미국 국무부는 일본 대사를 초치하여 미국에서 일본의 평판이 나빠지고 있는 문제에 대해 심각하게 고려할 것을 주문하기도 했다고 한다.

정한경은 다음 장에서 한국인의 독립운동에 대해 언급하고 있다. 그는 일본이 진정한 의미에서 한국을 정복하지 못했으며, 한국도 일본을 자기 나라의 정당한 지배자로 인정하고 있지 않다고 서술하고 있다. 일본은 러일 전쟁 초기 한국의 정치적 독립과 영토 보전을 확실하게 보장하는 조건으로 군대를 이끌고 한국에 들어온 후 평화롭게 획득한 군사적 점령을 이용하여, 우호적인 이웃에서 조언자로, 조언자에서 보호자로, 보호자에서 최종 병합에 이르기까지 입장을 바꾸며 그대로 눌러앉아 버렸다고 서술하며 이것은 일본의 교묘한 선전 선동의 결과라고 강조한다. 이러한 일본의 외교 공작을 통해 일본이 한국인의 이익을 위해 한국을 흡수했다는 인상을 서양에 심어주었다는 것이다. 그러나 저자는 한국인이 순순히 일본의 지배를 받아들이지 않았다는 점을 강조한다. 특히 강력한 부장투쟁을 통하여 일본의 지배에 항거하고 있다는 점을 밝힌다. 그는 한국인 애국자 투사에 관해 《뉴욕 트리뷴》지(紙) 극동 특파원의 기사를 인용하며, 한국인의 독립의지와 전략을 소개한다.

만주와 시베리아에는 고국을 떠날 수밖에 없었던 약 1백만 명의 한국인이 살고 있다. 무력을 주장하는 사람들이 이들 한국인과 함께 일을 추진하고 있다. 그들은 이들 한국인을 훈련하고 이들과 함께 한국-시베리아 국경 지역의 외딴 일본군 초소들을 공격했다. 이들은 국내외의 한국인이 자발적으로 기부한 돈으로 시베리아에서 무기를 구입하고 장비를 갖췄다. 이 한국인들의 희망은, 요원한 것이긴 하지만, 언젠가 병력이 충분히 늘고 훈련을 통해 강력한 군사력을 확보하여 조직적으로 일본을 한국에서 몰아내는 것이다.
한국인이 볼셰비키와 연합하고 있다는 보도가 나온 것은 이러한 집단이 있기 때문이다. 이것은 어떤 측면에서는 사실이다. 러시아가 이 한국인들을 선동한 것은 사실이다. 러시아인 자신들도 모든 수단을 동원해서 일본에 반대하고 일본의 활동을 방해하려고 하기 때문이다. 또한, 그들은 시베리아에 있는 일본인에게 대항하기 위해 함께 할 수 있는 동료를 찾고 있다. 한국인이 시베리아 사람에게 도움을 받고 있는 것도 사실이다. 그러나 그들이 볼셰비키의 신조를 받아들였기 때문에 그런 행동을 하는 것은 아니다. 그들은 일본의 지배에서 벗어나 나라를 자유롭게 하겠다는 단 하나의 목적에 따라 행동한다. 그러한 목적을 달성하기 위해서라면 그들은 붉은 러시아건 하얀 미국이건 상대를 가리지 않고 어떠한 도움이라도 받을 것이다.[21]

정한경은 1919년 한국의 독립운동이 외국에 거주하는 한국인들의 영향을 받아 시작되있다는 일본의 주장을 반박한다. 특히 미국과 유럽에서 일본의 입장을 대변하고 선전하는 사람들이 진실을 외면한 채 선동하고 있다고 주장한다. 정한경은 1919년 한국의 독립운동은 1905년 일본이 무력으로 한국을 피보호국으로 만들었을 때 이미 태동하였다는 점과 한국인누구도 일본의 통치를 받아들이지 않았다는 점을 강한 어조로 주장하고 있다.

1921년의 상황에서 정한경은 세계 대전이 한국의 민족주의에 적지 않은 영향을 미쳤다는 점을 간명하게 주장한다. 그는 "어떤 민족도 원하지 않는 통치를 강요당해서는 안 된다."는 연합국 정치인들의 전쟁 목표를 소개하며, 이러한 점이 한국 국민의 투지를 더욱 강화했다고 밝히고 있다. 특히 동유럽의 폴란드 등 주권을 상실한 많은 나라가 베르사유 평화 회의에 조정을 요청하여, 윌슨(Wilson) 대통령이 민족 자결권을 인정하자, 한국도 그럴 자격이 있다는 점을 서술한다. 이후 3.1운동이 시작하게 된 배경, 지도자에 대해서 일본의 선전과 다른 내용 진실을 보고한다. 또한 3.1 독립선언서에 대해《로스앤젤레스 타임스》가 "우리가 생각하기에 이 선언서는 미국의 독립 선언문과 같은 수준으로 인간의 정신을 고양하고 있다. 손병희의 목소리를 들어보라. 광야에서 외치는 선지자의 목소리이다……. 멈춰 서서

---

21   New York *Tribune*, October 24, 1920.

그 목소리에 귀 기울일 수 있는 신의 은총을 이 미친 세상에 허락하시옵소서."[22]라고 논평한 것을 소개하며, 3·1운동이 숭고한 인류애에 바탕을 둔 것임을 강조한다. 정한경은 이승만에 대해서도 다음과 같은 평가를 내린다.

이승만 박사는 체코슬로바키아 공화국의 토마시 마사리크(Tomáš Garrigue Masaryk, 1850~1937)처럼 정치가이자 학자이다. 그는 1894년 갑오개혁에 적극적으로 참여했는데, 그 결과로 오랫동안 감옥에 투옥되었다. 감옥에서 풀려난 뒤 미국으로 건너와 하버드 대학교를 졸업하고, 프린스턴에서 우드로 윌슨에게 사사하여 철학 박사 학위를 받았다. 1910년 존 R. 모트(John R. Mott)는 이승만을 국제 YMCA 대표로 한국에 파견했다. 그러나 그는 일본의 방해로 그 일을 포기해야만 했다. 이승만은 하와이로 가서 《대한 태평양 잡지(The Korean Pacific Magazine)》를 발간하고, 한국 학교를 운영했다. 1919년 4월 전국 13개 도 대표들이 서울에 모였을 당시, 이승만은 만장일치로 공화국 임시 정부의 집정관총재로 선출되었다. 그는 많은 책을 저술했으며, 그의 이름은 모든 한국인의 입에 한 가족처럼 오르내리고 있다.

특히 일본을 대변하는 자들은 한국 임시 정부의 소재지 및 각료 대부분이 국내에 있지 않고, 강대국들이 새로 조직된 정부를 인정하지 않는다는 이유로 한국 정부를 "지상(紙上)공화국"이라 비웃다는 점을 들면서, 미국 정부가 1918년 9월 3일 체코슬로바키아가 교전국

---

22 Editorial, "The Dignity of Life," *Los Angeles Times*, April 6, 1919.

임을 인정했을 때, 체코슬로바키아 국민의회 위원은 단 한 사람도 체코슬로바키아에 있지 않았고, 마사리크는 워싱턴에, 스테파니크(Milan Rastislav Štefánik, 1880~1919)는 블라디보스토크에서, 베네시(Edvard Beneš, 1884~1948)는 파리에서, 다른 사람들은 런던이나 로마에서 독립운동을 지도 했다는 사실을 상기시킨다. 이러한 상황에서도 망명정부의 형태를 가진 체코슬로바키아 정부의 지위를 미국이 인정했다는 점을 들어 일본과 일본의 입장을 대변하는 이들을 반박한다. 정한경은 이승만이 주도하는 정부가 실질적이며 합법적인 존재라는 점을 부각하며, 체코슬로바키아와 다를바가 없다는 점을 강조한다.[23]

마지막으로 결론에서 정한경은 모든 한국인의 마음에는 일본에 대해 최소한 한 세대 동안은 지워지지 않을 쓰라림이 있다고 이야기한다. 이 쓰라림은 병합 이후 10년간의 압제 속에서 서서히 쌓여온 것으로, 3월의 비무장 평화 시위를 잔혹하게 분쇄함으로써 영원히 고착화 된 쓰라림이라고 갈파한다. 그리고 일본의 통치가 비극으로 끝날 것이라고 확언한다. 특히 한국 독립운동이 "전문 선동가"의 작품이 아니고 진정한 국민 차원의 운동이라는 점, 조직적이고 효율적으로 운영되어 오고 있다는 점에서 중요하며, 모든 한국인, 혹은 압도적인 다수가 그것을 느끼고 있다는 점을 강조한다. 또한 일본이 무슨 일을 하던 독립운동의 지도자들에게는 중요하지 않고, 그들 앞에

---

23 오스트리아-헝가리 제국의 후속국인 동유럽의 체코슬로바키아, 폴란드, 유고슬라비아 등은 전쟁의 종결과 더불어 자신들의 민족국가를 설립하기 위해, 임시정부, 혹은 망명정부를 구성하여 해외에서 많은 활동을 펼쳤다. 특히 정한경이 주목하였던 체코슬로바키아의 민족운동 지도자들은 미국, 프랑스, 런던 등지에서 오스트리아-헝가리 제국의 해체를 자신들의 민족국가를 형성할 수 있는 절호의 기회로 보고, 윌슨대통령을 비롯한 전승국들의 지도자들을 설득하기 위하여 진력하였다. 오스트리아-헝가리 제국의 해체와 동유럽의 민족국가 건설에 대해서는 시클로시 언드라시 저, 김지영 역, 『제국의 탈바꿈』 선인, 2022.를 참고할 것.

놓인 끔찍한 운명을 알면서도 독립운동을 이끌 뿐이라고 주장한다. 일본이 경찰과 군인을 통하여 가능한 모든 시위를 막기 위해 예방 조치를 취했지만, 한국인에게는 그런 것이 별 의미가 없고, 비록 무장도 하지 않고 방어력도 없는 상태지만 한국인은 자기 민족의 독특한 특성을 형성하는 의연한 용기와 확고한 낙천주의로 생명과 자유를 위한 투쟁을 계속할 것이라고 맺고 있다.

3
결론

　이 글에서는 정한경의 The Case of Korea에 실려있는 자료들을 토대로 3·1 운동의 세계사적 의미에 대해 검토해 보았다. 3·1운동이 한국의 독립운동, 일제의 무단 통치 등에 미친 영향은 두말할 나위 없이 분명하다. 그러나 3·1운동이 세계인에게 어떻게 비쳐졌으며, 이를 통하여 전 세계의 탄압받는 약소민족들이 투쟁과 해방의 전선에 나아가는데 기폭제가 되었다는 사실은 소략하게 알려져 있는 편이다. 정한경의 저서를 통하여 3·1운동의 실상과 일본의 야만적인 폭정이 미국 조야에 알려지게 되고 미국의 일본에 대한 시각을 변화시키는데 일조 했다는 점은 중요한 시시점을 준다. 그간 3,1 운동이 자주 언급되어 너무 식상해진 측면이 있다. 3·1운동의 의미와 정신에 대해 좀더 다양한 연구가 필요해 보인다. 특히 3·1운동의 세계사적 영향, 해외에서의 반응 등에 대해서는 보다 거시적인 관점에서 검토해 보아야 할 필요가 있다.

　이 글에서는 정한경의 저서를 토대로 주로 미국에서의 반응과 영향을 검토해 보았다. 3·1 운동에 대한 미국 이외 국가의 관심과 시각, 3·1 운동이 타 국가의 민족해방운동 도는 독립운동에 미친 영향에 대한 연구는 추후 과제로 남겨 두고자 한다.

참고문헌

원전

New York Tribune, October 24, 1920.

Los Angeles Times, "The Dignity of Life", April 6, 1919.

McKenzie, F. A., The Tragedy of Korea, 1908

Nathaniel Peffer, The Truth About Korea, 1919.

Armstrong, A. E. The Toronto Globe, (Toronto, July 12, 1919.)

Emmons, C. V., "The Jap Hun—Read His Record," Uncle Sam (New York, January, 1920.)

Gale, James S., "The Missionary Outlook in Korea," The Missionary Review of the World, (February, 1920.)

Hull, Peggy, San Bernardino Index (San Bernardino, August 8, 1919.)

McCormick, Elsie, "The Iron Hand in Korea," Christian Herald, Vol. 43, (New York)1920.)

시클로시 언드라시 저, 김지영 역, 제국의 탈바꿈 (서울, 보고사, 2022)

정한경 저, 김지영 역. 3.1 운동과 한국의 상황 (서울, 선인, 2020)

인터넷

https://www.yna.co.kr/search/index?query=%EC%99%B8%EC%8B%A0%EC%86%
8D%203%C2%B71%20%EC%9A%B4%EB%8F%99&from=20190214&to=2019032
1&period=diy

성강현

경희대학교 사학과 졸업
동의대학교 대학원 문학박사
동의대학교 역사인문교양학부 겸임교수

저서
『6·25전쟁 시기 천도교 포로 연구』
『6·25전쟁 시기 포로수용소와 포로들의 일상생활』
『전라도 전주 동학농민혁명』(공저)
『강원도 원주 동학농민혁명』(공저)
『충청도 옥천 동학농민혁명』(공저)

논문
「소파 방정환의 일본 유학 시기 연구」
「고부 동학농민혁명은 봉기인가 기포인가」
「3·1운동에서 의암 손병희의 역할에 대한 재조명」
「내포 동학농민혁명과 박인호」 등 다수

천도교의 3·1독립운동 활동과
탑골공원

이 글은 2023년 9월 15일 탑골공원 성역화 발기인회에서 주관한 '탑골공원 성역화를 위한 학술대회'에서 발표한 "탑골공원과 천도교"를 수정 보완한 것이다.

1
들어가며

탑골공원은 서울의 중심가에 위치한 우리나라 최초의 근대공원이다. 지금의 탑골공원 자리는 고려시대 남경(南京)이었던 한성의 흥복사(興福寺)가 자리 잡고 있었다. 조선이 건국하고 수도를 한성으로 천도하였고, 숭유억불 정책으로 인해 불교가 억압당하는 상황 속에서 한성의 중심부에 위치한 흥복사도 어려움을 겪었다. 그러나 세조가 불교를 장려하면서 흥복사를 원각사(圓覺寺)로 개칭하고 중건해 도성 내 제일의 대가람이 되었다. 그러나 성종의 억불정책 강화로 원각사의 위세는 약화되었고, 연산군 대에 큰 어려움을 겪었다. 연산군은 원각사에 장악원을 두었고, 이름도 연방원(聯芳院)이라고 고쳐 악사와 기생의 기거지로 삼았다.

이후 원각사는 한때 한성부 청사로 사용되었고, 중종 대 조광조(趙光祖)가 등용되어 성리학 중심의 통치체제가 구축되면서 원각사의 재목(材木)이 여러 공영건물의 부재로 뜯겨나가 절은 형체도 없이 사라졌다. 폐사지가 된 원각사에는 비와 10층 석탑만 남게 되었다. 이렇게 세인의 기억에서 사라졌던 원각사는 개항 이후 근대공원으로 탈바꿈하게 되었다. 개항 이후 내조(來朝)한 영국인 브라운의 건의로 1897년경에 국내 최초의 서양식 공원으로 탈바꿈했다. 공원 조성 후 황실 소속의 음악연구소를 두었다. 이처럼 탑골공원은 고려시대 창사(創寺) 이후 대한제국 시기까지 많은 변화를 겪었다.

탑골공원이 우리 역사의 주목을 받은 것은 기미 3·1독립운동이라는 역사적 사건에 기인(起因)한다. 일제강점기 최대 규모의 민족운동으로 대한민국 건국의 출발점이 된 3·1독립운동은 천도교·기독교·불교의 민족대표 33인의 이름으로 국내외에 조선의 독립은 선언한 일제강점기 최대의 독립운동이었다. 1919년 3월 1일 하오 2시 탑골공원에서 학생대표가 민족대표 33인이 서명한 독립선언서를 낭독하고 "대한독립만세"를 외쳤다. 그 울림은 전국으로 번졌고 나아가 해외까지 확산되었다. 3·1독립운동은 국내외 독립운동의 전기를 마련하였다. 국내에서는 제2의 3·1독립운동 등 수 많은 독립운동과 민족운동이 전개되었고, 해외에서는 대한민국임시정부의 수립과 만주와 연해주에서 전개된 무장 독립전쟁의 출발점이 되었다.

천도교단은 3·1독립운동에서 인적 물적 자원을 총집결했다. 천도교 제3세 교조 의암(義菴) 손병희(孫秉熙)를 위시해 전국의 명망있는 교단 원로 15명이 민족대표에 서명하였다. 그 여파로 3·1독립운동 직후 천도교중앙총부는 일경(日警)이 점령하고, 교단 재산을 몰수당하는 등 어려움에 처했다. 그러나 천도교 청년들이 교단을 수습하고 다시 역량을 집결해 민족운동의 주도적 세력을 담당했다. 3·1독립운동 이후에도 천도교는 국내에서는 어린이 운동으로 대표되는 신문화운동, 6·10만세운동, 신간회 운동, 조국광복회 운동, 멸왜기도 운동 등을 전개하였다. 국외에서는 대한민국임시정부 수립과 활동 지원, 만주와 연해주에서 전개된 무장 독립전쟁을 지원하고 동참하였다.

천도교가 일제강점기 국내 최대의 역량을 가진 조직으로 성장하고 민족운동의 구심점 역할을 할 수 있었던 데에는 교단의 최고책임자인 의암(義菴)이 있었기 때문이었다. 그는 교단을 국내 최고의 종단으로 성장시키고 세계 대세의 흐름을 주시하고 있었다. 종단의 발전보다 민족의 명운을 중시한 의암의 결단이 3·1독립운동의 성공을 가져왔다고 해도 과언이 아니다. 3·1독립운동이 성사되기까지의 숱한 어려움을 이겨낼 수 있었던 바탕에 의암의 종교적 종교적 역량과 보국안민 사상으로 무장한 천도교단의 민족 의식이 자리잡고 있었다. 탑골공원의 의암 동상 건립은 일제강점기 최대의 민족운동인 3·1독립운동을 영도한 그의 업적을 기리는 자주국민의 성원이 결실을 맺은 것이다.

본 연구는 천도교의 3·1독립운동에서의 활동과 탑골공원과의 관련성을 탐색하는 데 그 목적이 있다. 이를 위해 먼저 동학 천도교의 민족운동을 살펴보고, 이어서 탑골공원에서의 3·1운동이 개최되는 과정에서의 천도교의 역할과 3·1운동 이후의 탑골공원의 위상 변화를 추적해보고, 마지막으로 탑골공원의 의암 동상 건립 경위와 천도교의 탑골공원 지키미 활동에 관해 살펴보고자 한다. 이를 통해 탑골공원의 정체성 확립에서 3·1독립운동과 의암 동상이 갖고 있는 역사적 함의를 살펴보고자 한다.

2

동학·천도교의 민족운동

　동학(東學)은 1860년 4월 5일 수운(水雲) 최제우(崔濟愚)가 창도하였다. 경주에서 태어난 수운은 기존의 쇠락한 문명의 종언을 고하고 무너져가는 동아시아 질서 '천하'에 대치할 수 있는 시천주(侍天主)를 바탕으로 한 '다시 개벽'의 새로운 가치관과 보국안민책(輔國安民策)을 모색하였다.[1] 또한 수운은 서구 문명의 침투 속에서 자주적인 역량으로 이를 극복하려고 시도하였다. 그는 종교체험을 통해 사람이 한울님을 모신 거룩하고 존엄한 시천주(侍天主)의 존재임을 깨닫고 자기 집의 여종 2명을 며느리와 수양딸로 삼는 실천으로 우리 역사의 근대적 인간관에 바탕한 '다시 개벽'의 역사를 열었다.

　수운은 과거의 낡은 가치를 대담하게 부정하고 사상적 근대화와 실천운동을 과감히 전개하였다. 수운의 사상에는 유교, 불교, 도교 등 전통 종교와 무속, 주술, 풍수지리설 등 민간신앙과도 연결되어 있지만 그는 이러한 기존의 모든 사상을 주체적으로 종합하고 이를

1　신일철, 「최수운의 역사의식」, 『한국사상 12, 최수운연구』, 한국사상연구회, 1974, 15쪽.

자양분으로 삼았다. 수운의 구도 동기는 "천하가 분란하고 민심이 효박하여 어찌할 바를 알지 못하는"[2] 세상 사람들에게 살길을 찾아주기 위함이었다. 수운은 1860년 대각을 통해 보국안민과 광제창생의 방안을 제시했다. 특히 수운은 중국이 서양 세력에 의해 무너지는 대외적인 위기 상황과 문명적 절망 속에서 주체적 해답을 제시한 민족적 자각을 대표한다.[3]

수운은 유교적 질서 즉 지벌(地閥)·문벌(文閥)의 철폐를 주장한다. "우습다 저 사람은 지벌이 무엇이게 군자를 비유하며 문벌이 무엇이게 도덕을 의논하노"[4] 에서 보듯이 지벌·문벌은 군자(君子)나 도법(道法)과 인연이 먼 것으로 새로운 군자, 새로운 도덕 개념을 시천주라는 보편자[天]의 개인적 내재화로서 가능하다고 보았다.[5] 즉, 시천주는 근대적 의미의 자주적 인간의 발견이라고 할 수 있다. 수운은 동학을 창도한지 채 5년이 못 된 1864년 3월 10일 순도(殉道)하였다.

이러한 수운의 가르침은 제2세 교조 해월 최시형에 의해 더욱 실천적으로 민중에 파고들었다. 해월은 수운의 시천주 사상을 "천지만물이 한울님 아님이 없다(天地萬物 莫非侍天主)"로 재해석했다. 이를 토대로 해월은 사람뿐만 아니라 우주 만물 자체가 바로 한울님이므로 어린이도, 며느리도, 남의 종도, 날아가는 새도, 들에 핀 꽃도 모두 한울님으로 인식하였다. 그럴 뿐만 아니라 이를 기본사상으로 하여 해월의 사상적 특성도 '만민평등(萬民平等)', '천주직포(天主織布)', '새 소

---

2   『동경대전』,「논학문」. "天下紛亂 民心淆薄 莫知所向之地".
3   신일철, 앞의 논문, 18쪽.
4   『용담유사』,「도덕가」.
5   신일철, 앞의 논문, 41쪽.

리도 한울님', '이천식천(以天食天)' 등으로 재해석되었다.[6]

해월의 가르침은 당시 신분제 사회에서 고통받고 있던 서얼 출신의 양반과 중인층, 그리고 일반 평민과 천민들 사이에 새로운 메시지였으며 이는 동학 교세 확장으로 연결되었다. 또한 수운의 '다시 개벽'의 혁세(革世) 사상은 해월에 이르러 "이 세상의 운수는 천지가 개벽하던 처음의 운수를 회복한 것이니 세계 만물이 다시 포태의 수를 정치 않는 것이 없느니라. … 새 한울 새 땅에 사람과 물건이 새로워질 것이니라"고 확대 해석하고 있었다.[7]

시천주의 자주적 인간의 탄생과 평등사상을 강조하는 동학은 살길을 찾지 못해 방황하는 민중들에게 새로운 세상을 열어주는 한 줄기 빛이었다. 조선 후기 민중들은 1870년대 이후 지속하는 자연재해와 흉년으로 인한 내적인 경제 문제에다 개항 이후 나타난 청과 일본의 경제적 침탈들로 인한 경제 위기에 노출되어 있었다. 또한 중국이 서양에 패망하는 소식을 접하게 되면서 '순망치한(脣亡齒寒)'의 두려움에 휩싸여 있었다. 이러한 시대적 상황에서 동학은 민중 속으로 뿌리를 내리게 시작하였다. 특히 해월은 보국안민과 광제창생이라는 동학의 목적을 강조하면서 이를 위해서는 주문 수행을 통한 자주적 인간으로의 거듭남을 강조했다. 이러한 해월의 생활밀착형 포덕으로 1890년대 동학은 경상·충청·전라의 3남 지방에 급속히 번져갔다. 여기에는 수운의 유작(遺作)을 모아 편찬한 『동경대전』과 『용담유사』라는 동학 경전이 큰 역할을 하였다.

동학교단이 수십만의 세력을 형성하자 관에서는 통치이념인 성리

---

6   성주현, 「해월 최시형과 동학혁명」, 『동학과 동학혁명의 재인식』, 국학자료원, 2010, 101쪽.
7   위의 책, 102쪽.

학에 반한다는 이유로 탄압에 나섰다. 1891년 충청감사 조병식은 교세가 신장하고 있던 충청도의 동학 탄압에 열을 올리자 동학교단은 교조신원운동(敎祖伸寃運動)으로 대응했다. 이 운동을 통해 동학교단은 교조 수운의 억울한 죽음을 풀어 종교의 자유를 획득하고, 나아가 국정의 쇄신과 외세의 배격을 주장했다. 그러나 정부에서는 동학도의 주장을 무시하고 탄압을 멈추지 않았다. 당시 동학교단이 교조신원운동을 전개한 것은 서양에서 들어온 천주학에 대해서는 서구 열강을 의식해서 인정하면서 우리나라에서 만들어진 동학을 탄압하는 부당함의 표현이었다. 그래서 동학교단에서는 동학을 "동방(東方)의 학(學)" 또는 "동국(東國)의 학(學)"이라는 자주적인 측면을 강조하였다. 4차에 걸친 교조신원운동으로 동학교단은 탄압을 받으면서도 세상에 존재감을 분명히했다.

이러한 동학도와 민중들의 국정 쇄신과 외세 배격의 목소리에 주목하지 않고 가렴주구를 일삼는 지방관리에 대한 저항이 동학농민혁명으로 전개되었다. 전봉준(全琫準)의 고부기포를 조사하기 위해 파견된 안핵사 이용태는 진상규명 없이 동학도에 대한 일방적 탄압을 자행했다. 이에 전봉준은 호남의 대접주인 손화중(孫和仲)·김덕명(金德明)·김개남(金開南) 등과 함께 3월 대대적인 혁명의 기치를 들었다. 동학군은 황토현과 황룡촌 전투에서 승리하고 전라도의 수부(首府)인 전주를 점령함으로써 호남 일대를 장악하였다.

이에 고종은 자기 백성인 동학군을 진압하기 위해 청(淸)에 원군을 요청했다. 톈진조약에 따라 청군의 입국과 동시에 들어온 일본군도 인천을 거쳐 서울로 진입하였다. 청군과 일본군의 유입에 대해 염려한 양호초토사 홍계훈과 전봉준은 폐정개혁안 12개조를 확정하고 전주화약을 체결하였다. 이후 동학군은 전라도 각 군현에 집강소를 설치해 관민상화(官民相和)의 원칙으로 폐정을 개혁했다. 그러나 일본군은 청일전쟁을 일으키고 군사적 요충지를 장악하고 조선 정부의 협조를 이끌고자 경복궁을 점령하고 내정간섭을 본격화하였다. 청일전쟁에서 승기를 잡은 일본군은 동학군을 진압하면서 조선 정부에 동학군 진압을 요청하라는 압력을 지속해 보냈고 이에 굴복한 고종은 동학군을 역적으로 규정하고 일본군의 동학군 진압을 요청했다.

일본군의 경복궁 점거와 내정간섭을 지켜보던 전봉준은 호서의 동학군과 연합해 일본군을 몰아내자고 해월을 설득했다. 일본군에 의한 동학군 살육이 이어지자 해월은 총기포령을 내렸다. 1894년 9월 18일 해월은 의암 손병희에게 "통령(統領)"기를 주어 전봉준과 합세하라고 명령했다. 이에 전국의 동학도가 기포해 항일전쟁에 돌입하였다. 10월 중순 논산에서 합류한 전봉준과 손병희는 양호동학군(兩湖東學軍)을 결성하고 공주 점령을 위해 우금티에서 혈투를 벌였으나 우세한 일본군의 화력에 밀려 결국 좌절되고 말았다.

의암은 동학농민혁명에서 살아남은 몇 안 되는 최고지도자였다. 그는 해월을 보좌해 동학농민혁명으로 와해된 교단을 정비하였다. 이러한 활동을 인정받아 의암은 해월로부터 1897년 12월 24일 도통을 물려받아 동학의 제3세 교조가 되었다. 그는 시대의 흐름에 따라 1905년 교단의 이름을 천도교로 교명을 개칭하고 근대적 종교로 선언하였다. 1910년 의암은 일제에 국권을 강탈당한 후 "10년 만에 내 힘으로 나라를 되찾겠다"라고 말하고 천도교의 교세를 신장시켜 독립운동을 준비했다. 이에 천도교단은 국내 최대의 종단으로 성장하였다.

3·1독립운동은 제1차 세계대전 이후 국제적인 상황이 우리에게 유리하게 돌아가자 이를 포착해 성사시킨 일제강점기 우리 민족 최대의 독립운동이었다. 천도교단은 교단의 모든 역량을 동원에 일제로부터의 독립을 추구하였다. 서울에서 지방까지 전국에서 이루어진 3·1독립운동의 주역 가운데 천도교인이 적지 않다. 3·1독립운동 직후인 1919년 3월 20일경 조선총독부에서 제작한 3·1독립운동 계보도에 천도교주 손병희를 "대수령(大首領)"이라고 한 것은 천도교와 의암의 역할을 정점에 있었음을 보여주는 증거이다. 천도교는 이후 6·10만세운동, 신간회 활동, 조국광복회 활동 등 국내에서의 독립운동과 민족운동을 전개하였고, 국외에서는 신숙, 최동오 등이 무장독립전쟁에 참여하는 등 일제강점기 민족운동의 주도적인 역할을 전개하였다.

3

탑골공원과 3·1독립운동

  탑골공원이 우리 민족운동사에서 의미 있는 공간으로 자리매김한 것은 3·1독립운동의 현장이었다는 사실이다. 물론 탑골공원은 우리 나라 최초의 근대적 공원으로 조성되었다는 측면에서도 역사적 의미 가 있다. 1893년 영국인 브라운(J.M.Brown)이 총세무사로 조선에 와서 1897년에 폐허가 된 원각사 터에 탑골공원을 조성하였다. 공원으로 만들어진 직후인 1900년경에 팔각정이 세워졌다. 조성 초기에는 황실 의 음악 연주회장으로 사용되는 등 황실의 부속시설로 사용되었다. 그러나 일제에 의해 국권이 피탈된 후 주인을 잃은 탑골공원은 1913 년 일반인도 평일에 이용할 수 있는 '공원'으로 개방되었다.

  탑골공원이 우리의 기억에 자리잡게 된 것은 3·1독립운동의 진원 지라는 사실이다. 탑골공원에서 독립선언서를 낭독하기로 결정한 이유는 지정학적인 요인이었다. 이에 대해 3·1독립운동을 준비했던 최린은 다음과 같이 언급하였다.

다음 거사의 장소를 탑골공원으로 정한 것은 서울에서는 중심
구역으로서 어느 때든지 다수의 사람이 집산하는 곳이기 때문
이다.[8]

즉, 탑골공원은 서울의 중심부에 위치하고 있어서 만세운동에 참
여하는 사람들이 모이기에 가장 좋은 환경이었다. 우선 탑골공원은
당시 교통 환경에서 확인할 수 있다. 서울의 전차 노선이 일제강점
기 들어서 확장되었고 그 중심에 종로가 있었다. 1915년 서울의 전차
는 종로 ~ 남대문 ~ 동자동 간의 노선을 복선화하고, 종로 ~ 동대
문 간 역시 복선화하였다. 따라서 종로는 서울에서 교통이 가장 편
리한 지역이었다. 다음으로 탑골공원의 주변에 3·1독립운동의 핵심
적인 역할을 했던 천도교중앙대교당이 건설 중이었다. 독립선언서를
인쇄한 보성사도 가까이 있었다. 또한 경성의전, 중앙학교, 보성학교
등 학교가 밀집해 있어서 인원 동원에도 유리했다. 이러한 점들로 인
해 민족대표들은 탑골공원을 독립선언서를 낭독할 최적의 장소로 선
정하였다.

다음으로 3·1독립운동의 준비 과정에서 천도교의 역할에 대해 간
략히 살펴보고자 한다. 3·1독립운동은 일제강점기 최대의 민족운동
이었다. 제1차 세계대전 이후 파리강화회의에서 동유럽 국가의 독립
을 가져온 윌슨의 민족자결주의에 관한 내용을 파악한 의암은 1919
년 1월 하순 최린, 권동진, 오세창을 불러 다음과 같이 지시했다.

장차 우리 면전에 전개될 시국은 참으로 중대하다. 우리들은 이

---

8   여암선생문집편찬위원회, 『여암문집(상)』, 1971, 194쪽.

천재일우의 호기를 무위무능하게 간과할 수 없는 일이다. 내 이미 정한 바 있으니 제군은 십분 분발하여 대사를 그릇됨이 없이 하라.[9]

이렇게 독립운동 전개하기로 결정한 의암과 천도교단의 핵심인물 3인은 독립운동을 "일원화, 대중화, 비폭력화"의 3원칙으로 전개하기로 하였다. 국권 피탈 이후 기본권이 박탈당한 가운데 그나마 결사가 가능한 곳은 종교단체와 학교뿐이었다. 3인은 당시 명망이 있었던 구한국의 관료를 만났으나 모두 회피하자 늙은 소보다는 젊은 양이 낫다는 말로 종교계를 중심으로 민족대표 선정에 나섰다. 최린은 최남선을 통해 기독교계와 접선해 이승훈, 길선주, 함태영 등 장로교와 감리교 목사를 만나 동의를 얻었다. 한용운을 통해 불교계와 접촉했느나 시간이 급박하여 백용성만 동참하기로 하였다. 이렇게 민족대표 33인이 정해졌다.

독립선언서는 최남선이 쓰고 인쇄는 천도교에서 운영하는 보성사에서 맡았다. 보성사 사장 이종일은 의암이 적자를 보면서도 보성사를 운영한 연유를 기미독립선언서 인쇄를 부탁한 것에서 알 수 있었다고 비망록에 적었다. 또한 인쇄 과정에서 종로서의 신승희에게 발각되는 위기일발의 순간을 맞았지만, 의암이 5천원의 돈으로 신 형사를 매수해 어렵사리 '기미독립선언서'를 인쇄할 수 있었다.[10] 이렇게 인쇄된 기미독립선언서는 2월 25일부터 전국으로 퍼져나갔다. 기미독립선언서의 배포는 서울 시내에서는 학생단과 불교가 맡았고, 지방은 천도

9   위의 책, 196쪽.
10   이창번, 『천도교와 3·1운동』, 천도교중앙총부 교화관, 2020, 84~85쪽 참조.

교와 기독교에서 분담해서 인원을 파악하기로 하였다. 학생단에서는 2월 28일 시내 각 전문학교를 대표와 중등학교 대표 수십 명이 승동 예배당에 모여 시내 각처에 선언서를 배포할 것과 3월 1일 오후 2시에 탑골공원에 모여서 시위운동을 전개할 것을 약속하였다.[11]

3·1독립운동을 전개하기 하루 전인 2월 28일 오후 5시 의암 선생의 별장에 상견례를 겸해 모인 민족대표 23인에게 의암 선생은 3·1독립운동의 역사적 의의에 대해 "금번 우리의 의거는 위로 조선의 신성 유업을 계승하고 아래로 자손 만대의 복리를 작흥하는 민족적 위업입니다. 이 성스러운 과업은 제현의 충의에 의지하여 반드시 성취될 줄로 믿어 의심치 않는 바입니다."라고 밝혔다. 이어서 의암 선생은 민족대표가 탑골공원의 선언서 낭독과 시위운동에 참여하면 발생한 문제점을 두 가지로 들었다. 하나는 다수의 학생과 민중이 모이면 군중심리로써 의외의 동요가 발생할 수 있다는 점과 다른 하나로 일본 경찰이 간계를 써서 현장을 혼란시켜서 폭동의 구실을 만들어 흉독한 강압수단을 취할 수 있다는 점을 들었다. 이에 민족대표들이 동의하여 민족대표는 별도로 인근의 명월관 지점인 태화관에서 기미독립선언서를 낭독하기로 결정했다.

3월 1일 탑골공원에서의 독립만세운동을 『동아일보』에서는 다음과 같이 상세하게 보도하였다.

탑골공원에 모였던 사람은 대부분 각학교 학생들이엇습니다 그들은 ○○선언서에서 명한 삼십삼인으로 된 중앙본부의 명령을 밧들어 시위항렬의 선구가 되엇는데 이러한 직접행동은 혈긔방

---

11   여암선생문집편찬위원회, 『여암문집(상)』, 1971, 197~198쪽,

장한 청년학생이 나서야 되는 줄을 알엇습니다. 그때 총본영인 삼십삼인(몇 명은 업섯지만)은 인사동, 지금은 태화녀자관이라는 학교가 되어잇는 당시 명월관지뎜에 모이어 가장 엄숙히 선언식을 거행하고 일동은 종ㅁㅁ림장한 경관들에게 취박되엇는데 그때 출동하얏든 경관의 대개는 종로서원으로 당시 조선인의 생살여탈의 권세를 쥐고잇는 듯이 위세가 당당하든 경무총감의 명령을 바더 행동한 것입니다

선도자이라고 할 수 잇는 삼십삼인은 대개 경무총감부로 수감되엇지만 열광한 시위 군중은 용이히 진압되지 안핫습니다 종로서는 응원까지 어더 불철주야하고 활동을 하며 헌병은 물론하고 군대까지 출동하야 겨우 주요한 인물 백이십여 명을 테포하얏습니다. 경관중에도 다수의 부상자가 잇섯거니와 수백으로 헤일 수 업시 만히 잡혀온 군중들도 목불인견의 참담한 광경을 보인 사람이 적지 안핫습니다 더욱 꼿가튼 녀학생의 초최한 자태는 구곡간장이 다 녹아버리는 듯 하얏습니다.[12]

위의 기사를 보면 탑골공원에서의 학생들의 시위가 민족대표의 지도로 이루어졌음을 밝히고 있다. 이는 민족대표들이 탑골공원에 참석하려다 만일의 사태에 대비해 별도로 태화관에 모인 것이지 탑골공원의 학생들과 분리된 별도의 모임이 아니었음을 확인할 수 있다. 서울의 일경지도부들이 태화관의 민족대표를 종로서로 수감하는 사이에 학생 중심의 탑골공원의 만세운동은 별다른 제지를 받지 않고 서울 시내로 확산될 수 있었다.

---

12 「종로서타령(4) 기미년 뒤를 이어 역전의 폭탄사건」, 『동아일보』, 1929.9.7.

탑골공원에서 시작한 "대한독립만세"의 열기가 삽시간에 전국으로 퍼져나갔다. 이렇게 민족사의 새 장을 연 탑골공원이 있는 종로는 '우리나라 신경의 중추'라고까지 언급할 정도의 역사적 평가를 받았다.

긔미년 운동의 만세 소리는 어듸서 이러낫스며 선언을 텬하에 발포하든 탑골공원도 여긔잇다. 종로에 인성(人聲)이 놉흐며 이천만 인생이 이에 화응하고 뎌성(蹄聲)이 한번 쩔치매 만도 강산이 이어 떨지 아니하엿는가 종로는 실로 반도신경의 중추이다[13]

3·1독립운동으로 탑골공원은 독립운동의 진원지로 자리매김했다. 이러한 사실은 다음의 기사를 통해 확인할 수 있다.

(가) 원적 경상남도 진주군 진주면 중안동 이백삼십구번지 조긔홍(趙琪洪)은 경성의학전문학교 삼년생인데 작년 삼월일일에 조선독립이 선언되매 탑골공원에서 만세를 부르고 그후 작년 사월경성시내 권태용이가 조선독립을 목뎍하고 조식한 경남단이라는데 가입…[14]

(나) 또 김상헌은 작년 삼월에 경성부 종로 이뎡목 탑골공원에서 손병희 외의 삼십이인이 모히어 독립선언서를 발포할 때에 다수의 사람과 가티 독립만세를 불느며 남대문과 대한문 압흐

13   「옥상에서 본 경성의 팔방(7)」, 『동아일보』, 1926.12.22.
14   「포고문을 송치 징역 1개월」, 『동아일보』, 1920.4.11.

로 단이면서 독립사상을 선젼하는 문서를 시내에 반포한 사실 이라더라[15]

(다) 작년 삼월 일일 탑골공원에서 "만세!" 소래가 이러나며 명월관지뎜 뎨일오실에서 조선민족대표자 삼십이인이 모히어서 "조선독립만세!"를 부르고 독립은 선언한 후로 손병희외 사십칠인은 서대문감옥 돌별늘 구들에서 답답한 더위와 아푼치위를 근격지 열여살달과 열이틀만에 오날 오전 팔시에 감옥에 매은 그네의 운명을 결단하는데 …

(가)에서는 진주의 조기홍이 경남단이라는 비밀결사를 조직했는데 경성의전 학생으로 3·1독립운동 당시 탑골공원에 만세를 불렀다는 사실을 강조하고 있다. (나)는 독립자금을 모금하던 김상헌이 탑골공원의 만세 시위에 참여해 만세를 불렀고 독립선언서를 각지에 배포하는 역할을 하였다는 내용이다. (다)는 3·1독립운동의 주동자 48인의 재판 기사에서 손병희 등 민족대표들이 탑골공원에서의 만세 시위의 주동자임을 밝히고 있다. 이처럼 당시 언론기사에서 제한적 방법 속에서도 탑골공원이 3·1독립운동이 일어난 독립운동의 진원지임을 강조하고 있었다.

3·1독립운동 이후 탑골공원이 독립운동의 진원지였다는 사실은 언론을 통해 거듭 알려졌지만, 탑골공원의 실상은 참담했다. 일제는 3·1독립운동 직후인 1920년대 초반 탑골공원을 거의 방치하다시피 하였다. 1925년 경성부 협의회에서 시내에 소공원 몇 개를 열어줄 것

15   「독립운동자오명」, 『동아일보』, 1920.6.1.

을 경성부에 건의하였는데 이때 탑골공원 방치에 관한 내용이 전해졌다.

(라) 공원을 만들기만 하면 무엇하나, 탑골공원을 볼작시면, 공원이 아니라 쓰레기 모흐는 곳인데, 눈가리고 아웅하는 수직은 제발좀 집어치워라 … 만세사건이 지난지 칠년된 오늘날까지 탑골공원의 두문은 첩첩히 다쳐두니 공원도 무슨 죄가 있는가, 차라리 그곳에 형무소나 하나 더 짓는 것이 엇더할가[16]

(마) 경성북부의 조선인을 위하야 해노앗다는 소위 탑골공원은 말이 공원이지 공원답게 헤노은 것이 업는 것은 새삼스럽게 말할 것도 업거니와 그 변소에를 들어가보면 소변보는 데는 텰사로 막아노코 소제는 처음 공원 만들때나 한번 하야 보앗섯는지 그 불결함이 생각만하여도 구역이 저절로 나게 하여 노앗거니 차라리 이와 가티 할바에애 그대로 문을 다처버리는 것이 낫지 안을는지 진소위 눈가리고 아웅하는 세옴이로군[17]

(라)는 경성부 협의회에서 서울에 소공원을 만들어달라는 건의를 긍정적으로 보고 있다는 내용에 대해 있는 탑골공원도 제대로 관리하지 못하면서 공원을 만들면 무엇하느냐는 비판을 담고 있다. (마)는 한 발짝 더나가서 탑골공원 변소의 예를 들어 공원의 관리가 이루어지지 않아 사람들로부터 외면당하고 있는 실상을 알리고 있다. 이런

---

16 「자명종」, 『조선일보』, 1925.4.26.
17 「자명종」, 『조선일보』, 1926.11.12.

기사를 통해 탑골공원에 대한 부정적 인식을 만들어 탑골공원의 역사적 의미와 위상을 깎아내렸다.

나아가 일제는 3·1독립운동의 진원지인 탑골공원을 없애려는 방안을 검토하였다. 이는 다음의 기사를 통해 확인할 수 있다.

북부조선인 시가에는 북편에 사직공원 중앙에 탑골공원이 있으나 사직공원은 넘어나 한구석에 잇고 탑골공원은 좁기가 짝이 없는데다가 하로가 지날수록 공원의 얼골이 초최하여 갈뿐임으로 북부시민은 일부러 장충단공원까지 가지 아니하면 산보할만한 곳이 업는터이더니 경성부에서는 수일전에 삼청동 뒷산 국유림에다 약 십이만평의 공원후보디를 내명하야 위선허가 여부를 총독부에 무럿다는바 그 후보가 엇더케될는지 시민의 주목을 끄는다하며 일설에 의지하면 북부중앙공원인 탑골의 긔미운동에 인연이 깁헛든 관계로 수선도 안코 그대로 내버려두엇으며 종종 폐벽하여 버린다는 말까지 떠도라다닌 일도 잇섯슴으로 이번에 삼청동 뒷산에다 공원을 만들게 되면 탑골은 없어지리라는 말이 유력하다하여 … 그런 일이 있다는 것은 유감입니다 하더라.[18]

탑골공원의 관리가 제대로 되지 않는다는 것을 빌미로 일제는 공원을 없애려고 시도했다는 것을 위의 기사를 통해 확인할 수 있다. 탑골공원은 비좁고 관리가 되지 않아 방치되어 있어서 삼청동에 대규모의 공원을 만들고 탑골공원은 없애려고 하였다. 이는 조선의 독

---

18   「폐지설전하는 탑동공원」, 『동아일보』, 1927.11.09.

립을 외친 상징적 공간인 탑골공원이 일제에 있어서는 치부처럼 여겨졌기 때문이었다. 그러나 탑골공원의 폐지에 대한 조선인들의 반대가 크자 총독부는 폐지하는 대신 관할권을 경성부에 넘겼다. 경성부로 관할권이 이전되었어도 탑골공원이 공원다운 공원으로 개수하지는 않았다.[19]

이후 탑골공원은 몇 차례의 변화를 겪었다. 경성부에서는 1932년에 탑골공원 안에 아동 놀이시설을 포함한 공원으로 새롭게 개장하기로 하였고, 탑골공원의 정비를 위해 경성부는 북청의 박기효로부터 1천 원의 기부금을 기계 설비비로 받아 정비 후 재개장했다.[20] 이후 탑골공원은 독립운동의 진원지로서의 인식은 축소되고 어린이 놀이시설과 청춘 남녀의 만남의 장소 등으로 (이어서) 이는 일제가 탑골공원이 독립운동의 상징인 것을 희석시키려는 작업이었다.

해방을 맞아 탑골공원은 3·1독립운동 나아가 독립운동의 성지로 자리잡아 갔다. 해방 이후 3·1독립운동과 탑골공원에 관한 기사가 나타나기 시작했지만, 본격적인 탑골공원과 3·1독립운동에 관한 기사는 광복 후 처음으로 맞는 1946년 3·1절이었다. 『조선일보』는 탑골공원의 사진을 싣고 "조선 민족의 "피의 기록"인 3·1독립운동의 정신은 그때 그날 맥치든 그대로 이래 춘풍추우 이심팔 성상 남산 으에 송백과 갓치 변치 않고 삼천만 우리 겨레의 혈관에 흘러흘러 광복의 날을 찾았다"[21]라고 보도하였다. 즉, 탑골공원을 3·1독립운동의 요람지라고 해설하며 기미독립선언서도 함께 실었다. 『동아일보』에서는

---

19 「쇠락한 탑동공원과 소속 쟁탈만 시비하는 당국」, 『조선일보』, 1929.6.11.
20 「아동공원의 시설에 일금 천원 기부」, 『동아일보』, 1933.6.28.; 「오 개년 계속사업으로 신장하는 시내 공원」, 『동아일보』, 1933.9.8.
21 「사진설명」, 『조선일보』, 1946.3.1.

손병희를 비롯한 민족대표의 공판 기록을 통해 탑골공원에서 시작된 3·1독립운동의 역사적 의의를 대대적으로 보도했다.[22]

해방 이후 최초의 3·1절 기념식은 탑골공원이 아닌 종로 보신각 앞의 사통 광장에서 열렸다. 이는 탑골공원이 협소해 전 국민적 관심이 집준된 민족적 쾌거를 담을 수 없었기 때문이었다. 이날의 기념식은 대한국민대표민주의원에서 주최한 기념식이 거행되었다. 이날 의장인 이승만, 부의장인 김규식, 총리인 김구와 임시정부 요인인 조완구, 유동열이 참석했고 33인 민족대표 가운데 천도교 장로인 권동진과 오세창 두 명이 특별참회를 하였다. 특히 오세창은 기념식에서 기미독립선언서를 낭독했다. 이날 보신각 타종식을 통해 조선의 독립을 만천하에 알렸다. 참석자들은 입을 모아 "국경(國慶)의 최고식전(最高式典)"이라고 역사적 기념일을 칭송했다.[23] 그러나 1947년부터 좌우의 갈등이 심화하여 3·1절 기념식은 따로 개최되었다. 각 종단에서도 3·1절 기념식을 치렀는데 천도교에서는 경운동 중앙대교당에서 기념식을 거행하였다.[24] 천도교단에서는 기념식을 마치고 가까이에 있는 태화관 터와 탑골공원을 찾아 3·1절에서 주도적인 역할을 교단의 업적을 상기했다.

이후 탑골공원은 민족대표의 추념 공간으로 활용되었다. 순국한 민족대표에 대한 '제1회 합동추념제'는 1949년부터 시작되었다. 이날 추념제는 3·1절 기념식이 열린 보신각 광장에서 기념식에 이어 오후 1시에 시작되었다. 이때까지 순국한 민족대표는 21명이었다.[25] 이날

22 「법정에 나타난 삼일항쟁(중)」, 『동아일보』, 1946.3.1.
23 「통일된 지유민주국의 기초 자손만대에 세워줌은 우리의 직책」, 『동아일보』, 1946.3.2.
24 「각종교측의 31예배」, 『동아일보』, 1946.3.1.
25 「영령이여 고이잠드소서 21사의 추념식 엄수」, 『동아일보』, 1949.3.3.

추념식에는 오세창과 오화영 2명의 민족대표와 유가족, 그리고 시민들이 함께했다. 그리고 1950년의 제2회 추모제부터는 탑골공원에서 이루어졌다.[26] 탑골공원에서 이루어진 1950년의 민족대표 순국추모제는 다음과 같이 보도하였다.

세계만방에 우리나라가 독립국이며 우리 민족이 자주국임을 선언하고 삼천만 민족의 대표로써 일제의 총검과 적권으로서 싸운 3십3인 중 2십2인의 영위를 추념하는 제2회 추념식은 지금으로부터 3십1년전 민족대표로서 3십3인이 『독립선언서』를 낭독한 탑골공원에서 낭독한 시간 즉 하오 2시를 기하여 제주 오세창씨를 비롯하여 유가족 및 3십3인 동지를 그리고 당시의 민족적 거사를 찬양하며 작고한 선렬을 추모하는 시민 다수 참석하에 엄숙히 거행되었다. 이날 식은 먼저 국기에 대한 경례 애국가 봉창 선렬에 대한 묵상이 있은 다음 경기중학 학생들이 연주하는 조악이 있었으며 어어 3십3인 중의 한분인 오화영씨의 기미 독립선언 당시의 민족적 거사를 회고하고 "내년에는 3 1정신으로 3천만이 하나되어 38선을 없애고 남북이 아나로 되어 3천리 강산에 국가도 하나 정부도 하나로 우리 민족이 행복을 누리게 됨을 작고하신 선렬에게 고하도록하자"는 개회사가 있었다. 그다음 조악이 있었으며 제주 오세창씨의 2십2위 영령에 고하는 추념사가 있었고 이어 이화여중 합창단의 주념가 합창 내무부 장관(대독) 이 사회부 장관 서울시장(대독) 애국선열 유각족후원 회장(대독)의 선렬을 추모하는 추념사가 각각 있었다 그리고 유

<hr>

26 「22영위 추념제도 엄수」, 『조선일보』, 1950.3.3.

가족 및 동지 여러분과 각계 내빈 다수의 분향이 있었고 주최 자측의 사의 표명으로 이날 추념식은 무사히 엄수되었다.[27]

순국한 민족대표에 대한 합동추념제는 한국전쟁으로 중단되었다가 종전 직후인 1954년 3·1절을 맞아 다시 열렸다.[28] 아래는 1955년의 추모제 행사 기사이다.

작(昨) 1일 삼일절을 맞이하여 기미만세운동의 첫 폭발장소이며 '독립선언문'을 낭독하고 일제의 총검 앞에 과감히 민족항거의 첫햇불을 들은 유서깊은 '탑골공원'에서는 하오 2시부터 '33인 유가족사업회'와 서울특별시 공동주최로 33인 중 작고하신 분의 추도식을 내외귀빈 및 일반시민 다수 참석한 가운데 엄숙히 집행하였다.[29]

이렇게 정부에서는 매년 광복회가 주관해서 정부 지원을 받아 범국민적인 행사로 탑골공원에서 거행하던 3·1절 추모식을 세종문화회관의 기념식과 중복된다는 이유로 1989년부터 취소했다. 이에 유족회 등에서 자발적으로 탑골공원에서 3·1독립운동 추모제를 거행하고 있다. 정부와 서울시의 무관심 속에서 탑골공원의 위상도 낮아졌다. 당시 정부의 탑골공원 경시를 지적하는 기사도 등장했다.

탑골공원에 대한 정부의 잘못된 시각은 지난 79년 '3·1운동선

27 「22영위 추념제도 엄수」, 『조선일보』, 1950.3.3.
28 「31절합동추념제 33인유가족회서 주최」, 『조선일보』, 1945.3.1.
29 「탑골공원서 추도식 거행」, 『동아일보』, 1955.3.2.

언기념상'을 뚜렷한 이유없이 삼청동 공원으로 철거했다가 여론이 악화되자 지난해 서대문구 현저동 독립공원으로 옮긴데서 잘 드러납니다. 세종문화회관에서 기념식을 거창하게 하면 뭘 합니까. 비좁더라도 현장의 숨소리가 배어있는 곳이라자지요.[30]

위의 기사에서는 정부뿐만 아니라 종로구청에 관해서도 일침을 가하고 있다. 종로구청 녹지과에서 구청의 0.04%인 3천만원으로 공원관리에만 매달려 독립운동의 얼이 서리는 곳이라기보다는 도심속의 평범한 놀이터로 푸대접하고 있다고 비판하였다.[31] 이렇게 정부의 탑골공원 경시는 문화재 지정도 어렵게 만들었다. 문화부는 1991년 10월 29일 문화재 위원회를 열어 탑골공원을 독립운동의 성지로 인정해 사적 254호로 지정했다. 탑골공원에서 "대한독립만세"를 외친 지 72년만의 일이었다.

그러나 탑골공원은 국민들 나아가 일본인들에게도 민족운동의 중심지로 알려져 있었다. 일제의 침략에 사죄하는 일본인들도 탑골공원의 의암 동상 앞에서 참회했다.

광복절인 15일 오전 11시 30분께 서울 종로구 종로3가 탑골공원 안의 의암 손병희 선생 동상 앞에는 일본인 40여 명이 고개를 숙인채 백발이 성성한 70대 한국인 노인으로부터 일장 호통을 듣고 있었다. … 이 일본인들은 지난 14일 한국에 와 3·1운동의 현장인 수원 제암리, 목천 독립기념관 등을 둘러본 뒤 이

30 「탑골공원 잊혀가는 3.1운동 진원지」, 『매일경제』, 1993.3.1.
31 「탑골공원 잊혀가는 3.1운동 진원지」, 『매일경제』, 1993.3.1.

날 일본정부의 사죄를 촉구하는 플래카드까지 준비해 탑골공원에 왔다.[32]

정부가 손을 놓고 있는 가운데 탑골공원의 성역정화 사업은 3·1운동기념사업회 등 민간이 주도했다. 3·1운동기념사업회는 매년 여러 차례 탑골공원을 청소하고 선열들의 뜻을 기리는 기념식을 거행하였다.

3·1운동기념사업회(이사장 이원범)은 1일 오전 8시 3·1운동 당시 독립선언서를 낭독했던 서울 종로구 탑골공원에서 '성역정화'(聖域淨化) 행사를 가졌다. 회원들은 이어 탑골공원안을 깔끔히 청소하고 독립선언서 공약 3장을 제창, 3·1운동 전신을 기린 뒤 …[33]

또한 탑골공원에서는 민족 통일운동과 관련한 다양한 행사가 개최되어 민족정기를 세우는 장소로써 명성을 이어 나갔다.

(바) 단기 4327년 개천절을 맞아 3일 오전 11시 서울 탑골공원에서는 개천절봉행국민대회(공동대표 안호상)가 열렸다. 이 대회에는 처음으로 불교 조계종과 원불교, 성균관, 천도교의 대표와 신도들이 참석한다.[34]

---

32 「탑골공원서 고개숙인 일본인」, 『한겨레』, 1992.8.15.
33 「3.1운동기념회 '탑골공원 성역정화' 행사」, 『동아일보』. 1995.9.2.
34 「개천철 봉행국민대회 3일 서울 탑골공원」, 『동아일보』, 1994.10.2.

(사) 한국여성단체연합(회장 조화순)과 정신대문제대책협의회(공동 대표 이효지 문정옥 박순금)은 17일 오후 3시 서울 탑골공원 팔각 정 앞에서 종군위안부 할머니들을 위한 추모제 '정신대아리랑' 행사를 갖는다.[35]

(아) 제주 4.3 50주년을 맞아 서울과 제주도에서 다양한 행사가 열린다. 일본에서도 재일교포를 중심으로 추모제와 추모음악회 가 열린다. '4.3 제50주년 기념사업추진 범국민위원회'는 4일 오 후 2시 서울 탑골공원에서 기념식 및 명예회복 촉구대회를 가 진 후 종로5가까지 행진할 예정이다.[36]

(바)는 개천절 행사, (사)는 종군위안부 추모제 행사, (사)는 제주 4.3 사건 행사이다. 이처럼 탑골공원은 민족운동의 중추로써 지금까 지도 민족정기를 바로 세우는 다양한 행사가 이어지고 있다.

민족사의 중추로서 역할을 했던 탑골공원은 그 위상에 걸맞은 보 호가 이루어지지 못하고 현재까지 이어오고 있다. 서울시에서는 1967 년 의암 동상 건립 이후 공원 둘레에 U자형 현대식 아케이드를 짓기 로 개수하고 낙원상가를 정비하는 개수 작업을 했다. 이후 1983년 7 월 정비계획이 마련되어 67년에 지었던 아케이드를 철거해 공원의 면 적을 일부 늘리고 3·1독립운동 관련 부조판을 재설치고 공원 입구 의 건물들을 철거해 면모를 일신했다. 그리고 2002년 월드컵을 앞두 고 2000년 탑골공원 성역화를 위한 공원재정비를 추진했다. 이때 현

---

35 「정신대 추모제-17일 탑골공원」, 『조선일보』, 1992.10.13.
36 「제주4.3 50돌 오늘 탑골공원서 기념식」, 『동아일보』, 1998.4.4.

상공모를 통해 우수작은 선정해 재정비에 활용한다고 하였다. 공모전 결과 ㈜ 조경설계 서안이 공모작으로 당선되었다. 그러나 이 공모안에서는 의암 선생 동상 이전 등 3·1독립운동 관련 기념물을 공원 입구의 일부분으로 축소해 논란이 일었다. 특히 천도교단에서는 의암 동상 이전을 강력히 반대해 원래의 공모전은 수정되었다.

천도교단과 3·1독립운동 관련단체의 반대로 의암 동상 이전 없이 공원재정비가 이루어졌다. 2001년의 성역화 사업 이후 최근까지도 탑골공원은 독립운동 발상지로서의 위상에 걸맞는 정비가 이루어지고 있지 않으며 천도교단을 포함한 일부 민족운동 단체들만이 3·1독립운동에 관련한 행사를 하고 있다. 탑골공원이 민족정신의 중심지로 인식되지 못하고 나아가 다양한 계층의 활발한 이용이 이루어지지 않고 있다. 이는 기념 공간으로서의 정체성에 대한 모호성에 기인한다고 할 수 있겠다.[37]

---

37 한성미, 「탑골공원의 장소 정체성에 대한 연구」, 『한국조경학회지』 44-3, 한국조경학외, 2016.6, 35~36쪽.

4

탑골공원의 의암 손병히 동상 건립

   3·1독립운동에서 의암이 차지하는 위상은 앞 장에서 언급한 일제의 보고서 속 "대수령(大首領)"이라는 용어로 확인할 수 있다. 이러한 사실은 당시의 언론 보도에서도 확인할 수 있다. 당시의 언론에서는 3·1독립운동으로 재판 보도에 "손병히 일파 47인"[38], "손병희의 음모에서 발생하였다"[39] "손병희 외 46인"[40], 더 나아가 "수령(首領) 손병희 이외 46인"[41]으로 기사를 작성해 의암이 3·1독립운동의 영도자임을 밝혔다. 일제강점기 의암에 관한 기사가 270여 건[42]에 달할 정도로 일제는 의암과 천도교의 동향을 예의 주시했다. 『동아일보』의 중외편집장을 맡았던 김형원(金炯元)은 창간 이후 10년간 가장 큰 사건의 하나로 의암 사망과 관련한 "큰호외"의 발행이라고 언급하였다.

---

38 「47인의 공판」, 『동아일보』, 1920.4.1.
39 「조선소요에 대한 일본여론을 비평함(1)」, 『동아일보』, 1920.4.2.
40 「민족자결=독립선포의 손병희외46인 제1회공판」, 『조선일보』, 1920.6.25.
41 「47인공판과 일만팔천항의 서류」, 『동아일보』, 1920.6.26.
42 네이버 뉴스 라이브러리 검색 수치임.

손병희 씨가 서거할 때 가튼 때에는 신문사 편즙국에 들어 안저 있는 우리도 마치 전장에 나간 것가티 긴장한 공긔 중에 지냇섯습니다. 그중에도 손씨가 작고할 때에는 "삼일삼야"를 내가 꼭 상춘원에 가서 살앗습니다. 그리하야 손씨는 오월 십구일 오전 세시에 별세햐얏는데 신문사에서는 반 페지만한 양면 인쇄의 사진까지 너흔 호외를 동 다섯시에 발행하얏습니다. 이것은 아마 조선문신문에서 "큰호외"를 가장 신속하고 완전히 발행한 최초의 긔록일줄로 생각합니다.[43]

의암의 별세 기사는 우리나라 신문사의 한 획을 그를 정도의 중요한 기록은 만든 사건이었다. 이는 의암이 독립운동에서 차지하는 위상을 보여주는 단면이라고 할 수 있다. 의암의 임종을 지켜본 민족대표 이종훈은 선생의 임종 장면을 다음과 같이 회상하였다.

의암선생이 감옥에서 병을 어더가지고 극히 쇠약햐야 나오셧을 그때 --- 반도의 정세 또 천도교의 정세야말로 힘 그것의 뭉치가티 살고져일하고져 비우고져 굿세게 동하고 잇든 그때이엇습니다 그러든 때에 선생이 병환이 중아야 감옥에서 나오서서 치료를 하엿스나 백약이 효과를 못보고 마츰내 최후의 날을 맞게 되엿습니다 바로 별세하기 전 선생은 내 손을 붓들고 "나는 죽지 않는다 나는 죽지 않는다"고 쇠약한 중이엇아나 힘잇는 어조로 말슴하셧습니다 그것은 조선의 할 일이 만히 남어잇거던

---

43   「창간호를 박든 그때 세월도 빠르다 어언 10주」, 『동아일보』, 1930.4.1.

선생의 육신은 죽으나 정신은 조선과 가티 사시겟다는 뜻이엇습니다.[44]

3·1독립운동을 영도한 의암의 조선 독립을 향한 의지는 죽음을 눈 앞에 두고도 흔들리지 않았다. 의암의 사망 호외가 우리 언론사의 중요한 역사를 만들 정도로 그는 천도교라는 종단을 뛰어넘어 우리나라 독립운동을 싱징하는 인물이었다.

해방 이후 해외에서 독립운동을 이끌었던 대한민국임시정부의 주석 김구는 귀국 직후인 1945년 12월 5일 서울 우이동의 의암 묘소를 참배해 그의 업적을 기렸다. 김구 주석은 홍진 임시정부 의정원 의장, 최동오 법무부장, 김면준 국무위원등과 함께 의암의 묘소를 찾아 미망인 주옥경과 인사를 나누고 천도교 의식으로 묘소를 참배했다.[45] 이날 김구 주석 등 임정 요인들은 우리 독립운동사에서의 중요한 역할을 한 의암의 공적을 기리고 그 뜻을 받들어 독립된 조국의 통일 정부 수립을 위해 앞장설 것을 다짐했다. 이처럼 의암의 독립운동에서의 공적은 대한민국임시정부 요인 등 독립운동가들로부터 인정하였다. 대한민국 정부 수립 이후 대통령 이승만은 3·1절 우이동을 찾아 의암의 묘소를 참배하고 그의 공헌을 기렸다.

천도교에서는 해방 이후부터 탑골공원을 민족의 성지로 만들려고 노력하였다. 이는 앞서 언급하였듯이 3·1독립운동에서 천도교는 인적, 물적 자원을 총동원했기 때문이었다. 특히 의암은 종단의 명운보다 민족의 장래를 우선시하였고, 천도교단에서는 이러한 그의 뜻을

44　「이종린씨 반생의 최후감격(4) 두 선생의 임종에! 최후유훈 밧든 때」, 『조선일보』, 1932.1.5.
45　「의암, 도산 선생묘에 참배」, 『조선일보』, 1945.12.6.

잇고자 탑골공원의 성역화에 나섰다. 1950년 천도교인이 중심이 되어 탑골공원을 '3·1혈쟁발상지(血爭發祥地)'로 명명하고 "독립운동기념비"의 건립을 추진하였다. 1950년 6월 10일 3·1독립운동기념비추진위원회는 서울 경운동 천도교중앙대교당에서 창립총회를 열고 천도교인으로 명망이 높았던 신성모(申星模) 등 77인을 추진위원으로 선정해 기념비 건립을 추진하였다.[46] 그러나 보름 후에 한국전쟁이 발발하여 기념비 건립은 뜻을 이루지 못했다. 이후 탑골공원의 '3·1독립선언기념탑'은 1963년 8월 15일 다른 단체에서 건립하였다.

천도교단에서는 3·1독립운동의 주도적 역할을 하였기 때문에 탑골공원에 관해 관심이 두었다. 이는 탑골공원이 천도교중앙총부 인근에 있다는 점과도 무관하지 않다. 천도교에서는 매년 3·1절 기념식을 교단 차원에서 거행한다. 특히 서울에서는 중앙대교당에서 서울과 경기 지역의 교인들이 합동으로 기념식을 거행한다. 기념식 후에는 탑골공원까지 도보로 걸어 의암의 동상을 참배한다.[47] 뿐만 아니라 천도교단에서는 전국적인 회의가 개최된 이후에는 의례 탑공골원을 찾아 의암의 동상을 참배한다. 이처럼 의암 동상은 천도교단에서는 의암의 업적과 3·1독립운동을 기억하는 장소로 자리매김하였다.

의암의 동상 건립은 국가적이고 사회적인 차원에서 이루어졌다. 시작은 동덕여대 학장 조동식의 발의로 이루어진 '의암선생기념사업회'의 출범이었다. 1959년 3월 1일 3·1절 30주년을 맞아 동덕여대 학장 조동식은 국내의 저명한 인사인 이응준(李應俊)·유진오(俞鎭五)·김상근(金相根)·황생주(黃生周)·이단(李團)·맹주천(孟柱天)·서영호(徐榮

---

46 「31혈쟁발상지 탑동공원에 독립운동기념비 건립」, 『경향신문』, 1950.6.10.
47 「천도교 3.1절 77돌 기념식」, 『한겨레』, 1992.3.1.

鎬)·박지영(朴之榮)과 의암의 부인 주옥경을 안국동으로 불러 의암선생기념사업회의 설립 의견을 내었다.

금년은 독립선언 민족대표 33인의 영도자이신 의암 손병희 선생께서 탄생하신 지 98회 탄신년이오, 옥고로 말미암아 세상을 떠나신지 37년이 되는 해이기도 합니다. 우리가 조국이 광복된 지도 거의 20년이나 되건만 당연히 우리들의 정성으로 이룩되었어야만 할 의암 선생의 기념사업이 발기조차 되지 못한 채 오늘에이르렀다는 것은 유감스러운 동시에 고인에 대하여 송구스럽게생각해 왔습니다.

조동식은 의암 탄생 100주년을 대비하여 '의암선생기념사업회'를설립해 그의 독립운동에서의 업적을 드높이자고 언급했다. 즉, 조동식은 우리나라 독립의 가장 혁혁한 공헌을 한 의암에 관한 기억과 현창 공간이 없는 것을 안타까워했다. 그래서 그는 의암의 애제자인 김상근 씨가 우이동에 있는 의암의 묘소 보수와 묘비 건립을 위한 기부의 의사를 전하자 의암의 독립운동을 현창하기 위해 '의암선생기념사업회'를 조직해 사회적인 차원에서 결성하자고 의견을 내었고 동참자들이 모두 찬성했다.

약 한 달 후 의암의 탄신일인 4월 8일 천도교중앙대교당에서 국내의 저명인사 200여 명이 참석한 가운데 "의암손병희선생기념사업회(이하 기념사업회)" 발기 총회가 개최되었다. 이날의 기념사업회 「발기취지문」은 다음과 같다.

동서고금을 막론하고 인류사회의 역사는 찬연한 선인들의 업적과 위대하셨던 선열의 공과를 길이 찬양 기념함으로써 후대인들로 하여금 부단한 향상발전을 기하도록 하는데 그 가치가 크다 할 것이다.

돌이켜보건대 우리나라의 유구한 역사 가운데 최근 백년간의 지내온 자취를 일별하여 볼 때 그처럼 복잡다단하고 가시가지로 불우하였던 국내외 정세에서 과감하게 봉기한 기미 3·1독립운동이야 말로 우리의 민족혼을 영세에 길이 빛내었고 전인류 공존공영을 세계만방앞에 뚜렷이 표명한 거족적 선언이었던 것이니 우리 어찌 그 위대하였던 당시의 의거를 높이 찬양기념하지 않을 수 있으리오.

이제 당시의 민족대표 33인 중 의거를 영도하신 의암 손병희선생 98회 탄신을 맞이하게 되자 새삼스러이 느껴지는 추모의 정을 더욱 간절한 바 있으며 더구나 그처럼 저주하였던 외적도 물러가고 그처럼 염원하였던 조국대한을 찾은 지도 어언 십수여년이 되었건만 선생의 묘전에는 묘비 하나 서지 못하고 그 위대하신 생전의 업적을 깊이 기념하는 아무런 시책조차 없으니 우리들 후생으로서 송구스럽기 그지없는 바이다.

이제 비록 만시지탄이 없지않으나 위대한 3·1정신을 계승하며 민족정기를 선양하는 전국민운동의 하나로서 선생의 추념사업이 가장 긴요시급함을 절감하는 동시에 우리 후생들의 당연한 의무로 자인하여 이에 의암손병희선생기념사업회를 발기하는 바이니 삼천만애국동포 제위는 이에 대한 열렬한 박수와 함께 성심 성력을 기울여 주기 바라는 바이다.

단기 4292년 4월 8일

의암 손병희선생기념사업회 발기인 일동[48]

발기취지문에서 3·1독립운동은 '최근 백 년간 가장 위대한 의거'이 며 우리 민족뿐만 아니라 전 인류의 공존 공생권을 부르짖은 선언이 었다고 그 역사적 의의를 평가하며 이 위대한 민족적 의거인 '3·1운 동을 영도한 의암 선생'의 묘비 하나 없음을 안타까워하며 전 국민운 동으로 의암의 기념사업에 애국 동포들의 동참을 호소하였다.

이날 결성된 기념사업회의 임원을 보면 선생의 기념사업이 뜻있는 사회적인 차원을 넘어 범국가적 차원의 사업임을 알 수 있다.

명예회장 이승만(대통령)

회장 조동식

부회장 이응준 유진오

서무분과위원 위원장 신숙

위원 박지영 서영호 조용구 이단 고희동 문일민 권영창

재정분과위원 위원장 이숙종

위원 김상근 황생주 김지림 서원출 윤보선 유호준 이담

사업분과위원 위원장 이세정

위원 공진항 김법린 맹주천 서병성 윤일선 안용백 변시민 주옥경 유광렬 손도심 최두선 감영훈 임흥순

고문 국회의장 이기붕 부통령 장면 대법원장 조용순 33인 유족회

---

48 「의암 손병희선생기념사업회 연혁과 사업경과 개요」, 『의암손병희선생전기』, 의암손병희선생기념사 업회, 1967, 495쪽.

장 이갑성 전부통령 함태영 전대법원장 김병로 내무부장관 최인규 문교부장관 최재유[49]

기념사업회의 명예회장에는 대통령 이승만이 맡았으며, 국회의장과 대법원장 등 삼부의 기관장, 그리고 내무부와 문교부 장관, 함태영, 김병로 등 원로들이 동참해 그야말로 당대 최고의 인물들이 참여하였음을 알 수 있다.[50]

기념사업회의 첫 사업은 우이동의 의암 묘소 정비와 묘비 건립이었다. 1959년 10월 8일 기념사업회 발족한 지 5개월 만에 김상근이 희사한 재원 등을 바탕으로 기념사업회에서 묘비를 세워 제막했다. 묘비문은 노산 이은상이 지었고, 묘비 제자는 손재형, 비문과 독립선언문은 김충현 등 당대 최고의 실력자들이 맡았다. 이날 묘비 제막은 육군군악대의 주악과 의장대의 예포가 울려 퍼진 가운데 이루어졌다. 이날의 기념식에 대통령, 민의원 의장, 대법원장과 조병옥 박사 등이 각계를 대표해 추념사를 하였다. 이처럼 의암의 업적을 기리는 행사는 범국가적 차원에서 이루어졌다.[51]

탑골공원의 의암 동상 건립도 묘비 건립과 마찬가지로 기념사업회 주관으로 국가적 차원에서 이루어졌다. 우이동 묘비 건립 직후 4·19 민주혁명과 5·16 군사정변으로 국내 정치가 어수선하여 기념사업회도 성과를 내지 못하였다. 1964년 의암의 부인인 주옥경가 기념사업회 상임이사 박지영을 찾아와 '의암선생동상건립위원회'를 추

---

49 위의 책, 498쪽.
50 「동상 건립 등 추진 손병희선생기념사업회」, 『동아일보』, 1959.4.26.
51 「의암 손병희선생기념사업회 연혁과 사업경과 개요」, 『의암손병희선생전기』, 의암손병희선생기념사업회, 1967, 500쪽.

진한다고 전했다. 이에 기념사업회는 주옥경의 의견을 듣고 동상 건립 기금을 조성해 기념사업회에서 같이 하자는 의견을 제시하였다. 이에 동상건립위원회가 동의해 기념사업회로 통합해 동상 건립이 본격화되었다.

이렇게 기념사업회의 2차 사업으로 의암의 동상 건립에 들어갔다. 당시 동상 건립을 위해 개선된 기념사업회의 임원은 다음과 같다.

회장 조동식
부회장 이응준 유진오 태학문 김상근
총무분과위원장 조연탁
재정분과위원장 김학서
섭외분과위원장 이숙종
사업분과위원장 이세정[52]

기념사업회는 천도교대교당 2층에 사무소를 두고 본격적인 사업 활동에 들어갔다. 기념사업회는 동상 건립취지문을 만들어 전국에 배포하여 기금모금에 나섰다. 동상 건립취지문에서 의암의 업적을 다음과 같이 소개했다.

선생은 조선왕조 말엽인 서기 1861년(신유)에 충북 청주 한문에
태어나서 3·1운동으로 옥고를 겪고 1921년에 순국하기까지 60여
년 생애를 오로지 조국의 주권 독립과 민주사회 건설에 바치다

---

52 「의암 손병희선생기념사업회 연혁과 사업경과 개요」, 『의암손병희선생전기』, 의암손병희선생기념사업회, 1967, 502쪽.

가 음한장서하셨다. 선생께서 남긴 업적은 갑오동학혁명, 갑진혁신, 3·1운동 등 3대운동에 똑같이 그 중심인물로서 위대한 영도력을 발휘했던 것이다. 갑오동학혁명은 이 나라 근대화로 우리의 자주적 시민사회 건설의 효종이었으나 청일양군의 간섭으로 실패하였고 갑진개혁은 민중의 규합으로 위기에 빠진 조국을 구하려 하였으나 부하의 배신으로 실패하였으미 원수(遠水)가 근화(近火)를 끄지 못하고 시국은 급전직하로 경술의 국지를 당하고 말았다. … 그러나 백절불굴 철석같은 신념을 지닌 선생은 유한 10년에 일검을 갈아서 사상 공전의 3·1운동을 영도한 것이다.[53]

이 건립취지문에서는 의암은 민족운동의 영웅으로 그의 동상을 세워 독립정신을 본받자는 내용을 담았다. 건립취지문에는 동상의 건립 장소로 탑골공원을 제시했다. 기념사업회가 탑골공원에 의암 동상 건립에 관한 작업에 돌입하자 언론에서도 대대적으로 보도했다.[54]

선생의 헌신위적과 대조하여 너무도 후인들의 불민함을 통감하며 송구스럽기 그지없는 바애다. 1965년으로 104회 생신을 맞이하여 선생의 동상을 3·1운동과 인연깊은 탑동공원에 세워서 선생의 희생정신과 민족자주의 대의를 영원히 기념하면

---

53 위의 책, 503쪽.
54 「파고다공원에 동상 의암 손병희 선생」, 『경향신문』, 1965.5.8.; 「이암선생 동상 기공」, 『조선일보』, 1965.5.9.; 「의암 손병희 선생 동상 "파고다"공원에 건립」, 『동아일보』, 1965.5.10.

서 면면한 전통이 길이 자손의 사표가 되겨하려 하오니 국민 여러분의 정성어린 친조와 성원이 있기를 바라고 삼가 호소하는 바이다.[55]

기념사업회는 동상 건립을 범국민적으로 건립하기 위해 사회단체로 문교부와 서울특별시 교육위원회에 등록하였다. 기념사업회는 동상의 건립지로 애초에 생각했던 많은 사람이 찾는 서울시청 앞 광장을 염두에 두고 신청하였으나 당시 서울시장이었던 윤치영은 의암의 동상이 유서 깊은 탑골공원이 적당하다고 권고하였다. 기념사업회는 윤 시장의 권고를 받아들여 서울시와의 협의를 거쳐 최종적으로 동상의 건립 장소를 탑골공원으로 정했다. 1965년 4월 1일 서울시는 기념사업회에 탑골공원에 동상을 설립할 수 있다는 부지사용허가서를 발급했다. 이어서 4월 8일 동상 건립 모금에 대한 내무부장관의 지령서까지 접수받았다. 4월 30일에는 기념사업회와 서울시 관계자가 협의해 탑골공원 내의 이승만 대통령의 동상이 철거된 바로 그 자리에 의암 동상을 세우기로 결정하였다. 선생의 동상은 조각가인 문정화가 제작하기로 계약서를 체결했다.

기념사업회는 동상 착공 기공식을 1965년 3·1절을 기해 착공하기로 계획하였으나 경비 문제로 인해 환원일(還元日)[56]인 5월 19일로 늦추었다. 의암의 43주기 환원일인 1965년 5월 19일 탑골공원에서 동상 착공 기공식이 열렸다. 이날 기공식에는 육군 악대의 주악으로 개

---

55 위의 책, 504쪽.
56 천도교에서는 사람의 죽음을 한울님의 본자리인 근원으로 돌아갔다고 해서 환원(還元)이라고 부른다.

식하여 조동식 회장의 식사와 정일권 국무총리, 나용균 국회부의장, 이갑성 33인 유족회 대표의 추념사가 있었고 동덕여고 합창단의 추모가, 육군의장대의 조총(弔銃)과 헌화, 분향으로 마무리되었다. 이날 기공의 굴토(掘土)는 조동식, 이갑성, 정일권, 나용균, 주옥경 등이 했다.[57]

기공식 후 동상 건립을 위한 경비의 증가로 인해 어려움을 겪고 있다는 소식을 접한 대통령 박정희는 이해 9월 2일 1백만 원을 보내 50만 원은 동상 건립기금으로 하고 나머지 50만 원은 의암 선생의 부인인 주옥경 여사의 생활비로 사용하라는 경비 지원을 하였다.[58] 이에 고무된 기념사업회에서는 부족 자금을 마련과 효율적인 사업의 진행을 위해 조속한 동상 건립을 위한 집행위원회와 촉진위원회를 두고 동상 건립에 박차를 가했다. 촉진위원회는 정부 각 부처, 국영기업체, 중고등학교, 실업계, 금융계에 동상 건립의 취지를 밝히고 모금 운동을 전개했다.

모금 운동이 순조롭게 진행되어 1966년 5월 19일에 동상 제막식을 준비하고 있었으나 회원으로 가장 적극적으로 활동하던 김상근이 2월 20일 갑자기 별세했다. 김상근은 의암의 조카사위이며 애제자로 동상 건립에 가장 적극적인 인물이었다. 특히 촉진위원으로 동상 건립을 위해 헌신하다가 쓰러졌고 결국 세상을 떠나고 말았다.

1966년 4월 1일부터 본격적인 동상 건립 공사가 이루어졌다. 그러

---

57 「의암 손병희선생기념사업회 연혁과 사업경과 개요」, 『의암손병희선생전기』, 의암손병희선생기념사업회, 1967, 505쪽; 「파고다공원에 동상 손병희 선생 43주기」, 『경향신문』, 1965.5.19. ; 「오늘 건립기공식 의암손병희선생 동상」, 『조선일보』, 1965.5.19. ; 「손병희 선생 동상 기공식」, 『조선일보』, 1965.5.20.

58 「의암 손병희선생기념사업회 연혁과 사업경과 개요」, 『의암손병희선생전기』, 의암손병희선생기념사업회, 1967, 510쪽.

나 여전히 부족한 경비의 모금을 위해 경제기획원과 내무부, 그리고 극장협회장을 만나 극장에서 현장 모금도 전개하기로 협조를 구했다. 이렇게 해서 모금한 총액이 총 4,468,200원이었다. 따라서 의암의 동상은 전후 어려운 사정에서 전국민적인 모금으로 세워진 독립정신의 결정체이다. 기념사업회의 집행, 촉진위원회는 동상 주변의 철붕(鐵棚) 공사와 주변 환경미화 공사도 같이 진행하였다. 탑골공원의 의암 동상은 이렇게 기념사업회의 노력과 국민의 성원으로 이루어졌다.

1966년 5월 19일 의암의 제44회 환원기도일, 만 1년의 공사 끝에 탑골공원에서 의암 동상 제막식이 성대하게 열렸다. 제막식을 하는 탑골공원의 동상 주변에는 각계각층에서 보내온 화환들로 그 주변이 온통 장식되었고, 수많은 내빈이 운집한 가운데 제막식이 엄숙하게 거행되었다. 해병대 군악대의 주악으로 개식하여 국민의례와 순국선열에 대한 묵념에 이에 김응준 부회장이 동상 건립문을 낭독했는데 내용은 다음과 같다.

동상 건립문

여기는 민족의 얼이 깃든 곳이다. 민족의 피가 끓는 곳이다. 민족의 횃불이 들린 곳, 민족의 함성이 울린 곳이다. 자유와 정의의 샘터요 미덥고 든든한 민족혼의 고향이다.

의암 손병희 선생의 일생을 통하여 가장 빛나는 행적은 3.1운동을 선구했던 일이요 또 그날 만세를 처음 외쳤던 곳이 여기라. 이터에 그의 동상을 세워 우리들의 자손 만대에 그 뜻과 사실을 전하려 한다.

문정화는 조각하고 이은상을 글을 짓고 김충현을 글씨를 쓰고 손
재형은 제자하고 손병희 선생 기념사업회에서 동포들의 성금을 모아
이 동상을 세우다.

1966년 5월 19일[59]

이날 동상 제막은 조동식 기념사업회 회장, 주옥경 여사, 대통령
대리관인 권오병 문교부 장관, 국회부의장 이상철, 이갑성 광복회장
등 5명이 맡았다. 제막에 맞추어 해병대 의장대가 발포하는 3발의 조
총이 울려 퍼졌다. 이어 유진오 부회장의 의암의 악력문 낭독, 조동
식 회장의 식사에 이어 대통령의 추념사(권오병 문교부 장관 대독), 국회
의장 추념사(이상철 부의장 대독), 이갑성 광복회장의 추념사가 이어졌
다. 박정희 대통령은 추념사(권오병 문교부장관 대독)에서 "이 동상이 공
원의 한낮 장식에 그침이 없이 부단한 경각과 격려의 표상으로 남아
자주, 자립, 번영의 새 한국을 세워나가는 우리에게 자신과 용기를
북돋아 줄 것을 기원하면서"[60]라고 하여 동상 건립 이후의 활용 방향
을 제시했다.

당시 언론에서도 의암의 동상 제막을 대대적으로 보도하고 그 의
의를 실었다. 『동아일보』에서는 "거룩한 선생의 정신과 업적은 이후
독립운동의 주도력이 되었을 뿐만 아니라 우리 민족의 불굴의 용기
와 역량이 대외적으로 널리 인식되어 한국 독립에 있어서 국제적 협

---

59 「의암 손병희선생기념사업회 연혁과 사업경과 개요」, 『의암손병희선생전기』, 의암손병희선생기념사
    업회, 1967, 511~512쪽.
60 위의 책, 514쪽.

〈그림 1〉 의암 선생 동상 제막식의 제막 광경(출처; 서울정보소통광장)

조를 얻는데 큰 영향을 주었다."라고 하면서 "탑동공원에 세워진 선
생의 동상은 우리 국민에게 영원한 무언의 교훈을 주면서 이나라를
살펴보실 것이다."라고 탑골공원의 동상 건립의 의미를 보도하면서
선생의 동상을 시진으로 실었다.[61] 『경향신문』에서는 탑골공원의 동
상 건립을 기념하며 김용덕 교수의 「의암의 생애」를 게재해 선생의
동상 건립의 의의와 의암의 독립운동을 돌아보게 하였다.[62]

61　「의암 손병희 선생 동상 제막」,『동아일보』, 1966.5.17.
62　「의암의 생애-동상 제막에 붙여」,『경향신문』, 1965.5.18.

" 東學100년 " 천도교가 주관한 동학혁명1백주년 기념식이 21일 오후 서울 탑골공원에서 열려 反봉건·反외세의 정신을 기렸다. 이날 기념식에는 吳益濟 천도교교령, 민주당 李基澤대표, 金道鉉문화체육부차관, 朴英俊독립유공자협회회장등 각계인사와 시민 등 5천여명이 참석했다. 〈金舜喆기자〉

〈그림 2〉 탑골공원에서 개최된 동학혁명 백주년 기념식(출처: 『경향신문』, 1994.3.22.)

  탑골공원을 중시한 천도교단의 대표적 사례는 '동학혁명백주년기념식'를 들 수 있다. 1994년 3월 21일 천도교단에서 주최한 '동학혁명 백주년기념식'도 탑골공원에서 개최하였다.[63] 〈그림 2〉는 당시 탑골공원의 팔각정 앞의 기념식 축하공연이 펼쳐진 모습이다. 천도교단에서는 3·1독립운동을 제2의 동학농민혁명으로 인식하고 있다. 동학농민혁명 당시 의암은 9월의 총기포에서 교주 해월로부터 '통령(統領)' 기를 받고 논산에서 전봉준과 합세해 공주 혈전에 참여하였다. 의암

---

63 「"동학" 백년」, 『경향신문』, 1994.3.22.; 「동학혁명 백주년 기념식」, 『동아일보』, 1994.3.22.; 「동학혁명 백주년 기념식」, 『조선일보』, 1994.3.22

〈그림 3〉 78주년 3·1절 행사(1997년) 후 청년회 주최로 탑골공원 의암 선생 묘소 참배하는 천도교인 (출처: 천도교청년회80년사)

을 포함해 천도교 민족대표 15명 중 9명이 동학농민혁명에 가담했다. 따라서 3·1독립운동은 항일의 측면에서 제2의 동학농민혁명이라고 보는 것이 무리는 아니다. 이날 '동학혁명백주년기념식'에는 이기택 민주당 대표. 김도현 문화체육부 차관, 박영준 독립유공자 협의회장을 비롯해 전국의 천도교인들이 집결했다.

해방 직후인 1946년부터 천도교단에서는 공식적으로 매년 3월 1일 11시 서울 경운동의 천도교중앙대교당을 비롯한 전국의 교당에서 3·1절 기념식을 거행한다. 〈그림 3〉은 1997년 3·1절 기념식을 마치고 탑골공원을 참배하는 천도교인의 모습이다. 앞에서도 언급하였듯이 서울의 중앙대교당의 기념식에 참석한 천도교인과 시민은 기념식 후 청년회 중앙본부 주관으로 경운동 대교당에서 탑골공원까지 태극기와 궁을기를 앞세우고 시가행진을 벌여 3·1독립운동의 정신을 계승하고 있다. 천도교단과 부문단체들은 서울에서의 행사가 열리면 전국에서 모인 교인들이 탑골공원의 의암 동상을 참배한다. 여성회에서는 주기적으로 탑골공원의 청소 활동을 전개하는 등 탑골공원 지키미 활동을 하고 있다.

5

나가며

　최근까지 탑골공원이 그 위상에 걸맞지 않게 소외되어있다. 서울의 랜드마크로 자리 잡아야 할 탑골공원은 국민들에게 잊혀진 실정이다. 최근 서울의 랜드마크로는 경복궁, 창경궁 등의 고궁과 북촌 한옥마을, 인근의 인사동 등의 옛 거리, 그리고 명동 쇼핑거리, N남산타워, 청계천, 봉은사, 광장시장, 홍대 앞거리, 롯데월드타워 & 몰 등이 주목받고 있다. 서울시에서도 이들 장소를 서울의 랜드마크로 정해 대대적으로 홍보하고 있다. 서울시의 공식 관광 정보 사이트(https://korean.visitseoul.net)의 "놓칠 수 없는 서울의 명소" 코너에는 탑골공원을 찾아볼 수 없다.

　이처럼 탑골공원은 당국의 무관심과 함께 시민과 국민의 기억 속에서도 잊혀가고 있다. 우리가 대한 사람으로 오늘을 살아갈 수 있는 것은 대한민국의 출발점이라고 할 수 있는 3·1독립운동이 있었기 때문이다. 그리고 탑골공원은 3·1독립운동의 진원지로 역사적 의미를 갖기에 충분하다. 그럼에도 우리 시대에 탑골공원의 역사적 가치를 등한시한다는 것은 우리 자신을 부정하는 일과 다름없는 일이다.

고려시대 흥복사에서 시작해 조선시대 원각사를 거쳐 대한제국시기 최초의 공원이 된 탑골공원이 역사적 의미를 갖는 장소가 된 것은 3·1독립운동의 진원지라는 점이다. 그렇다고 국보 제2호인 원각사지 석탑 등 불교와 관련된 유적의 중요성을 무시하려는 것은 아니다.

탑골공원의 탑골공원됨은 3·1독립운동의 역사적 의미를 되살리는 것에서 출발한다. 이를 위해서 의암의 동상뿐 아니라 민족대표와 관련된 다양한 조형물의 건립이 이루어져 시민들의 가슴속에 3·1독립운동하면 탑골공원을 상기할 수 있도록 조성하는 것이 필요하다.

탑골공원이 3·1독립운동의 진원지로 선정된 것은 지리적 이점 때문이었다. 당시 종로통은 서울의 중심으로 전차 노선이 증설되어 교통이 편리했다. 또한 천도교단과 학교가 인접해 3·1독립운동의 주축들이 쉽게 접근할 수 있다는 장점도 있었다. 민족대표들이 처음에는 탑골공원에서 학생들과 같이 독립선언서를 낭독하려고 하였다. 하지만 의암은 일제의 간교한 계략과 민족대표의 체포를 직면하게 될 학생들의 감정 폭발로 인한 만세운동의 무산 등을 이유로 부득이 태화관으로 민족대표의 집합 장소를 옮기자고 했고 민족대표들이 공감했다. 이런 사실을 학생단에 알렸지만, 일부 학생은 태화관을 찾아 탑골공원으로 가자고 요구하였다. 학생들을 달래는 민족대표들의 눈에는 눈물이 흘렀다고 한다.

민족대표의 선견지명이 3·1독립운동 확산을 가져왔다. 종로서를 비롯한 서울 시내 경찰서의 차량들이 민족대표가 있는 태화관으로 집결하는 사이 탑골공원에서의 시위는 서울 시내로 확산하였고 나아가 전국으로 퍼져나갈 수 있었다. 이러한 의미를 모른 채 탑골공원에 참석하지 않은 비겁자라고 민족대포를 매도하는 것은 일차원적인 사고에 지나지 않는다. 이는 목숨을 내걸고 3·1독립운동을 이끈 민족대표를 우롱하는 처사이다.

탑골공원의 의암 동상의 건립은 범국가적 차원에서 이루어졌다. 제1공화국 말기에 조동식 동덕여대 학장을 중심으로 결성된 기념사업회는 대통령이 명예회장을 맡고 3부의 장들이 모두 고문을 맡았다. 이로 볼 때 의암의 동상 건립은 한 종단 차원에 국한된 일로 치부해서는 안 된다. 제3공화국에 들어와서 본격적인 동상 건립에 들어갔으나 자금이 부족하자 대통령이 금일봉을 보내 격려하고 전국의 초중등학교 학생들의 성금과 극장을 찾은 관객들의 모금 등을 모아 성사되었다. 이는 의암의 독립운동사에서의 위상을 확인할 수 있는 증거이다.

최근 3·1독립운동의 역사에서 민족대표들의 활동이 격하되고 있어 안타까움을 금할 수 없다. 영웅주의 역사관은 비판받아야 하지만 역사적 사건의 주역에 대해 경시하는 자세는 바람직하지 않다. 그런 측면에서 의암을 비롯한 3·1독립운동의 민족대표 33인에 대한 재조명이 이루어져야 한다. 이러한 사실들을 민족대표들이 안다고 한다면 무덤에서 일어나 우리를 크게 꾸짖을 것이다.

최근 정부 당국과 서울시에서 탑골공원 성역화 방안을 논의한다는 뉴스는 희소식이다. 서울시를 비롯해 천도교·기독교·불교의 관계자들이 힘을 합쳐 3·1독립운동의 요람으로써의 탑골공원을 만들어낼 때 탑골공원의 위상도 높아질 것이다. 또한 의암을 비롯한 3·1독립운동의 중심인물에 관한 연구를 지원해 민족의 얼을 살리는 일에도 정부가 앞장서야 한다.

참고문헌

『동경대전』
『용담유사』
『경향신문』
『동아일보』
『매일경제』
『조선일보』
『한겨레』
『의암손병희선생전기』, 의암손병희선생기념사업회, 1967.
『여암문집(상)』, 여암선생문집편찬위원회, 1971.
『천도교청년회80년사』, 천도교청년회중앙본부, 2000.
이창번, 『천도교와 3·1운동』, 천도교중앙총부 교화관, 2020.
신일철, 「최수운의 역사의식」, 『한국사상 12, 최수운연구』, 한국사상연구회, 1974.
성강현, 「3.1운동에서의 의암 손병희의 역할에 대한 재조명」, 『동학학보』 51, 동학학회, 2022.
성주현, 「해월 최시형과 동학혁명」, 『동학과 동학혁명의 재인식』, 국학자료원, 2010.
한성미, 「탑골공원의 장소 정체성에 대한 연구」, 『한국조경학회지』 44-3, 한국조경학회, 2016.6.
네이버 뉴스 라이브러리(https://newslibrary.naver.com)

김동환

대학에서 대종교 독립운동사와 국학 이론을 강의하였음
(사)국학연구소 연구원 역임.

저서
『단조사고』(편역, 2006),
『종교계의 민족운동』(공저,2008),
『한국혼』(편저, 2009), 『국학이란 무엇인가』(2011),
『실천적 민족주의 역사가 장도빈』(2013),
『국학과 민족주의』(공저, 2019),
『배달의 역사, 새 길을 열다』(공동편역, 2020),
『독립운동가 희산 김승학의 행적과 이상국가 건설방략』(공저, 2020),
『총을 든 역사학자 김승학-그 삶과 사상』(2021),
『임오교변』(공저, 2022),
『김교헌의 생애와 역사인식』(2023) 외 다수.

VIII

대종교와 3·1운동의 연관성에
대한 검토

1

머리말

과거 유교적 대의를 앞세웠던 의병투쟁의 한계를 넘어 1910년대에 들어 새로운 국면을 맞게 된다. 이전의 국권회복운동이 항일투쟁으로 형태 전환을 하면서 독립전쟁론으로 수렴되는 경향으로 나타난 것이다.[1] 특히 일제강점기 항일투쟁에 있어 이념이 차지하는 비중은 남다르다. 그 대표적 특징이 종교(religion)와 주의(-ism)라 할 수 있다. 일제강점기인 1910년대를 종교의 시대라 한다면, 1920년대 이후는 주의의 시대로 언급하는 것도 그러한 이유다.

이념에 있어 1910년대의 항일투쟁은 복벽주의가 퇴조하고 공화주의가 주류를 형성하는 변화가 나타나고 있었다. 즉 의병전쟁 계열에서 볼 수 있었던 중화주의적인 유교적 예교국가(禮敎國家) 건설 지향성을 벗어나 근대적인 민족국가 건설 지향성이 뚜렷하게 나타났다. 1910년대 항일투쟁 과정에서 독립군 교육에서 중요한 부분을 차지했

---

1   김기승, 「국민국가의 모색-민족주의와 민족운동」, 『동아시아의 역사』3, 동북아역사재단, 2011, 121-122쪽 참조.

던 것은 민족의식 고양이었고, 여기에서 핵심적 내용은 민족사 교육이었으며, 그 중심에 대종교가 있었다. 이를 통해 한민족은 단군의 자손 이라는 혈연적 공동체라는 인식이 뚜렷하게 자리 잡았고, 역사적 운명공동체로서의 민족 개념이 확립되었다.[2]

한편 한국근대사의 지적 고민의 하나로, 여러 종교가 얽히며 나타나는 종교적 처신에 대한 문제가 대두되었다. 당시 한국사회는 무교·도교·불교·유교 그리고 풍수사상 등과 그 위에 제국주의 침략과 더불어 전래한 천주교·개신교·성공회 그리고 일제의 식민불교와 식민유교 등이 다양하게 얽혀 있었다. 나아가 대종교·동학교를 비롯한 다양한 민족자생종교들이 어우러져 세계에서 보기 드문 다종교 국가로 변모되었다. 독립운동에 헌신하던 인물들도 종교통합을 기대하면서 새로운 종교를 창도한 경우도 있었다. 조소앙이 1916년 대종교를 토대로 육성교(六聖敎)를 제창하는가 하면, 양기탁이 1920년 통천교(統天敎)를 외쳐댄 경우가 그것이다.[3]

1910년대에 민족운동사의 의미를 기대할 수 있는 종교로는 대종교·천도교·불교·개신교·유교 등이었다. 그 중에서 대종교는 1915년 조선총독부의 포교규칙에 의하여 종교 활동이 금지당하여 국내에는 그 조직이 있을 수 없었다. 유교는 일제하에서 경학원과 각 지방의 향교로 이어지는 조직이 있었으나 그것은 식민적 유교조직의 구실 이상의 것이 못되었다. 민족적 양심은 곳에 따라 서원을 중심으로 부지되고 있을 뿐이었으며, 그들이 1919년 「파리장서」를 꾸민 주체

---

2   김동환, 「1910년대 북간도에서의 항일투쟁-대종교와 기독교의 연계 활동을 중심으로」, 『국학연구』 제21집, 국학연구소, 2017, 참조.
3   조동걸, 『한국독립운동의 이념과 방략』(한국독립운동의 역사1), 한국독립운동사편찬위원회, 2007, 107쪽 참조.

가 되었다.[4]

짚고 넘어갈 부분은 천도교·불교·개신교가 구한말에는 민족적이지 못하였거나 혹은 한계가 있었다는 것이다. 천도교(동학)는 제2세 교주인 최시형까지는 농민종교로 머물다 그가 타계한 1898년부터 손병희·권동진·오세창·이종일·장효근 등의 지도체제에서는 계몽주의로 전환하여 1904년에는 일진회를 만들기까지 하는 오류를 범했다. 그 후 천도교로 개명하여 민족운동에 접근하려 했으나 실상은 여의치 않았다. 이후 1914년 8월 이종일이 중심이 되어 천도구국단(天道救國團)을 만들어 민족적 민중운동을 전개하면서 한말의 과오를 반성하고 민족종교의 체제로 변화해 갔다. 1916년 3월에는 민중혁명을 위하여 원로인사를 설득하기도 했고 1917년 러시아 2월 혁명에 자극받아 천도구국단을 강화하여 민중봉기를 준비해 갔다. 물론 교주 손병희의 신중론으로 연기되었으나 한말의 천도교에 비하면 큰 변화를 보여주었다.[5]

불교 역시 1877년 일본의 오쿠무라 엔신(奧村圓心)이 부산에 동본원사(東本願寺) 별원을 설립한 이후부터 식민불교로 전락해 갔다.[6] 1910년에는 나라의 운명과 함께 일본불교와의 합병을 협약으로 체결할 정도였으니 민족종교의 위치에서 멀어져 갔다. 그런 속에서도 1910년대에는 뜻있는 승려에 의해서 반성이 일어나고 있었다. 그 대표적인 것이 1913년에 발표된 한용운의 『불교유신론』, 1915년 중앙학림(中央學林)의 설립, 그리고 1918년 『유심(唯心)』지의 간행이었다. 그러나 불교계의 이러한 변화는 한용운·박한영(朴漢永)·백용성(白龍城)·

4 허선도, 「3·1운동과 유교계」, 『3·1운동 50주년 기념논집』, 동아일보사, 1969, 281쪽.
5 조동걸, 앞의 책, 108쪽.
6 田內武, 『朝鮮始政十五年史』, 朝鮮每日新聞社, 1925, 286-287쪽 참조.

백초월(白初月) 등 몇몇 개인에 의해 일어난 변화에 불과하였다.

개신교는 한말에 거의 미국 선교사에 의해서 전도되어, 초기에는 미국의 아시아정책에 따라 제국주의적 성향이 강했다. 그것이 1907년 무렵부터 만주에 대한 경제 침략의 문제로 미·일이 대립하여 미국 선교사의 태도도 다소 변하고 있었다. 그러나 한말의 개신교는 기본적으로 종교의 양심과 민족의 양심의 합일점을 찾지 못하고 있었으므로 민족적인 것과는 거리가 있었다.[7] 그러나 한말 기독교인들이 국기 게양과 애국가 제창을 통하여 자주독립의식을 고취한 것이나, 역사의식을 통한 독립의식의 북돋움에서는 민족의식의 일단을 찾을 수 있을 듯하다.[8] 그리고 1911년 105인 사건 때 서북지방에서 많은 교인이 고초를 겪으면서 개신교의 변화도 나타난다. 더욱이 신도(神道)에 의한 황도신민(皇道臣民)의 교육이 강행되면서 개신교 교단은 조선총독부와 대립하게 되었고,[9] 기독교의 양심과 민족 양심의 접합이 이루어져 갔다. 개신교는 한말의 오류를 반성하면서, 민족교회의 형성에 길을 열어 갔다. 그러한 분위기 속에서 송죽형제회나 국권회복자립단이나 조선국민회 같은 조직이 교인들에 의해서 탄생되었다.

이러한 분위기 속에서 종교계의 새로운 변화가 모색된다. 1910년대에 국내에 교단을 가지고 있던 종교로서 천도교·불교·개신교에서의 민족적 방향 도모가 그것이었다. 그 교단들은 구한말 보여주었던 반민족적인 오류를 반성하고, 종교의 경계를 넘어 3·1독립만세운동(이하 3·1운동이라 칭함)을 계획하고 실천하였다. 물론 그들에 의해서 3·1

7   조동걸, 앞의 책, 108쪽.
8   이만열, 「한말 기독교인의 민족의식 動態化 과정」, 『한국기독교와 민족의식』, 지식산업사, 1991, 281쪽 참조.
9   김승태, 「일본 신도의 침투와 1910~1920년대의 신사 문제」, 『한국사론』16, 서울대, 1987, 301-307쪽 참조.

운동이 계획되었다는 것은 3·1운동 자체로 보면 일정 한계를 가질수밖에 없는 일이기도 하지만, 한편으로 구한말의 그들의 위치로 보면 기대하기 힘든 교단에 의해서 3·1운동이 계획될 정도로 반성적 변화가 있었다는 점에서는 민족사의 발전으로 이해되어야 할 것이다.[10]

1919년의 3·1운동은 1910년대 국내외에서 전개된 각종 항일투쟁양상이 결집되어 나타난 것으로 전 민족의 제 계층이 연합하여 전개한 거족적인 항일투쟁이었다. 국내외에서 활발하게 전개된 3·1운동은 한민족이 유사 이래 처음으로 역사적 운명공동체임을 확인하면서 근대적 민족으로 결집했음을 보여주는 것이었다. 특히 3·1운동이 세계의 정의와 인도에 의거한 세계 평화 실현 운동임을 내세운 것은 한민족이 독립국가 건설을 통해 국제 사회의 당당한 일원이 되겠다는 의지를 대내외에 과시한 것이었다.

한편 대종교는 1909년 1월 15일(음력) 중광(重光, 전래 단군신앙의 부활)을 선포한 이후, 국내외에 단군구국론을 확인시키면서 일제에 대한 총체적 저항의 중심에 선 집단이다. 그러나 당시 항일투쟁 총본산으로써의 역할을 하면서도, 종교계를 중심으로 이루어진 국내 3·1운동에 대종교의 관여가 표면적으로 드러나지 않았다는 점이 의아하다. 그러므로 이 글에서는 일제강점기 대종교적 공간으로서의 종로(북촌)를 언급해 보고, 대종교가 3·1운동에 직간접적으로 연결되었던 정황에 대해 인물과 사건을 중심으로 정리해 볼 것이다.

---

10   조동걸, 앞의 책, 109쪽.

2

일제강점기 대종교적 공간으로서의 종로

　일제강점기 종로는 3·1운동의 메카와도 같은 곳이다. 이 지역을 거점으로 천도교계와 기독교계 등의 종교계가 중심이 되어 거사의 기치를 세웠다. 전통적으로 종로의 북촌(北村)은 경제력과 문화수준이 청계천 건너의 남촌(南村)과는 극명하게 대비되었던 공간으로, 조선시대 왕족이나 고위관직에 있던 사람들이 많이 거주한 곳이다. 서울의 대로인 종각 이북을 북촌이라 부르며 노론(老論)이 살고 있고, 종각 남쪽을 남촌이라 하는데 소론(少論) 이하 삼색(三色, 서인·남인·북인)이 섞여서 살았다는 매천(梅泉) 황현(黃玹) 기록에서도 확인된다.[11] 일제강점기에는 남촌 지역을 중심으로 일본인들이 많이 거주하게 되면서, 조선인 중심의 거주지역으로서의 북촌과 일본인 중심의 거주지역으로서의 남촌으로 대비되기도 했다.

　특히 종로의 배후 주거지였던 북촌은 3·1운동과도 뗄 수 없는 공

11　『梅泉野錄』1卷, 上, 「北村·南村」京師大路鍾閣以北 謂之北村 老論居之 南曰南村 少論以下三色雜居之

간이다.[12] 일본 동경 유학생 송계백(宋繼白)이 북촌 계동(桂洞)에 있던 중앙학교 교장 송진우(宋鎭禹)와 교사 현상윤(玄相允)에게 「2·8독립선언서」의 초안을 전달하고, 동경 유학생들의 거사 준비 상황을 보고하였던 공간이다. 또한 송계백의 방문을 계기로 송진우(宋鎭禹)·최남선·현상윤·최린(崔麟) 등이 수차례 회동하며 거사를 모의한 곳도 북촌 재동(齋洞) 68번지 최린의 집이다. 당시 이들은 독립선언서에 서명할 민족 대표를 교섭하는 한편, 이승훈(李昇薰)을 통해 기독교 측과의 합작을 시도하였다. 최남선은 이승훈에게 서신을 보내 상경하도록 하고 송진우 등과 회합하여 기독교계의 본격적 참여를 유도하였다. 이 회합의 공간 역시 계동 130번지 김성수(金性洙)의 집이었다.

이후 이승훈과 송진우 등이 재차 회합한 곳도 소격동(昭格洞) 133번지에 소재한 김승희(金昇熙)의 집임이 주목된다. 이러한 우여곡절 속에서 1919년 2월 24일 이승훈과 함태영(咸台永)이 최린과 함께 손병희를 방문하여 천도교 측과 기독교 측의 거사 일원화를 성사시킨 공간도 북촌의 송현동(松峴洞) 34번지 천도교중앙총부였다. 이 「3·1독립선언서」를 인쇄한 보성사(普成社) 역시 수송동 44번지에 이었으며, 3·1운동의 실질적 설계자로써 인쇄한 독립선언서를 옮겨가 보관했던 이종일(李鍾一, 당시 보성사 사장)의 집 역시 경운동 78번지였다.

「3·1독립선언서」의 상징적 대표였던 손병희(孫秉熙)의 집도 가회동 170번지였으며, 2월 28일 전문학교 학생 대표들이 회합을 통해 학생 동원 문제를 최종 점검하고 독립선언서의 배포를 분담했던 장소도 승동교회(인사동 137번지 소재)다. 1919년 3월 1일 33인 가운데 29인이

---

12 장규식, 「일제하 종로의 민족운동 공간:침략과 저항의 대치선」, 『한국근현대사연구』26, 한국근현대사학회, 2003, 71-94쪽 참조.

참석한 가운데 독립선언식이 거행된 곳도 인사동 154번지 소재 태화관(太和館)이었다. 그리고 같은 날 학생과 시민들이 운집한 가운데 별도의 독립선언식 거행한 곳도 종로2가 38번지에 있는 탑골공원이다. 이밖에도 종로의 YMCA회관이나, 관수동(觀水洞) 144번지의 대관원(大觀園) 또한 넘길 수 없는 공간이다. 대관원은 중국음식점로 1919년 1월 27일 경성 시내 전문학교 학생대표 회합한 공간이다. 이 모임에서 학생단 거사에 대해 처음으로 의견 교환하였다. 종로(북촌)라는 공간이 3·1운동 진원지 역할을 하였음을 다시금 확인시켜 준다.

한편 종로 북촌은 1909년 1월 15일(음력) 대종교의 중광(重光)이란 사건과도 뗄 수 없는 공간이다. 대종교 중광은 한국정신사에 획기적 변화를 몰고 왔다. 대종교는 전래 비유(非儒)·비불(非佛)의 고유적 사상의 흐름인 신교(神敎)라는 특이한 사상·문화의 흐름 속에서 성립한 것이었다. 즉 고유한 문화의 흐름에 뿌리를 두었으면서도 중세기를 통하여서는 유교의 압력에 밀려서 산간에 숨었던 신교가, 지배 이데올로기가 적절성을 상실하고 외침 앞에 민족적 위기가 고조되면서 역사의 전면으로 부활한 것이다.

이러한 대종교의 중광은 절망적 현실 속에서 민족적 자긍심을 북돋워 준 사건으로써, 우리 민족사의 전반에 커다란 반향을 일으켰다. 즉 역사 속에 침잠되어 오던 단군신앙의 부활을 통해, 당시 주권을 잃어버린 암울한 민족사회 전반에 희망의 메시지를 전달했다. 또한 민족정체성의 와해 속에서 방황하던 수많은 우국지사들과 동포들에게 정신적 안식처를 제공하게 된다. 특히 국망(國亡)이라는 수모를 당하게 된 역사적 원인에 대한 냉철한 반성과 함께 도존(道存)이라는 정신적 일체감을 통한 치유방안을 동시에 제시함으로써, 항일루쟁의

총체적 동력의 역할을 했다는 점에서도 의미가 크다.[13]

또한 나철은 창교(創敎)가 아닌 중광(重光, 다시 일으킴)을 선택함으로써, 단군신앙의 원형인 전래 신교(神敎)의 계승의식을 분명히 천명했다. 즉 동학의 최제우(崔濟愚)나 증산교의 강일순(姜一淳)처럼 창교주로 화려하게 등장하는 것이 아니라, 단군교에 입교한 일개 교인으로써 단군신앙의 연결자로 스스로를 낮추었던 것이다. 이것은 몽고침입 이후 7백여 년간 단절되었던 배달민족 고유 신앙에 대한 부활로써, 나철이 민족사적 명분 앞에 개인의 욕심을 기꺼이 양보한 모습을 살필 수 있는 부분이기도 하다. 바로 이러한 점이 당대의 수많은 지식인들로부터 공감을 얻는 원인이 되었을 뿐만 아니라, 대종교라는 중광의 사건이 종교적 차원을 넘어 민족사의 전반에 우국적 반향을 일으킨 요인이 되었다고 할 수 있다. 또한 대종교 중광이 국어·국문·국사·국교의 방면에서 국학정립의 혁명적 계기가 되었던 것도, 나철의 이러한 역사인식과 접맥되었던 것이다.[14]

성스러운 체험과 성스러운 공간은 종교에 있어 빼놓을 수 없는 요소다. 종교의 성지관념(聖地觀念) 역시 이 요소들과 밀접히 형성되는 인간 심리현상 중의 하나로, 종교적 공간과 관련하여 나타나는 성스러운 인식이나 의식과 연결된다.[15] 대종교에 있어 성지 역시 무수히 많다. 백두산, 태백산, 묘향산, 구월산, 마니산 등의 단군 신교

13   김동환, 「대종교의 민족운동」, 『종교계의 독립운동』(한국독립운동의 역사38), 한국독립운동사편찬위원회, 2008, 145-146쪽.
14   이현익, 『대종교인과 독립운동연원』(프린트본), 1962, 13쪽.
15   성지관념은 '聖域意識'이란 말로도 바꿀 수 있을 것이다. 본디 동양 고전에서의 '성역'이란 말은 성인의 地位, 성인의 境地를 말하는 것으로, '성인의 경지[聖境]'를 표현하는 것이었다. 『漢書』「嚴朱吾丘主父徐嚴終王賈傳下」와 『前漢紀』「孝元皇帝紀上」에 나오는 "臣聞堯舜 聖之盛也 禹入聖域而不優"라는 구절이 이를 말해 준다.(諸橋轍次, 『大漢和辭典』卷九, 大修館書店, 1994, 207쪽.)

(神敎)의 유적과 평양 숭령전을 비롯하여 백두산 남북마루에 산재한 단(壇)·전(殿)·사(祠)·묘(廟)·각(閣)·당(堂)의 흔적들을 헤아리기 힘들다.[16]

특히 종로 북촌은 대종교 중광에 있어서 남다른 의미를 품고 있다. 대종교 중광의 제1성지가 바로 이곳이기 때문이다. 대종교 중광 당시의 정황을 적어놓은 대종교단 내의 기록을 보자.

"이에 대종사(홍암 나철을 말함—인용자 주)는 신교(神敎)의 중광과 종도(倧道)의 재천(再闡)으로써 민족의 앞날을 바로잡고 병탄당하려던 조국의 쇠운을 회복시킴과 아울러 동양평화와 인류의 자유행복을 증진시키려는 대 이념 하에 한배검의 영계을 받들어 4366년 기유(1909) 음 정월15일 자시(子時)를 기하여 동지 오기호(吳基鎬)·강우(姜虞)·최전(崔顓)·류근(柳瑾)·정훈모(鄭薰模)·이기(李沂)·김인식(金寅植)·김춘식(金春植)·김윤식(金允植) 등, 수십인과 함께 한성(漢城) 북부(北部) 제동(齋洞) 취운정(翠雲亭) 아래 8통 10호 육간 초옥 북벽(北壁)에 단군대황조신위를 모시고 제천(祭天)의 대례(大禮)를 행하시며 단군교포명서를 공포하시니 고려 원종 때 몽고의 침입으로부터 700년간 폐색되었던 신교의 교문이 다시 열리어 한말의 암흑풍운 속에도 일맥의 서광이 민족의 앞날을 밝게 비치었으니 이날이 곧 우리 겨레의 새 역사를 창조한 거룩한 날이요 우리 대교(大敎)의 중광절(重光節)인 것

16　김동환, 「대종교성지 청파호 연구 : 종교지리학적 관점을 중심으로」, 『국학연구』제17집, 국학연구소, 2013, 189-298쪽 참조

이다."[17]

　대종교는 북촌의 가회방(嘉會坊) 재동(齋洞) 8통 10호에서 7백 년간
끊겨있던 단군신앙의 부활을 선언하였다. 북촌 재동이 대종교 중광
의 발원지라는 것을 확인해 주고 있다. 재동은 대종교를 중광한 나
철의 정치적 스승인 운양(雲養) 김윤식(金允植)의 활동 거점으로, 잿골
을 한자로 옮긴 데서 유래한 곳이다. 잿골이라는 지명은 계유정난(癸
酉靖難)과 관련된다. 왕위 계승의 뜻을 품은 수양대군(首陽大君)이 심
복인 권람(權覽)의 추천으로 한명회(韓明會)를 만나 1953년(단종7년) 단
종이 누이 혜경공주(惠敬公主)의 집에 행차한 기회를 이용하여 무사
들을 매복시키고 어린 단종을 보필하는 황보인(皇甫仁) 등을 유인하
여 참살하였다. 당시 이들이 흘린 피로 내를 이루고 비린내가 나므로
사람들이 집안에 있는 재[草木灰]를 모두 가지고 나와서 붉은 피를
덮으니 동네가 온통 재[灰]로 덮였다고 한다. 그 후부터 이곳을 잿골
즉 회동[灰洞]으로 부르게 되었으며 이후 재동(齋洞)으로 바뀌었다.
또한 재동을 이룬 옛부락은 잿골 또는 회동으로 부르는 재동과 동
곡(東谷) 그리고 홍현(紅峴)으로 구성되었다. 홍현은 순우리말로 '붉은
재'라고도 하는데 붉은 흙이 많이 있기 때문에 붙여진 이름으로, 현
재의 정독도서관 남쪽으로 재동과 맞닿는 부근이다. 동곡은 가회동,
재동, 화동에 걸쳐있는 곳으로 홍현의 동쪽이 되므로 이름이 붙여졌
고 '동골'이라고도 불렀다.[18]

17　종경종사편수회 편, 『대종교중광육십년사』, 대종교총본사, 1971, 80쪽.
18　조준희, 「대종교 중광 성지 東京 蓋平館과 북촌 취운정에 대한 종교지리학적 고찰」, 『국학연구』제8
　　집, 국학연구소, 2003, 315-117쪽 참조.

이렇듯 재동에서 중광 선언을 한 대종교는, 중광 당시부터 일제의
탄압과 함께 경제적 곤궁을 겪으며 옮겨 다녔다. 같은 해(1909년)에만
북부 광화방(廣化坊) 원동(苑洞), 중부 정선방(貞善坊) 이동(泥洞), 서부
여경방(餘慶坊) 자문동(紫門洞), 중부 정선방 마동(麻洞)으로 종교적 거
점을 이전한 것에서도 확인된다.[19] 이후에도 국내 대종교의 중심이었
던 남도본사(南道本司)가 계동(桂洞)을 중심으로 거점을 잡고 1920년대
까지 꾸준히 움직였다. 모두 북촌을 중심으로 한 종로라는 공간 속
에서 이루어진 것이다. 종로(북촌)라는 공간이 대종교 중광과 뗄 수
없는 곳임을 다시금 알게 해 준다.

일제강점기 종로의 북촌을 리모델링한 인물이 대종교인 정세권(鄭
世權)이었다는 점도 흥미를 끈다.[20] 경상남도 고성군(固城郡) 하이면(下
二面) 덕명리(德明里) 출신인 정세권은 진주낙육고등사범학교(晉州樂育
高等師範學校) 졸업하고, 대종교 중광 직후인 1910년대 초반에 입교하
였다. 1919년 상경하여 건양사(建陽社)라는 개발회사를 설립하여 가회
동(嘉會洞) 지역을 개발함으로써, 재력 확보와 함께 선구적 건축가로
서도 우뚝 섰다. 당시로서는 획기적인 개발 방법으로 주목을 끌었다.
불편하고 좁은 재래 한옥을 개량하여 상하수도를 갖춘 도시형 한옥
으로 리모델링한 것이다.[21]

19   『대종교중광육십년사』, 앞의 책, 155쪽.
20   大垣丈夫,『朝鮮紳士大同譜』, 日韓印刷株式會社, 1913, 538쪽.
21   『조선일보』1935.7.13.

3
대종교와 3·1운동

1. 시대적 배경

사건이 자연현상과 다른 것은 인간의 관여로 엮어진다는 점이다. 3·1운동 역시 국내 종교계 인물들의 유기적 노력으로 만들어진 거사였다. 또한 1918년 민족자결주의 이후 나타난 국외에서의 분위기 역시 3·1운동 촉발의 중요한 동인이 되었다. 그 지역적 중심이 상해였으며, 그 인물의 핵심부에 예관(睨觀) 신규식(申圭植)이 있었다. 상해를 중심으로 3·1운동의 부싯돌 역할을 한 인물이 신규식이기 때문이다. 일찍이 "여기에서 또 그대로 묻어둘 수 없는 일은 3·1운동이 예관에 의해 점화되었다는 사실인 것이다."[22]라는 평가에서도 확인된다.

신규식은 대종교가 중광 직후에 봉교(奉敎)하여 평생을 독신한 인물이다. 대종교의 기관지인 『종보(倧報)』에 실린 다음의 기록에서도 찾을 수 있다.

---

22   오세창, 「신규식-대륙에 핀 한국의 혼」, 『한국의 인간상』6, 신구문화사, 1966, 320쪽.

"1909년 7월 21일 봉교인(奉敎人) 신규식이 신등(新燈)을 만들어 신위전(神位前)에 바쳤다"[23]

봉교인이란 입교인(入敎人)과 동일한 대종교의 용어다. 신규식이 1909년 7월 21일 이전에 입교한 인물임을 알 수 있으며, 등(燈)을 마련하여 신전에 올렸음도 알 수 있다. 그리고 1910년 1월 4일(음력) 참교(參敎)의 교질(敎秩)을 받고,[24] 그 해 12월 6일(음력)에는 김교헌(金敎獻)·류근(柳瑾)·조완구(趙琬九)와 함께 대종교규제기초위원(大倧敎規制起草委員)으로 임명되어,[25] 대종교 초기의 규칙이나 교령을 제정하는 데도 큰 역할을 하였다.

신규식은 이러한 노력으로 1911년 1월 15일(음력) 중광절(重光節)에 지교(知敎)로 승질(陞秩)하면서 경리부장(經理部長)에 서임된다.[26] 당시 신규식과 함께 대종교의 주요 직책을 맡은 인물들은 아래표에서 보듯 당대의 인물들이었다.

이름	직책	당시 교질	서임년월일
류근(柳瑾)	전무(典務)	참교(參敎)	1911년 1월 15일(음력)
김교헌(金敎獻)	부전무(副典務)	지교(知敎)	〃
이건(李鍵)	종리부장(宗理部長)	〃	〃
조완구(趙琬九)	서리부장(庶理部長)	참교(參敎)	〃
이억(李億)	규리부장(規理部長)	지교(知敎)	〃
신규식(申圭植)	경리부장(經理部長)	〃	〃

---

23 『倧報』제3호(1909년 가을호)
24 『倧報』제5호(1910년 봄호)
25 『倧報』제8호(1910년 겨울호)
26 『倧令』제3호(1911년)

신규식은 같은 해 3월 15일(음력) 어천절(御天節)에는 경하식(慶賀式) 개식원도예원(開式願禱禮員)으로 선정되어 어천절 경하식을 이끌었고, 며칠 후인 3월 26일에는 종리부장으로 직책을 옮겼다.[27] 그리고 그 해 겨울 홍암(弘巖) 나철(羅喆)의 밀명을 받고 대종교 거점 확보를 위해 중국 상해로 넘어갔다.

신규식은 중국 상해로 망명하면서 대종교 이름인 정(楧)으로도 활동하였다. 그의 망명 경로를 그의 시집 『아목루(兒目淚)』의 내용을 통해 추적해 보면, 압록강을 건너 안동현(安東縣)을 지나 사하진(沙河鎭), 요양(遼陽, 고려문), 성경(盛京, 심양), 산해관(山海關)을 거쳐 연경(燕京, 북경)에 도착하였다. 이후 북경에서 무관학교 동기인 조성환을 만나 중국의 현황에 대한 말을 듣고 그 실상을 파악한 뒤, 천진(天津)과 산동성(山東省)의 청도(靑島)·교주(膠州)를 지나 상해에 도착하였다.[28]

상해에 정착한 신규식은 가장 먼저 손문(孫文)이 이끄는 중국동맹회(中國同盟會)에 가맹하고, 1911년 10월 무창의거(武昌義擧, 신해혁명)에 참가했다. 중국혁명의 성공이 한국의 해방을 가져오리라는 믿음 때문이었다. 그 과정을 보면, 신규식은 먼저 『민립보(民立報)』를 주관하던 서혈아(徐血兒, 徐天復)과 친교를 맺고, 그를 통해 중국혁명의 지도적인 인물들과 용이하게 유대관계를 맺을 수 있었다. 또한 송교인(宋敎仁)과도 우의를 다지면서 그를 통해 진기미(陳其美)를 비롯한 중국혁명동지들과 직접 접촉하게 되어 중국동맹회의 창립동지들과도 차례로 친교를 맺게 되었다. 그리고 대종교명인 신정(申楧)이란 이름으로

27 『倧令』제9호(1911년)
28 신규식의 詩集 『兒目淚』(申圭植 遺著, 『韓國魂 ; 兒目淚』. 臺北·晥觀先生紀念會, 1955)에 실린 여정을 참조함.

중국동맹회에 가입한 후 진기미를 따라 1911년 10월 무창의거에 참가하게 된 것이다. 한국 지사로 중국 신해혁명에 투신한 최초의 인물로 평가된다.

무창혁명의 성공으로 신규식은 조국 독립에의 희망과 확신을 갖게 되었고, 이에 자극받은 한국의 독립운동가들도 상해로 모여들게 되었다. 그리고 상해에 도착한 중국혁명의 지도자인 손문과도 친분관계를 맺을 수 있었다. 당시 손문이 주도한 중국혁명은 민족(民族)·민권(民權)·민생주의(民生主義)를 표방한 민족복권운동이었던 동시에, 약소민족의 독립·해방쟁취를 지지·격려하는 입장을 취하였다. 중국혁명이 신속히 진전되었던 까닭으로, 손문과 중국혁명에 대한 신규식의 기대 역시 남달랐던 것이다.

신규식은 상해 교민이 늘어가자 독립운동과 교민들의 상부상조를 위한 비밀결사의 필요성을 실감하게 되었다. 1912년 5월 동제사(同濟社)를 출범시킨 배경이다. 동제사에는 박은식(朴殷植)·박찬익(朴贊翊)·김규식(金奎植)·홍명희(洪命憙)·신채호(申采浩)·조소앙(趙素昻)·문일평(文一平)·여운형(呂運亨)·장건상(張建相) 등이 참여했다. 이 조직은 한때 회원이 300여 명에 이르렀고 상하이 본부 이외에도 북경·천진·만주 등과 노령·구미·일본 각지에도 지사를 설치했다. 신규식이 본부의 이사장직을 맡고 총재는 박은식이 담당하여 운영의 중추역이 되었다. 당시 동제사 회원 중 파악된 그 밖의 인물들을 보면, 조성환(曹成煥)·신건식(申健植)·농죽(農竹, 중국인)·김용호(金容鎬)·신철(申澈)·민제호(閔濟鎬)·김갑(金甲)·정환범(鄭桓範)·김용준(金容俊)·민충식(閔忠植)·이찬영(李贊永)·김영무(金永武)·이광(李光)·신석우(申錫雨)·한진산(韓震山)·김승(金昇)·김덕(金德)·변영만(卞榮晩)·윤보선(尹潽善)·민병호

(閔丙鎬)·정원택(鄭元澤) 등이 있다.

동제사는 신규식을 위시한 그 핵심인물인 박은식·신채호·조소앙·조성환·박찬익 등이, 국혼(國魂)을 중시하는 민족주의적 역사관과 대종교의 국교적(國敎的) 신앙을 공통으로 가졌던 점으로 보아, 그들에 의해 경영되는 동제사의 기본 이념과 독립운동 방략도 이와 크게 다르지 않았다. 아울러 중국국민당 인사들과 함께 동제사의 협력 단체인 신아동제사(新亞同濟社)를 발기하였다. 당시 진기미·송교인·여천민(呂天民)·요중개(廖仲愷)·대계도(戴季陶)·호한민(胡漢民)·추로(鄒魯)·백문울(柏文蔚) 등의 중국인사들이 참여하였는데, 이들은 중국혁명동맹회 회원으로 신해혁명에 적극 가담한 인물들이었다. 신아동제사의 취지는 전적으로 한국독립을 위한다는 기본 목적 하에서 한국과 중국의 혁명운동가를 연결하고 양국민간의 우의를 증진시켜 상호협조 속에서 혁명운동을 전개하자는 데 있었다.

상해에 거점을 마련하기 위해 동부서주한 신규식은 1912년 8월 12일(음력)에는 만주 화룡현 청파호(靑波湖) 대종교시교당을 방문하여 역사적인 회합도 주도하였다. 연해주에서 넘어온 보재(溥齋) 이상설(李相卨)과 만나 대종교의 전체적인 발전을 도모한 것이다. 당시 그 회합은 백초(白樵) 류완무(柳完茂)와 은계(隱溪) 백순(白純)도 함께 한 4인 회합이었다.[29] 회합의 주된 목적은 대종교를 확장하는 문제였다. 교육과 종교의 중요성이 강조되었고, 대종교 자제에 대한 교육은 청년 중에서 뜻이 있는 사람이 담당해야 한다는 데 의견을 모았다. 또한 연로한 사람들이 담당할 것은, 사람마다 집집마다 종교적 믿음의 의

29　조창용,「北艮島視察記(大倧敎施敎堂日記)」,『白農實記』(한국독립운동사자료총서 제7집), 한국독립운동사연구소, 1993, 252쪽.

미로 접근해야 한다는 데 모두 공
감하였다.

또한 신규식은 이해에 손문이
중화민국 초대 임시대총통이 되자
이를 축하하며 공화정의 출범을 기
려 「축손총통중산(祝孫總統中山)」이
란 제목의 시도 지었으며, 조성환
과 함께 남경으로 가서 손문을 직
접 만나 한국의 멸망을 호소한 뒤
독립운동의 원조를 요청했다.

한편 신규식은 유학을 원하여
상해 등지에 모인 학생들의 수가
많아지게 되자, 보다 조직적이며 체
계적인 교육활동의 필요성을 느끼
게 되었다. 이에 동지들과 상의하
여, 1912년 12월 17일 상해 프랑스
조계(租界) 내 명덕리(明德里)에 박달

1912년대 만주 화룡현 청호 대종교
시교당에서 있었던 신규식, 이상설,
백순, 류완무 등의 대종교 발전을 위
한 회합 기록(『백농실기』)

학원을 개설하여 청년들을 수용하고 훈련과 교육을 실시하였다. 이
학원은 중국·구미유학을 위한 입학 예비교육을 주요 목적으로 한
고육기관으로, 영어·중국어·지리·역사·수학을 교육과목으로 정하고
수학 기간은 1년 반이었다. 박달학원의 선생은 중국어 교사인 조성
환을 비롯, 박은식·신채호·홍명희·문일평·조소앙 이외에 중국인으
로 혁명운동가인 농죽(農竹)과 미국의 화교인 모대위(毛大衛) 등이 있
었다. 박달학원에서는 군사교육을 위해서 약 10년간 100여 명의 학

생들을 보정군관학교(保定軍官學校)·남경해군학교(南京海軍學校)·천진
군수학교(天津軍需學校)·호북강무당(湖北講武堂)·운남군수학교(雲南軍
需學校)·오송상선학교(吳淞商船學校)·광동강무당(廣東講武堂) 등에 입학
시켰다.

1913년 원세개(袁世凱)가 자신의 세력 강화를 위해 차관을 도입하
고 중국혁명파의 힘을 약화시키는 음모를 꾀하므로, 그해 7월부터 도
원운동(倒袁運動, 원세개의 권력을 타도하려는 운동)인 2차 혁명이 각처에
서 일어났다. 신규식은 2차 혁명 발발 이전 조성환 등과 진기미를 방
문하였다가 다시 무기를 들어야 한다는 말을 듣고 그를 도와 상해 일
대의 2차 혁명에도 참가하였다. 그러나 2차 혁명이 실패하자 진기미
등은 일본으로 망명하게 되고 신규식도 북경 정부의 감시 대상이 되
어 외출도 자유롭지 못한 입장에 처하게 되었다.

그 시기 대종교 교주였던 나철은 대종교의 성지 순례를 마치고 만
주 화룡현 청파호에 도착하여, 그곳을 중심으로 새로운 구상을 마련
하고 있었다. 나철은 그곳 청파호에 교주의 권한으로 대종교총본사
(大倧敎總本司)를 권설(權設)하고 대종교의 본거로 삼았다. 그리고 1914
년 5월 13일(음력) 그곳 청파호를 중심으로 대종교 각 도본사(道本司)
의 조직 강화와 포교 운동의 포석을 놓았다. 당시 신규식은 석오(石
吾) 이동녕(李東寧)과 함께 서도본사(西道本司)의 책임을 맡았다. 나철
이 대종교총본사를 중심으로 마련한 4도본사와 그 책임자 및 소재
지는 아래표와 같다.

조직	책임자	호	소재지	관할지역
총본사	나철(羅喆)	홍암(弘巖)	화룡현 청파호	4도교구 전체 통솔
동도본사	서일(徐一)	백포(白圃)	왕청현 독립군기지 내	동만주, 노령, 연해주
서도본사	신규식(申圭植) 이동녕(李東寧)	예관(睨觀) 석오(石吾)	중국 본토 상해	남만주부터 산해관
북도본사	이상설(李相卨)	보재(溥齋)	노령 소학령	북만주 일대
남도본사	강우(姜 虞)	호석(湖石)	국내 경성	한반도 전역

1914년대 대종교의 각도본사를 맡았던 핵심인물들.
왼쪽부터 서일(동도본사), 신규식·이동녕(서도본사), 이상설(북도본사), 강우(남도본사)

　　그 해 신규식은 외국인으로서는 유일하게 남사(南社)에도 가입하여, 문학을 통해 중국 혁명지사 및 문인들과 폭넓게 교류하게 된다. 남사는 1909년 11월 13일 발기된 문학단체로서 문자혁명을 표방했으나 실제로는 만청정부(滿淸政府)를 반대하면서 혁명운동을 도와 혁명사상을 고취시키고자 한 혁명적 성격을 띤 단체였다. 1914년 8월 신규식이 처음으로 남사의 회합인 아집(雅集)에 참석했을 때, "이름은 정(楟), 자는 산로(汕盧), 요녕인(遼寧人)으로 원적은 조선이며, 삼한(三韓)이 망국하게 된 비참을 통분하여 집을 떠나 서쪽으로 와 독립운동에 전력을 다 하였다."고 소개되었으며, 그의 독립운동을 높이 평가하였다고 한다. 이 시기 신규식은 학생들의 유학 알선, 직업 지도 및 교육적 기능을 업무로 한 환구중국학생회(寰球中國學生會)에도 가입하여 이등휘(李登輝)·당문치(唐文治)·왕배손(王培蓀)·여일기(余日奇)·주가화(朱家驊) 등과 접촉하면서, 중국 혁명지사 및 지식인들과 교류할 수 있는 길을 넓혀나갔다.

2.「대동단결선언」

1915년 신규식은 북경으로부터 온 성낙형(成樂馨)·유동열(柳東說), 그리고 대종교의 핵심인물들인 이상설·박은식 등과 함께 당시의 국제정세를 관망하면서 운동방략을 협의하였다. 그리고 그해 3월 신규식을 비롯하여 박은식·이상설·성낙형·유동열·이춘일(李春日)·유홍렬(劉鴻烈) 등이 모여 제1차 세계대전의 추이를 살피고, 이를 독립운동의 호기로 판단하여 적절히 활용키 위한 조직으로 신한혁명단을 조직한다. 문제는 제정체제(帝政體制)였던 독일·중국과 긴밀한 연락을 위해서는 공화정치를 표방이 쉽지 않았기에, 우선 제정체제를 표방하고 고종을 내세울 필요가 있다는 데 의견을 모았다. 당연히 공화주의를 추구하던 신규식의 열정은 미온적으로 흘러갔다.

이 해에 신규식은 대종교 핵심인 이상설·박은식과 함께 대동보국단(大同輔國團)을 조직하게 된다. 이 조직의 본부는 프랑스 조계 명덕리(明德里)에 소재했으며, 후일「대동단결선언(大同團結宣言)」의 주축이 되었다.「대동단결선언」은 1917년 7월 상해에서 신규식을 비롯한 14인의 명의로 발표된 최초의 독립선언이다. 그 선언에 참여한 14인의 명단은 신규식·조용은(조소앙)·신백우(申錫雨)·홍명희(洪命熹)·박용만(朴容萬)·김규식(金奎植, 蘆隱이 아닌 尤史)·한흥(韓興)·신채호·박은식·

조성환·윤세복·박찬익·이용혁(李龍爀)·신대모(申大模) 등으로, 이들 대다수가 핵심 대종교인이었다.(아래표 참조) 「대동단결선언」을 후일 「대한독립선언(무오독립선언)」과 함께 대종교선언이라고 하는 이유다.

한편 서명자와 관련한 학계의 오류 역시 간과해서는 안 될 듯하다. 학계에서는 조동걸 교수의 연구[30] 이후 「대동난결선언」의 서명자로 나오는 한진(韓震)을 모두 한진교(韓鎭敎)로 적고 있으나, 이것은 분명한 오류다. 「대동단결선언」을 주도한 당사자이자 『진단(震壇)』 잡지를 주관한 신규식은 「대동단결선언」에 서명한 14인의 이름을 신규식·조용은·신석우·홍명희·박용만·한흥·신채호·박은식·조성환·윤세복·박찬익·이용혁·신대모로 정확히 밝히고 있다. 그 이름이 불분명했던 한진은 한진교가 아닌 한흥으로 확인되는 것이다.[31] 또한 기독교로만 알려진 김규식의 행적도 눈길을 끈다. 1918년 모스크바 극동민족대회 「조선의 혁명운동The Korean Revolutionary Movement」이란 보고서에서 "조선민족의 시조인 단군을 섬기는 대종교 신자들은 그들의 위대한 신을 모시며, 조상의 잃어버린 땅을 되찾으려는 결심을 굳게 한 애국적인 젊은이들이 많이 있다"라고 우리의 가치를 소개한 인물이 우사 김규식이다.[32] 그 역시 대종교와 깊이 연결되어 있음을 알 수 있다.

---

30 조동걸, 「1917년의 대동단결선언」, 『한국학논총』10, 국민대학교, 1987, 참조.
31 〈最先發表之大同團結宣言〉, 「韓國獨立宣言書之五」, 『震檀』第五號, 震檀報社(中國.上海), 中華民國九年(1920), 2-3쪽 참조.
32 김규식의 보고서 전문은 'The First Congress of the Toilers of the Far East: Held in Moscow, January 21st-February 1st 1922, Closing Session in Petrograd, February 2nd 1922', communist International, 1922, pp.74-98에 수록되어 있다.

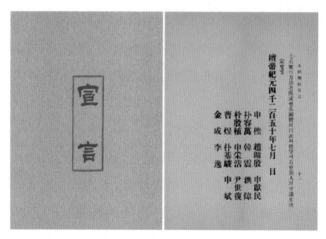

「대동단결선언」의 표지(왼쪽)와 마지막 페이지(오른쪽).
대종교의 檀帝紀元과 함께 서명자 14명의 명단이 적혀 있다.(독립기념관)

1917년 「대동단결선언」에 참여한 14인의 기본 신상

순서	「대동단결선언」에 서명한 이름	호	당시 나이	『震壇』 잡지에서 신규식이 밝힌 이름	종교
1	신정(申檉)	예관(睨觀)	37세	신규식(申圭植)	대종교
2	조용은(趙鏞殷)	소앙(素昂)	30세	조용은(趙鏞殷)	대종교
3	신헌민(申獻民)	우창(于蒼)	23세	신석우(申錫雨)	대종교
4	박용만(朴容萬)	우성(又醒)	36세	박용만(朴容萬)	미상
5	한진(韓震)	일선(日仙)	32세	한흥(韓興)	대종교
6	홍위(洪煒)	벽초(碧初)	29세	홍명희(洪命憙)	대종교
7	박은식(朴殷植)	백암(白巖)	58세	박은식(朴殷植)	대종교
8	신채호(申采浩)	단재(丹齋)	37세	신채호(申采浩)	대종교
9	윤세복(尹世復)	단애(檀崖)	36세	윤세복(尹世復)	대종교
10	조욱(曺煜)	청사(晴簑)	42세	조성환(曺成煥)	대종교
11	박기준(朴基駿)	남파(南坡)	33세	박찬익(朴贊翊)	대종교
12	신빈(申斌)	미상	미상	신대모(申大模)	미상
13	김성(金成)	우사(尤史)	35세	김규식(金奎植)	미상
14	이일(李逸)	미상	31세	이용혁(李龍爀)	미상

「대동단결선언」은 전문 12면으로, 대동단결의 필요성, 국내동포의 참상폭로, 해외동포의 역할, 당시의 국제환경, 대동단결의 호소, 끝으로 제의(提議)의 강령(綱領)으로 구성되어 있으며, 주권재민론과 대동사상에 기초한 선구적인 독립선언이었다. 주목되는 부분은 민족사적 전통에 근거한 주권불멸론(主權不滅論)을 이론화하여 1910년 융희황제(隆熙皇帝, 순종)의 주권 포기를 국민에 대한 주권 양여로 이해했다는 점이다. 선언 참여자들은 국민주권설을 정립한 연후에 일본이 국토를 강점하고 있음을 강조하고, 해외에 거주하는 동포가 주권을 행사할 수밖에 없다는 주장을 폈다. 그러므로 해외동포가 민족대회의를 개최하여 임시정부를 수립하자는 데까지 이르렀다. 이 선언이 대한민국임시정부의 단초가 되는 선언임을 확인시키고 있다.

이러한 일련의 과정을 놓고 볼 때, 「2·8독립선언」과 「3·1독립선언」을 말함에도 신규식을 제쳐놓고는 말할 수 없다. 「2·8독립선언」의 배후에는 상해의 신한청년당(1918년)이 있었다. 신한청년당은 동제사(1912년)와 신한혁명당(1915년)의 정신을 이어받은 청년집단이었다. 다만 동제사와 신한혁명당이 대종교 인물들이 중심이었다면 신한청년당은 기독교 인물들이 주축을 이룬다. 물론 그 정신적 연결고리는 단군이었음이 흥미롭다. 다음 신한청년당 취지문의 서두에서도 확인된다.

"청년아! 단군의 혈손인 청년아! 과거의 치욕은 잠깐 잊을지어다. 선조 시절의 영광을 회복할지어다. 인류의 앞날의 역사를 빛낼 새로운 대 영광을 창조할지어다.…(중략)…우리는 정신적으로 민족을 개조하는 동시에 학술과 산업으로 우리 민족의 실력을 충실케 해야 하나니라. 이로써 우리 민족 자체의 자유와 문화와 행복을 득하려니와 이것으로 만족치 못할 것이니, 마침내 <u>단군의 혈</u>에서 출한 신문화가 전 인류에게 위대한 행복을 부여하기에 이르기를 기할지니라.…(후략)…"[33](밑줄은 인용자가 그은 것임)

이렇듯 동제사로부터 신한청년당까지 그 중심 역할을 한 인물이 신규식으로, '동제사→신한혁명당→신한청년당'으로 이어지는 정신적 흐름을 지속시켰다. 일찍이 신한혁명당을 주축으로 「대동단결선언」을 이끌어 낸 신규식은, 국내와 일본 등에 젊은 동지들을 밀파해 「2·8독립선언」에 불씨를 지피고 국내와의 긴밀한 연락 속에서 「3·1독립선언」의 도화선을 당긴 것이다.

3. 「대한독립선언」

국내 「3·1독립선언」의 기운은 1917년 천도구국단(天道救國團)을 중심으로 촉발되었다. 천도구국단은 1914년에 보성사(普成社)를 해체하고 만든 단체로 손병희를 명예 총재로, 옥파(沃破) 이종일을 단장으로 한 항일비밀결사였다.[34] 1918년 초 미국 윌슨 대통령의 민족자결주의가 세계적으로 커다란 반향을 일으키던 시기, 의암 손병희는 우리 종교인들의 연합을 통한 거사를 구상했다. 그러면서 천도구국단원들의 주도로 무오년(1918년) 3월 3일을 기해 시위를 감행하려했으나 실행하지 못한다.[35]

33 『新韓靑年』창간호(1919.2), 131-132쪽.
34 이현희, 『대한민국임시정부사』, 집문당, 1982, 20-22쪽 참조.
35 李鍾一, 「沃坡備忘錄」, 『沃坡李鍾一先生論説集』권3, 옥파기념사업회, 1984, 497쪽 참조.

다시 민중시위운동의 구체적인 계획을 성안(成案)하면서, 갑오농민운동과 갑진개혁운동을 이은 「무오독립시위운동」을 계획하게 된다. 1918년 9월 9일을 거사일로 정하고 육당 최남선에게 선언문도 부탁했다. 그러나 '무오독립시위운동'은 다시 좌절되었다. 원로들의 교섭 지연, 자금 부족, 민중 동원의 어려움과 더불어 최남선의 선언문이 완성되지 않았기 때문이다.[36] 이 계획은 1919년 3월 1일 마침내 세상에 드러났다. 「무오독립시위운동」으로 계획된 거사가 밀리고 밀려 「기미독립선언」으로 등장한 것이다.

한편 천도교의 장효근(張孝根)은 그의 일기 1918년 11월 13일 기록에 여준·김규식 등 39인이 만주에서 무오독립선언을 하려 한다는 내용을 적고 있다.[37] 또한 「기미독립선언」을 기획했던 이종일(李鍾一)의 일기 내용이 흥미를 끈다. 1918년 11월 20일자에, 이미 만주에서 「무오독립선언」이 실행되고 있음을 다음과 같이 밝히고 있기 때문이다.

"(1918년 11월) 20일. 중광단원(重光團員) 39명이 오히려 우리보다 앞서서 「무오대한독립선언서」를 발표하겠다고 하니 우린 무얼 했느냐. 망설임으로 이같이 낭패 지경이 된 것이다."[38]

1918년 「무오독립시위운동」을 실행치 못한 것에 대한 아쉬움의 토로다. 주목되는 것은 이종일이 「대한독립선언서」의 발표시기와 참여인원수, 그리고 중광단원들이 선언의 주체가 되어 무오년에 이루어

---

36   같은 책, 497-498쪽 참조.

37   「張孝根日記」1918年 11月 13日(『한국사논총』제1집, 성신여대국사교육과, 1976, 154쪽.)

38   李鍾一,「沃坡備忘錄」, 앞의 책, 499쪽.

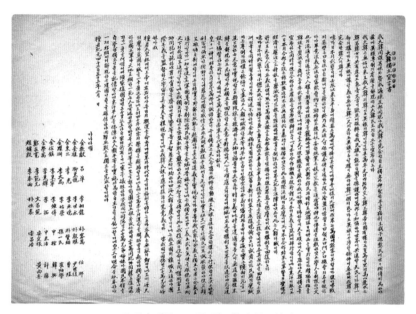

1918년 대종교 교주 김교헌이 주도하여
대종교인들을 중심으로 발표한 「대한독립선언서」(독립기념관)

졌음을 명확히 밝히고 있다는 점이다. 「대한독립선언」을 「무오독립선
언」 혹은 「중광단선언」이라고 하는 이유도 분명히 드러나는 자료다.
더불어 지금까지 확인된 기록으로 보면 「무오독립선언」을 처음 언급
한 인물이 1918년 11월 장효근과 이종일이었음도 확인할 수 있다.

일각에서는 결코 「무오독립선언서」로 부를 수 없다는 의견도 있
다.[39] 그러나 「대한독립선언서」를 「무오독립선언서」로도 부르게 된 배
경에는, 장효근이나 이종일이 언급한 바와 같이 그 준비 과정과 완

---

39 송우혜, 「'대한독립선언서(세칭 '무오독립선언서')의 실체」, 『역사비평』창간호, 역사문제연구소,
    1988, 참조.

성이 무오년 이른 시기에 이미 이루어진 것으로 이해할 수 있을 듯하다. 그 선언의 중심에 있었던 대종교단의 기록에도, 북로군정서의 전신인 중광단이 군단조직 후 무기의 불비(不備)로 군사 활동을 본격적으로 하지 못하고 청년동지에 대한 정신교육과 계몽운동에 주로 힘쓰고 있다가 3·1독립선언의 전주곡으로 39인의 동서(同署)하여 독립선언을 발포하였다고 적고 있다.[40] 김승학의 다음 기록에서도 확인되는 부분이다.

"1918년 봄에는 기미독립선언서의 전주곡으로 여준(呂準)·정안립(鄭安立)·박성태(朴性泰)···(중략)···등 39인의 이름으로써 독립선언을 발표하였으며,···(후략)···"[41]

흥미로운 것은 「기미독립선언」이 국내 천도교의 천도구국단이 동인(動因)이었다면, 「대한독립선언」은 만주 지역 대종교의 중광단이 주동이었다. 중광단의 '중광(重光)'은 1909년 대종교의 '중광(단군신앙의 부활)'에서 온 명칭이다. 그 구성원들 역시 대종교도들이 주축이 되었으며, 조국독립을 대종교의 정신적 기반 위에 쟁취하자는 외침과 함께, 궁극적으로 한민족의 결합과 민족정신을 배양하여 일제의 제국통치권을 벗어나 독립형태인 이상국가인 배달국을 지상에 재건하는 것을 목적으로 삼았다.[42]

대종교에서의 중광의 의미는 남다르다. 나인영(대종교 중광 이후 나철

40 『대종교중광육십년사』, 앞의 책, 301쪽.
41 김승학, 『한국독립사』상, 독립문화사, 1965, 404쪽.
42 신재홍, 「북간도에서의 무장항일운동」, 『한국사학』3, 한국정신문화연구원, 1980, 65쪽.

로 개명함)은 1905년 백두산 수련집단인 백봉신사(白峯神師)의 제자 두
암(頭岩) 백전(伯佺)을 만나 단군교에 입교하고 『삼일신고(三一神誥)』와
『신사기(神事記)』를 전해 받았다. 이것이 나철과 백봉집단의 첫 번째
만남이다. 그러나 당시 나철은 목전에 닥친 구국의 일념에만 몰두한
나머지, 이 만남에 큰 의미를 두지 않았다. 나철이 백봉집단과 다시
상면케 된 것은 3년이 지난 1908년, 그가 구국운동의 일환으로 네
번째 일본을 방문했을 때다. 일본 동경(東京)에 있는 청광관(淸光館)에
머물 당시, 백봉신사의 제자 미도(彌島) 두일백(杜一白)이라는 인물이
또 찾아왔다. 두일백은 나철 일행에게 『단군교포명서(檀君教佈明書)』와
『고본신가집(古本神歌集)』·『입교의절(入教儀節)』, 그리고 『봉교절차(奉教
節次)』·『봉교과규(奉教課規)』 등의 서책을 전하면서, 금후 사명이 『단군
교포명서』에 있음을 각인시켰다. 더욱이 며칠 후에는 나철 일행이 옮
긴 숙소인 개평관(蓋平館)으로 다시 찾아와 "국운(國運)은 이미 다하였
는데, 어찌 이 바쁜 시기에 쓸데없는 일로 다니시오. 곧 귀국하여 단
군대황조의 교화(教化)를 펴시오. 이 한마디가 마지막 부탁이니 빨리
떠나시오."[43]라는 재촉을 남기고 사라졌다.

　나철은 바로 귀국 길에 올랐다. 그리고 마음에 새긴 것이 국망도
존(國亡道存, 나라는 망했어도 정신은 있다)이다. 그는 국망(國亡, 일제의 강
점)이라는 절망감 속에서 도존(道存, 단군사상)으로써 미래의 희망을 찾
고, 그 구체적 방법으로 단군신앙의 중광(重光, 다시 일으킴)을 모색하
게 된다. 나철이 창교(創教)가 아닌 중광(단군신앙의 부활)을 선택한 것
도 이러한 배경을 알면 이해할 수 있는 부분이다. 즉 나철은 창교주
로 등장하는 것이 아니라, 백봉집단의 단군교에 입교한 일개 교인으

43　같은 책, 78쪽.

로써 단군신앙의 연결자로 스스로를 낮추었다. 그러므로 대종교단에서는 나철이 선택한 중광의 의미를 전래 신교(神敎)의 재천명으로 규정하고 있다.[44] 신교란 '신으로서 교를 베풀었다'는 이신설교(以神設敎)의 준말이다. 대종교(단군신앙)와 이음동의어라 해도 무방한 가치다. 또한 대종교에서는 몽고의 고려 침략으로 이러한 신교의 교문(敎門)이 닫혔으며, 20세기 초 대종교의 등장으로 신교의 부활이 완성되었다는 이해다. 몽고의 침략으로 인한 신교의 단절이란 고려 팔관(八關)의 폐쇄와도 동일한 의미다. 고려 정체성의 상징이라 할 팔관회의 위상이 몽고의 적극적 간섭에 의해 추락해 갔음을 말하는 것이다. 대종교에서 몽고 침입에 의한 팔관 행사의 단절을 교맥(敎脈)의 단절로 이해하고 있음도 이와 무관치 않다.[45] 이것은 대종교를 중광한 나철의 다음 기록에서도 그러한 의식을 그대로 확인할 수 있다.

"몽고의 고려 침학(侵虐) 이법(異族)의 혐의(嫌疑)로다 / 서적문기(書籍文記) 다 뺏고 교문제전(敎門祭典) 다 폐절(廢絕)"[46]

나철은 몽고의 침략으로 인해 교문제전(敎門祭典)인 팔관이 단절된 것으로 이해했고, 팔관의 재계가 우리 민족 진실한 정성의 예(禮)임을 말하고 있다. 그러므로 대종교의 중광은 끊어진 신교(팔관)의 도맥을 다시 연결한 사건으로, 나철이 그 명분으로 주창한 '국망도존'의 가치와도 직결되는 의미였다. 일제하 독립운동의 정신적 동력이 되었던

---

44 『대종교중광육십년사』, 앞의 책, 80쪽.
45 김득황, 『韓國思想史』, 南山堂, 1964, 216쪽 참조.
46 『대종교중광육십년사』, 앞의 책, 229쪽.

이 외침은, 정신의 망각으로 망한 나라를 정신의 지킴으로 되찾자는 구호였다. 그 정신이 바로 단군신앙(신교, 팔관)이요, 그 정신의 근대적 부활이 곧 대종교였으며, 그 대종교가 바로 독립운동의 선봉에 나선 것으로, 단군구국론의 재확인이었다.

1911년 만주 왕청현에서 조직된 중광단 역시 이와 같은 정신에서 탄생한 항일단체다. 경술국치 이후 비밀결사 형식의 중광단으로 출범하여, 대한정의단(大韓正義團)으로 북로군정서(대한군정서)로 변화하였다.[47] 중광단의 중심을 이룬 인물들은 단장인 서일을 비롯하여 현천묵·백순·박찬익·계화·김병덕(金秉德)·채오·양현·서상용(徐相庸) 등이다. 모두 대종교의 교도들이며 함경도 출신으로 근대적인 교육을 받은 인물들이었다.[48] 그러므로 중광단은 일차적으로 대종교 포교를 통하여 재만동포들에 대한 민족의식의 함양에 노력을 경주하고자 하였다.[49] 각지에 시교당(施敎堂)을 설치하여 수천 명의 신도를 확보하는가 하면, 재만농민의 자제들에게 민족교육을 실시하고자 연길현·왕청현·화룡현 등 북간도 각 지역에 교육기관을 설치하였다. 그 대표적 학교들이 동일학교(東一學校, 화룡현)·청일학교(靑一學校, 화룡현)·명동학교(明東學校, 왕청현)·용지학교(湧智學校, 연길현)·동일학교(東一學校, 연길현)·학성소학교(鶴城小學校, 화룡현)·양성학교(養成學校, 화룡현)·동화의숙(東華義塾, 화룡현)·동신학교(東新學校)·학성학교(學成學校) 등이다.[50]

이렇듯 중광단은 대종교와 이음동의적 성격을 갖는 집단이다. 대

47   『독립신문』1920. 4. 22.「大韓軍政署와 北間島國民會 관계」
48   박환,『만주한인민족운동사연구』, 일조각, 1991, 91쪽.
49   채근식,『무장독립운동비사』, 대한민국공보처, 1949, 78쪽.
50   박환,『만주한인민족운동사연구』, 앞의 책, 93쪽.

종교의 시교당이 곧 학교요 독립운동의 현장이라는 삼위일체적 가치 확립도 중광단의 전통으로부터 비롯하였다. 또한 「중광단선언」이라고도 하는 「대한독립선언」에 담긴 대종교적 가치를 확인할 수 있는 부분이다.

한편 「대한독립선언서」는 「중광단선언」이라 명명한 것에서도 보듯, 그 서명한 대부분이 대종교의 중심인물들이거나 친대종교적 인물들이었다. 또한 그들은 해외독립운동의 지도급 인물이란 점에서 대종교의 독립선언이라 해도 무리가 없을 듯하다.[51] 전체 서명 39인 가운데 대종교단내의 기록에 적혀 있는 대종교 인물은 25명이다.(아래표 참조) 대종교의 기록이 거의 사라진 가운데 확인된 결과라는 점에서 의미가 남다르다.

연번	서명자명	종교	입교시기	근거자료	비고
1	김교헌(金敎獻)	대종교	1910	『종보』제8호, 『영질』, 『연원』, 『운동사』, 『육십년사』	당시 대종교 교주
2	김동삼(金東三)	대종교	미상	『연원』, 『운동사』, 『우리 스승님들 모습』(윤세복)	
3	조용은(趙鏞殷)	대종교	미상	『운동사』	趙素昻 (대동단결선언참여)
4	신정(申檉)	대종교	1910	『종보』제5호, 『영질』, 『연원』, 『운동사』, 『육십년사』	申圭植 (대동단결선언참여)
5	정재관(鄭在寬)	미상			
6	여준(呂準)	대종교	미상	『연원』, 『운동사』	
7	이범윤(李範允)	대종교	미상	『운동사』	

---

51   김동환, 「무오독립선언의 역사적 의의」, 『국학연구』제2집, 국학연구소, 1989, 170쪽.

8	박은식(朴殷植)	대종교	1913	『교보』제55호, 『영질』, 『연원』, 『운동사』, 『육십년사』	(대동단결선언참여)
9	박찬익(朴贊翼)	대종교	1910	『종보』제5호, 『영질』, 『연원』, 『운동사』, 『육십년사』	
10	이상룡(李相龍)	대종교	미상	『연원』, 『운동사』	
11	윤세복(尹世復)	대종교	1911	『영질』, 『연원』, 『운동사』, 『육십년사』	(대동단결선언참여)
12	문창범(文昌範)	미상			
13	이동녕(李東寧)	대종교	1918	『영질』, 『연원』, 『운동사』, 『우리 스승님들 모습』 (윤세복)	
14	신채호(申采浩)	대종교	1913	『영질』, 『운동사』	(대동단결선언참여)
15	허혁(許爀)	대종교	미상	『운동사』	
16	이세영(李世永)	대종교	1922	『교보』제55호	
17	유동열(柳東說)	미상			
18	이광(李光)	대종교	1922	『교보』제55호, 『연원』, 『운동사』	
19	안정근(安定根)	미상			
20	김좌진(金佐鎭)	대종교	1918	『연원』, 『운동사』, 『육십년사』	
21	이시영(李始榮)	대종교	1918	『연원』, 『온동사』, 『육십년사』	
22	김학만(金學滿)	대종교	1922	『교보』제54호	
23	이대위(李大爲)	기독교			
24	손일민(孫一民)	대종교	미상	『운동사』	
25	최병학(崔炳學)	미상			
26	박용만(朴容萬)	미상			(대동단결선언참여)
27	임방(林湃)	미상			
28	김규식(金奎植)	대종교	1910	『종보』제8호, 『연원』, 『운동사』, 『육십년사』	尤史가 아닌 蘆隱
29	이승만(李承晚)	기독교			

30	조욱(曺煜)	대종교	1910	『교보』제159호, 『연원』, 『운동사』, 『육십년사』, 『우리 스승님들 모습』 (윤세복)	曺成煥 (대동단결선언참여)
31	김약연(金躍淵)	기독교			
32	이종탁(李鍾倬)	미상			
33	이동휘(李東輝)	기독교			
34	한흥(韓興)	대종교	1913	『영질』	韓震 (대동단결선언참여)
35	이탁(李沰)	대종교	미상	『운동사』	
36	황상규(黃尙奎)	대종교	미상	『운동사』	
37	이봉우(李奉雨)	미상			
38	박성태(朴性泰)	대종교	미상	『연원』, 『운동사』, 『육십년사』	하얼빈선도회
39	안창호(安昌浩)	기독교			

※ 근거자료 가운데 『倧門榮秩』(프린트본, 1922)은 『영질』로, 『大倧敎報』는 『교보』로, 『大倧敎重光六十年史』(대종교총본사, 1971)는 『육십년사』로, 『大倧敎人과 獨立運動淵源』(이현익, 프린트본, 1963)은 『연원』으로, 『大倧敎獨立運動史』(박명진, 필사본, 1964)는 『운동사』로 적었음.

위의 표를 토대로 보면 서명자 가운데 25명이 대종교인이다. 그리고 기독교가 7명이며, 종교 미확인으로 구분되는 인물이 7명이다. 주목되는 점은 미확인되는 대부분의 인물들 역시 정황상 대종교인일 가능성이 크다는 점이다.[52]

이렇듯 「대동단결선언」과 「대한독립선언」의 배후에는 신규식의 역할이 지대했다. 당시 상해와 만주 그리고 미주(美洲) 등을 연결하

---

52 신운용, 「「대한독립선언서」의 발표시기와 서명자에 대한 분석」, 『국학연구』제22집, 국학연구소, 2018, 30-98쪽 참조.

는 대종교 네트워크 중심에 신규식이 있었기 때문이다. 대종교인들만이 아니라 이승만·안창호·이동휘·김약연 등 기독교지도자들의 동참 역시, 대종교에 대한 공감과 함께 신규식의 노력이 덧대어진 결과였다.

4. 대종교와 3·1운동

민족자결주의를 발표되자 여운형 등은 신한청년당을 주축으로 미국대통령 특사였던 크레인의 협조를 얻어 한국민족대표를 파리평화회의에 파견할 것을 결의하였다. 신규식은 이 결정에 전폭적인 지지를 표하고, 자신의 이름으로 한국독립에 대한 원조를 요구하는 전문을 발송하면서, 천진에 있던 김규식을 대표로 파견하는 데에도 적극 협력하였다.

한편 신규식은 선우혁(鮮于爀)을 국내의 양전백(梁甸伯)과 이승훈(李昇薰)에게 보내 평양의 시위운동을 계획하도록 하여 이후 천도교와의 연합을 통한 3·1운동의 밑거름을 만들었다. 이어 신건식(申健植)·방효상(方孝相) 등에게도 밀서를 주어 손병희와 이상재에게 파견하였으며, 일본으로는 조용운(趙鏞雲)을 밀파하여 최팔용(崔八鏞)과의 연락을 통한 「2·8독립선언」을 가능하게 하였다.[53] 또한 1919년 1월 하순 경에는 봉천(奉天)에 머물던 대종교 후배인 정원택(鄭元澤)에게 서신을 보내 서북간도에 시대의 흐름을 알려주고 사태변화에 준비를 할 것을 주변에 전달하라고 지시하였다. 「2·8독립선언」과 「3·1독립선언」은 신규식의 이러한 일련의 연계 작업으로 엮어진 드라마였다.

---

53 오세창, 「신규식-대륙에 핀 한국의 혼」, 앞의 책, 320쪽.

의아한 것은 「3·1독립선언」에 대종교의 인물들이 참여하지 않았다는 점이다. 당시 대종교는 항일투쟁의 중심에 있었을 뿐 아니라, 그 최선봉에 선 집단이었다. 그 무렵 국내에도 류근(柳瑾)·박승익(朴勝益)·박상환(朴祥煥)·최남선·권덕규(權悳奎)·주익(朱翼)·박일병(朴一秉)·박용태(朴龍泰) 등등, 적지 않은 대종교의 저명인사들이 포진하고 있었다. 당연히 참여해야 할 집단임에도 동참하지 않았던 이유가 있을 듯하다.

먼저 국외적 배경으로 만주 길림을 중심으로 발표된 「대한독립선언서」와 관련이 있다. 대종교는 이미 만주를 거점으로 교단 차원에서 「대한독립선언서」를 준비·실행했다는 것이다. 당시 「대한독립선언서」에 이름을 올린 39인은 해외 항일투쟁의 지도급 인사들을 총망라한 선언이었다. 서명자 가운데 25명이 대종교인이고 기독교인이 7명, 그리고 종교 미확인으로 구분되는 인물이 7명이다.(아래표 참조)

종교	서명자
대종교	김교헌, 김동삼, 조용은, 신규식, 여준, 이범윤, 박은식, 박찬익, 이시영, 이상룡, 윤세복, 이동녕, 신채호, 허혁, 이세영, 이광, 김좌진, 김학만, 손일민, 김규식, 조욱, 한흥, 이탁, 황상규, 박성태
기독교	정재관, 이대위, 이승만, 김약연, 이동휘, 이봉우, 안창호
미확인	문창범, 유동열, 안정근, 최병학, 박용만, 임방, 이종탁

주목되는 것은 「대한독립선언서」의 서명자로 올라 있는 이승만·안창호를 비롯한 기독교 항일투사들의 이름이다. 일제강점기 많은 지도층 인사들이 비록 대종교에 직접 입교하지는 않았더라도, 당시 단

군 사상의 정점에 있었던 대종교를 국교로 받아들이려는 정서가 팽배해 있었다. 이른바 국교적 대종교관이라 할 수 있을 듯하다. 이것은 일제강점기 대종교가 한국인의 공민종교(公民宗敎, civil religion)로써의 역할을 담당했음을 시사해주기도 한다. 공민종교란 말을 처음 사용한 루소(J. J. Rousseau)는 공민사회를 정신적으로 통합시키는 역할의 종교를 공민종교라고 부르면서, "한 인간이 그것 없이는 훌륭한 공민이나 충실한 백성이 될 수 없는 사회적 감정"이라고 정의하였다.[54] 국교가 아니더라도 한 국가의 시민(국민)이기에 믿게 되는 국민적 신앙이라 할 수 있을 것이다. 미국의 기독교나 일본의 신도, 혹은 중국의 유교가 그 사례가 될 수 있을 듯하다. 기독교 항일지도자들이 대종교인이 아니더라도 대종교가 주도하는 「대한독립선언서」에 기꺼이 이름을 올린 이유가 된다.

다음으로 국내적 배경도 빼놓을 수 없다. 대종교는 1909년 교단 성립 직후부터 일제통감부 경시청의 감시를 시작으로,[55] 1910년 병탄 직후에는 종단 해산이라는 위기까지도 맞아야 했다.[56] 일제는 1910년 11월, 다음과 같이 종교통제계획을 구체화시키고[57] 1915년 8월 16일에는 총독부령 제3호로 「포교규칙」을 한국의 모든 종교를 통제하기 위한 법령으로 공포하였다.[58] 총독부는 종교 자유 보장, 포교 활동 공인, 종교에 대한 평등한 대우를 위해서 「규칙」을 제정하였다고 발표

---

54 장 자크 루소/정영하 옮김, 『사회계약론』, 산수야, 2020, 275-280쪽 참조.
55 『황성신문』1909.7.25. 「단군교회조사」 "羅寅永 吳基鎬氏 等이 發起ᄒ야 檀君敎會를 組織ᄒᆫᆫᆫ다 흠으로 警視廳에서 調査中이라더라."
56 박은식, 「한국독립운동지혈사」, 『백암박은식전집』제2권, 동방미디어, 2002, 483-484쪽.
57 『매일신보』1910.11.4. 「종교통제계획」
58 『朝鮮總督府官報』1915년 8월 16일자.

하였다.[59] 그러나 이 법령은 "본령(本令)에서 종교라 함은 신도·불도 및 기독교를 일컫는다."(제1조)라고 하여 세 종교만을 종교로 인정하였고, 그 이외의 종교들은 '유사종교' 혹은 '비종교'(非宗敎)로 분류하였다. 그러므로 1915년 국내에서의 대종교포교금지령이 내려진 이후의 대종교 국내 활동은 거의 불가능한 상황이었다. 즉 일제가 1915년 10월 1일 조선총독부령 제83호로 발포한 「포교규칙」에 의하여 대종교는 사실상 종교 활동의 중단 상태로 빠져든 것이다.[60]

급기야 대종교 불법화에 항거하며 교주 나철은 자진순교(自盡殉敎)의 길까지 택하였다. 나철의 자진순교는 일제가 대종교 말살을 위해 만든 악의적 제도가 가져온 사회적 타살로써,[61] 이후 국내 대종교의 표면적 활동은 더욱 불가능한 상황으로 치달았다. 1916년 4월 13일(음력) 나철에 이어 대종교 2세 교주에 오른 무원(茂園) 김교헌(金敎獻)이, 1917년 봄에 만주 화룡현(和龍縣)으로 종교적 망명을 단행한 이유 중 하나다. 이것은 한국종교사에 보기 드문 사건으로, 이후 대종교 활동의 모든 중심은 만주를 중심으로 이루어졌다. 만주 화룡은 대종교가 1910년부터 거점을 잡은 곳으로, 1912년에는 나철이 이미 대종교총본사를 설치한 곳이기도 하다. 또한 수많은 대종교 항일투사들의 인적 교류가 그곳을 중심으로 왕성하게 이루어졌다. 대종교 교주 김교헌이 주도한 「대한독립선언서」가 상해나 북경, 혹은 하얼빈 등이 아닌 만주 길림에서 이루어진 것도 이러한 배경과 무관치 않은 것이다.

---

59 『朝鮮總督府施政年報』(조선총독부, 1915), 66-67쪽.

60 김동환, 「일제의 종교정책과 대종교-탄압과 쇠망의 연관성을 중심으로-」, 『한국종교』제38집, 원광대종교문제연구소, 2015, 28-30쪽.

61 김동환, 「홍암 나철 죽음의 대종교적 의미」, 『국학연구』제19집, 국학연구소, 2015, 65-78쪽 참조.

아무튼 이로 인해 대종교는 포교뿐만이 아니라, 사사로운 집회나 강연 따위도 일절 금지되었다. 대종교가 대동청년단·조선국권회복단·귀일당·동원당(東園黨)·자유공단(自由公團)·조선어학회·해원도(解寃道) 등과 같이 철저하게 비밀결사로 많이 움직이게 된 것도 이러한 시대 상황과 무관치 않다. 3·1운동을 전후한 국내 대종교의 분위기를 알려주는 아래의 기록이 그에 대한 답일 듯하다.

> "나는 옮기어 배움을 경성××학교에 수학하게 되자, 동무들의 권유로 대종교에 다니게 되었습니다. 내가 여기에 든 것은 나의 주제넘은 생각에는 민족적 색채를 가진 이 교(敎)에서, 자가(自家)의 보물을 좀 찾아볼 도리가 행여 있을까 함이었습니다. 그러나 때는 마침 무단통치시대인지라, 언론집회는 물론 대금물이어니와, 더구나 이 민족적 색채를 가진 대종교에 대한 감시야 실로 끔찍하였지요! 빈궁한 살림살이에 고정한 회당조차 없이 이 집 저 집으로 돌아다니는 곤경에다가, 설상가상으로 그들의 핍박이 날이 갈수록 더욱 심하여, 심지어 교사(敎史) 원고까지 빼앗기는 등, 실로 피가 뛰고 이가 갈리는 비분한 경우도 많이 당하였습니다."[62]

이것은 대종교의 국내 조직체계가 무너진 것을 의미하는 것인 동시에, 대종교인으로서의 정체성을 드러낸다는 것도 쉽지 않은 상황이었음을 알게 해 준다. 이러한 구조 속에서 국내 대종교의 표면적·조

---

62 해경거사, 「나의 불교 믿게 된 경로」, 『불교』(1930. 11), 불교사, 47쪽.

직적 활동은 불가능하였다. 교단적 차원이나 개인적 차원에서 대종교의 「3·1독립선언」의 참여가 이루어지지 않은 중요한 요인 중의 하나다.

그럼에도 「3·1독립선언」에 간접적인 참여가 있었다는 교단 내의 기록이 흥미를 끈다. 최남선이 기초한 「3·1독립선언서」에 「대한독립선언」을 주도한 김교헌의 영향이 있었다는 대종교 측의 기록이 그것이다. 당시 대종교 교주였던 김교헌이 「대한독립선언서」를 필사하여 김정기(金正琪)를 직접 국내로 밀파시켰다는 것이다. 그리고 최남선에게 전하고 격려하며 대종교의 입장에서 참여하도록 했다는 대종교 3세 교주인 단애(檀崖) 윤세복(尹世復)의 증언이 있다.[63]

김정기는 대종교 교주 김교헌의 아들로, 일찍이 부친을 따라 대종교에 발을 디딘 후 평생을 대종교적 사회주의 이념으로 독립투쟁에 몸 바친 인물이다. 그가 1911년 4월 1일(음력) 대종교 참교(參敎)의 교질(敎秩)을 받았다는 것은 그의 대종교 입교가 그 이전에 이미 이루어졌음을 확인시켜 준다. 그리고 1922년 3월 6일(음력) 지교(知敎)의 교질로 승질(陞秩)하였으며, 1926년경에는 대종교의 교무(敎務)에도 직접 참여하면서 대종교 항일투쟁에 앞장섰다.

최남선 역시 김교헌과 류근의 제자로서 대종교인임을 스스로 밝힌 인물로,[64] 당시 국내 류근과의 교감이 남달랐던 인물이다. 특히 김교헌과 류근은 최남선의 스승이면서, 둘 사이는 허물없는 동지였다. 1917년 김교헌이 만주로 옮긴 후, 류근이 1921년 죽기 전까지의 국내 대종교 중심은 자연히 류근에 의하여 주도되었다. 그러므로

---

63 신철호, 「무원종사와 무오독립선언서」, 『대종월보』 제30호, 대종교총본사, 1979, 9-10쪽 참조.
64 최남선, 「松漠燕雲錄」, 『육당최남선전집』 6, 현암사, 1973, 508쪽.

만주로 옮겨간 대종교에서는 남도본사(당시 국내 관할)의 중심인물이 었던 류근 등을 내세워 각 종교·사회단체와 긴밀한 연락을 취해 가 며 3·1운동에 관여하였다 한다.[65] 즉 남(국내)에는 류근과 북(만주)에 는 김교헌이 있었으며, 그 사이에 언제나 최남선이 존재했다. 그리 고 그들의 정서적 유대는 대종교라는 구심체에 의하여 연결되었던 것이다.[66]

대종교 일각에서는 최남선의 대종교명이 최선(崔善)으로, 조선광 문회 시절 입교하였다는 증언도 있다.[67] 공교롭게도 최선은 1913년 어천절(御天節, 음력 3월 15일)에 참교(參敎)의 교질(敎秩)을 받은 인물 이다. 또한 같은 해 4월 6일(음력)에는 지교(知敎)까지 오른 기록이 있다.[68] 최선이란 인물의 대종교 입교가 1910년대 초반에 이루어졌 음을 알게 해 준다. 그러나 당시의 1차 자료인 『대종교보(大倧敎報)』 가 모두 없어져 최남선과 최선의 동일인 여부를 확인할 수 없는 아 쉬움이 남는다.

아무튼 최남선이 김교헌의 아들 김정기로부터 「3·1독립선언」과 관련한 대종교의 역할을 전달받았다는 윤세복의 증언이 낭설만이 아님을 알 수 있다. 이러한 최남선의 국내에서의 역할은 류근이 사 망한 후에도 지속되었다. 차상찬(車相瓚)의 아래 기록에서도 확인이

---

65 독립운동사편찬위원회편, 『독립운동사(문화투쟁사)』제8권, 독립운동사편찬위원회, 1976, 793쪽 참조.
66 김동환, 「육당 최남선과 대종교」, 『국학연구』제10집, 국학연구소, 2005, 121-122쪽.
67 이 증언은 1970년대 대종교 삼일원장을 지낸 申哲鎬의 증언이다. 신철호는 일제강점기 만주 新京 中學校를 다닌 인물로, 해방 직후 대종교 국학강좌와 교리강수회를 이끈 경험이 있다. 당시 신철호 는 최남선과의 여러 차례 대화 속에서, 최남선 자신이 조선광문회 시절 이미 대종교에 입문하였다 고 얘기했다 한다. 또한 최남선이 1930년대 만주 동경성 대종교총본사의 尹世復 교주를 방문했 을 당시, 자신이 김교헌과 류근에게 영향받은 대종교도임을 분명하게 밝힌 바 있다는 기록도 전한 다.(이현익, 『대종교인과 독립운동연원』프린트본, 1962, 9-10쪽.)
68 『倧門榮秩』(프린트본), 서지사항미상, 1922.

348

된다.

"그(권덕규-인용자 주)는 같은 조선역사연구가 중에도 특히 육당 최남선씨와 기미(氣味)가 상통하는 모양이다. 다 같이 단군 한배를 노래하고 대종교를 신봉한다."[69]

---

69 觀相者,「京城內名物先生觀相記(其一)」,『별건곤』제3호(1927. 1), 개벽사, 71쪽.

4
맺음말

　일제는 한국 병탄 이후 무단통치, 문화통치에 이어 한민족 정체성의 말살까지 획책하였다. 물론 그 과정에서의 일관된 목표는 한반도의 영구식민지였다. 문제는 일제가 한민족의 정체성을 없애려는 시도가 쉽지 않았다는 점이다. 그 저항의 정점에 단군이 있었다. 그 핍박에 맞서 마지막까지 항쟁했던 집단 역시 단군신앙의 부활체인 대종교였다. 그러므로 일제강점기 대종교만큼 항일투쟁의 중심에 서서 저항한 집단도 없을 듯하다. 이것은 대종교가 역사 속에 나타나는 단군구국론을 재확인시켰을 뿐만 아니라, 일제강점기 항일투쟁의 총본산으로써, 총체적 저항의 사표 역할을 한 것에서도 알 수 있는 부분이다.

　이러한 이유로 일제는 병탄 직후부터 대종교를 없애려는 데 온 힘을 쏟았다. 교단이 설립된 1909년 일제통감부 경시청의 감시를 시작으로 해서, 1942년 임오교변(壬午敎變, 대종교지도자 일제구속 사건)으로 인해 교세가 무너지기까지, 그 탄압의 강도는 더욱 집요하고 교묘했다. 특히 일제가 1915년 10월 1일 조선총독부령 제83호로 발포된 「포교규칙」을 근거로, 포교뿐만이 아니라 사사로운 집회나 강연 등, 국내 대종교의 모든 활동을 금지시켰다. 대종교가 국외로 모든 활동의 근거를 옮긴 결정적 배경이 된다.

일제강점기 종로(북촌)는 3·1운동의 메카였던 동시에, 대종교 중광의 제1성지로 그 의미가 남다른 곳이다. 대종교는 중광 초기 북촌 재동을 시작으로 원동, 이동, 자문동, 마동 등을 전전하며 국내 대종교의 명맥을 유지하였다. 물론 일제의 탄압과 경제적 빈궁이 그 원인이다. 이러한 고통은 국내 대종교 남도본사가 문을 닫게 되는 1920년대 계동 시대까지 꾸준히 이어졌다. 모두 북촌을 중심으로 한 종로라는 공간 속에서 이루어진 활동이었다.

대종교는 3·1운동의 배경으로서도 그 의미를 갖는다. 1910년대 초부터 이미 만주, 상해, 연해주에 거점을 마련하고 대일항쟁의 교두보를 만들었다. 신규식·박은식·윤세복·조성환 등 대종교지도자들이 중심이 되어 발표한 「대동단결선언」에서는 주권불멸론에 의한 국민주권설의 제창, 해외동지의 총단결을 통한 국가적 행동의 단계적 실천, 세계 피압박 민족운동의 분위기에 편승한 세계여론의 환기 등을 제창하며 임시정부 출범의 이론적 초석을 다지기도 하였다.

또한 대종교 교주였던 김교헌이 주도하여 대종교 중광단원들이 중심이 되어 발표한 「대한독립선언」은 일제강점기 대일선언문으로는 가장 강렬한 투쟁 문구를 담고 있다. 봉오동·청산리독립전쟁의 승리도 이 선언을 기폭제로 나타난 만주무장항일투쟁의 쾌거라 해도 지나치지 않다. 나아가 이 선언의 준비 과정에서 치밀하게 연결된 인적 조직의 작동 속에서, 동경유학생들을 중심으로 한 「2·8독립선언」과 국내 종교인들이 중심이 된 「3·1독립선언」이 엮어졌다는 것도 대부분 공감하는 바다.

한편 위의 「대동단결선언」과 「대한독립선언」은 대종교선언이라 할 수 있을 만큼 대종교의 영향이 지대했다. 또한 이 두 선언은 국내 「3·1독립선언」의 배경이 된다는 점에서도 의미가 크다. 당연히 「3·1독립선언」과 대종교의 직·간접적 연결고리가 있을 듯하다. 그럼에도 그 연관성에 대한 접근은 그 동안 이루어지지 않았다. 이 논문은 그러한 일련의 과정을 주목하여 정리한 글이다.

대종교는 국내 「3·1독립선언」에 직접 참여하지 않았다. 그 이유는 만주 길림을 중심으로 이루어진 「대한독립선언서」와 관련이 있다. 대종교는 이미 만주를 거점으로 교단 차원에서 「대한독립선언서」를 준비·실행했다는 것이다. 또한 국내적으로는 1909년 중광 당시부터 일제의 철저한 탄압에 놓여 있었다. 이것은 대종교의 국내 조직체계가 무너진 것을 의미하는 것인 동시에, 대종교인으로서의 정체성을 드러낸다는 것도 쉽지 않은 상황이었음을 알게 해 준다. 이러한 구조 속에서 국내 대종교의 표면적·조직적 활동은 거의 불가능하였다. 교단적 차원이나 개인적 차원에서 대종교의 「3·1독립선언」의 참여가 이루어지지 않은 중요한 요인 중의 하나다.

그러므로 대종교는 신규식을 중심으로 한 '동제사·신한혁명당·신한청년당'으로 이어지는 정신적 흐름을 지속시키면서, 「대동단결선언」을 이끌어냈다. 또한 국내와 일본 등에 젊은 동지들을 밀파해 「2·8독립선언」에 불씨를 지피고 국내와의 긴밀한 연락 속에서 「3·1독립선언」의 도화선을 당겼다. 3·1운동이 신규식에 의해 점화되었다는 평가도 그러한 배경 속에서 가능했던 것이다.

특히 대종교와 3·1운동의 연관성을 살핌에 대종교 3세 교주였던 윤세복의 증언도 주목해 보았다. 최남선이 기초한 「3·1독립선언서」에 「대한독립선언」을 주도한 김교헌의 영향이 있었다는 내용이다. 당시 대종교 교주였던 김교헌이 「대한독립선언서」를 필사하여 큰아들인 김 정기를 직접 국내로 밀파시켜, 최남선에게 그것을 전하고 대종교의 입장에서 참여하도록 격려했다는 것이다.

안타깝게도 일제강점기 대종교와 관련된 대부분의 자료들이 인멸 (湮滅)되었다. 더욱이 「3·1독립선언」이 준비·진행되던 시기인 1910년대 후반의 대종교 1차 자료[70] 역시 모두 전하지 않는다. 대종교와 「3·1독 립선언」과 관련된 많은 연결 고리가 있을 듯하나 확인하지 못하는 점 이 아쉬울 뿐이다. 향후 꾸준한 자료 추적을 통한 정리의 노력이 필 요한 이유다.

---

70   대표적 1차 자료라면 『大倧敎報』(『倧報』 혹은 『敎報』)를 들 수 있다. 당시 『大倧敎報』는 년 4회 季刊으로 발행되었으나 일제강점기 『大倧敎報』는 대부분 없어진 상태다. 특히 1911년~1920년까 지의 『大倧敎報』 40회분은 모두가 전하지 않는다.

참고문헌

원전

『佺門榮秩』,『梅泉野錄』,『張孝根日記』

신문 및 잡지

『佺報』,『佺令』,『震檀』,『新韓靑年』,『황성신문』,『매일신보』,『독립신문』,『조선일보』,『朝
鮮總督府官報』,『불교』,『별건곤』

단행본

大垣丈夫,『朝鮮紳士大同譜』, 日韓印刷株式會社, 1913.
田內武,『朝鮮始政十五年史』, 朝鮮每日新聞社, 1925.
채근식,『무장독립운동비사』, 대한민국공보처, 1949.
申圭植 遺著,『韓國魂;兒目淚』. 臺北·晛觀先生紀念會, 1955.
이현익,『대종교인과 독립운동연원』(프린트본), 1962.
김득황,『韓國思想史』, 南山堂, 1964.
김승학,『한국독립사』상, 독립문화사, 1965.
종경종사편수회 편,『대종교중광육십년사』, 대종교총본사, 1971.
육당최남선전집편찬위원회,『육당최남선전집』6, 현암사, 1973.
독립운동사편찬위원회편,『독립운동사(문화투쟁사)』제8권, 독립운동사편찬위원회, 1976.
이현희,『대한민국임시정부사』, 집문당, 1982.
李鍾一,『沃坡李鍾一先生論說集』권3, 옥파기념사업회, 1984.
이만열,『한국기독교와 민족의식』, 지식산업사, 1991.
박환,『만주한인민족운동사연구』, 일조각, 1991.
조창용,『白農實記(영인본)』(한국독립운동사자료총서 제7집), 한국독립운동사연구소, 1993
諸橋轍次,『大漢和辭典』卷九, 大修館書店, 1994.
백암박은식선생전집편찬위원회,『백암박은식전집』제2권, 동방미디어, 2002.
조동걸,『한국독립운동의 이념과 방략』(한국독립운동의 역사1), 한국독립운동사편찬위원회,
    2007.

주요논문

오세창,「신규식-대륙에 핀 한국의 혼」,『한국의 인간상』6, 신구문화사, 1966.
허선도,「3·1운동과 유교계」,『3·1운동 50주년 기념논집』, 동아일보사, 1969.
신철호,「무원종사와 무오독립선언서」,『대종월보』제30호, 대종교총본사, 1979.
신재홍,「북간도에서의 무장항일운동」,『한국사학』3, 한국정신문화연구원, 1980.
조동걸,「1917년의 대동단결선언」,『한국학논총』10, 국민대학교, 1987.

김승태, 「일본 신도의 침투와 1910~1920년대의 신사 문제」, 『한국사론』16, 서울대, 1987.
송우혜, 「'대한독립선언서(세칭 '무오독립선언서')의 실체」, 『역사비평』창간호, 역사문제연구소, 1988.
김동환, 「무오독립선언의 역사적 의의」, 『국학연구』제2집, 국학연구소, 1989.
장규식, 「일제하 종로의 민족운동 공간:침략과 저항의 대치선」, 『한국근현대사연구』26, 한국근현대사학회, 2003.
조준희, 「대종교 중광 성지 東京 蓋平館과 북촌 취운정에 대한 종교지리학적 고찰」, 『국학연구』제8집, 국학연구소, 2003.
김동환, 「육당 최남선과 대종규」, 『국학연구』제10집, 국학연구소, 2005.
김동환, 「대종교의 민족운동」, 『종교계의 독립운동』(한국독립운동의 역사38), 한국독립운동사편찬위원회, 2008.
김기승, 「국민국가의 모색-민족주의와 민족운동」, 『동아시아의 역사』3, 동북아역사재단, 2011.
김동환, 「대종교성지 청파호 연구:종교지리학적 관점을 중심으로」, 『국학연구』제17집, 국학연구소, 2013.
김동환, 「일제의 종교정책과 대종교-탄압과 쇠망의 연관성을 중심으로-」, 『한국종교』제38집, 원광대종교문제연구소, 2015.
김동환, 「홍암 나철 죽음의 대종교적 의미」, 『국학연구』제19집, 국학연구소, 2015.
김동환, 「1910년대 북간도에서의 항일투쟁-대종교와 기독교의 연계 활동을 중심으로」, 『국학연구』제21집, 국학연구소, 2017.
신운용, 「「대한독립선언서」의 발표시기와 서명자에 대한 분석」, 『국학연구』제22집, 국학연구소, 2018.
장 자크 루소/정영하 옮김, 『사회계약론』, 산수야, 2020.

복기대

중국 길림대학교 사학박사 고고학 전공 (1995-98년)
인하대학교 대학원 융합고고학전공 교수 (2013년-현재)

저서
복기대 외, 2017, 『고구려의 평양과 그 여운』, 인하대 고조선연구소 연구총서 2, 주류성
복기대 외, 2017, 『압록과 고려의 북계』, 인하대 고조선연구소 연구총서 3, 주류성
복기대, 『홍산문화의 이해』, 우리 역사재단, 2018년
복기대, 『韓國古代史の 正體』(日本出版), 日本 교토, 2018년

논문
「간도 어떻게 볼것인가?」 외 약 70여편

IV

탑골 공원의 역사와 의미

1

들어가는 말

　탑골공원의 위치는 서울시 종로구 종로 99, 외(종로2가), 좌표 북위 37° 34′ 16″ 동경 126° 59′ 19″이다. 동서로 흥인지문(동대문)과 돈의문 (서대문)이 연결되면서 남으로는 서울 남산마루와 북으로는 서울 성곽 대동문으로 닿는 교차점에 세워진 것이다.

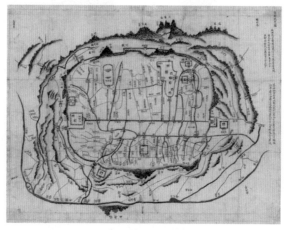

조선성시도 (출처: 서울역사박물관)

현재 공원 안에는 국보 2호인 원각사지 13층석탑, 보물 3호인 대원각사비, 서울시 문화재로 지정된 탑골공원 팔각정 등이 있고, 이외에도 3·1항쟁기념탑, 3·1항쟁벽화, 손병희의 동상 그리고 한용운대사의 기념비 등이 있다.

대부분의 사람들에게 이곳이 역사공원으로 알려진 것은, 대한제국 시기 '공공기관에서 관리하는 공공의 놀이터'라는 의미의 '공원(公園)'이라는 장소와 대일항쟁의 횃불을 올렸던 1919년 3·1항쟁을 상징하는 '삼일문'이 합쳐졌기 때문이다. 1919년 이전까지 이 공원은 그저 오가는 사람들의 쉼터 혹은 사람들이 모여 이야기를 나누는 마당으로 여겨졌었는데, 3·1항쟁 때 대한제국의 젊은이들이 이곳에서 독립선언을 하면서 크게 이름이 나기 시작하였다.

그 후에도 이곳은 많이 활용되었다. 서울에서 많은 사람들이 모일 수 있는 곳을 찾기 쉽지 않았고, 교통도 편리했기 때문에 정치적인 장소보다 쉼터로 여겨졌다. 특히 1960년대에 한국의 성장산업의 근

탑골공원 삼일문 (출처: 서울관광재단 서울관광아카이브)

간이었던 봉제 산업이 종로3가와 청계천을 중심으로 발전하며 그 생산현장에서 일하는 사람들의 모임장소로, 또는 지친 몸을 쉴 수 있는 쉼터로 활용되며 국민의 공간이 되었다.

지금이야 이렇게 쉼터 정도로 인식되지만 원래 이 공원은 역사적으로 매우 중요한 곳이었다. 그 굵은 원각사지의 역사를 정리해보면 다음과 같다.

2

탑골공원의 역사

1. 고려의 흥복사지 -고려 남경의 중심-

이곳을 역사적으로 규명하는 과정에서 가장 오래된 근거로 고려시대 흥복사(興福寺)가 있다. 지금의 서울은 고려시대에도 매우 중요한 지역이었기 때문에 고려의 4경중에 하나인 남경이 설치되었었다. 이 남경에 흥복사를 세운 것이다. 고려시대에 절이라는 것은 현대와 달리 대부분의 백성들이 집안의 각종 행사를 치르던 장소일 뿐만 아니라 황제가 직접 절에 가서 제사도 지낼 정도여서 그 의미가 대단한 것이었다. 그런 위상을 가진 절이 이곳 탑골공원 터 근처에 세워진 것이다.[1] 이 절을 고려 조정에서 관리하였다면 아마도 고려 남경지역의 중심 역할을 하는 곳이었을 것이고, 이는 곧 고려 남경이 현재 종로 어디였을 가능성이 높다고 볼 수 있는 것이다. 그렇다면 이곳 어딘가에 고려 황제가 묵었던 행궁도 있었을 가능성이 높다.

---

[1]   흥복사지는 지금의 탑골공원 터에 세운 것이 아니고, 바로 옆인 현재 대일빌딩과 그 주변에 세워진 것으로 추정된다. 현재의 탑골공원과 작은 개천을 사이에 두고 있었던 것이다.

흥복사는 숭유억불이라는 기본적인 노선을 가진 조선 태조 이성계 대에도 굳건히 유지되었다. 태조의 정책이라 그랬는지 태종과 세종 대에도 다른 절들은 없앴지만 이 절만큼은 단종 대까지 유지된다.

2. 흥복사에서 원각사로 – 조선시대 창덕궁과 어우러진 원각사–

세조 대에 들어 흥복사는 '원각사'라는 이름의 절로 다시 태어났다. 아래에서 더 자세히 다루겠지만 세조는 원래의 흥복사 건물을 그대로 사용하지 않고 현재의 탑골공원 터에 탑을 세운 뒤 이 탑을 중심으로 여러 건물을 세웠다. 왜 세조는 터를 확장하고 여러 건물을 세움에 있어서 이 탑을 중심으로 하였을까? 또한 세조는 다시 창덕궁에서 살기 시작했다. 왜 그랬을까? 그의 아버지 세종은 창덕궁에서 나고 자라서 왕이 되었지만 문종과 단종은 경복궁에서 살았었다. 단종을 폐위시키고 왕위에 올랐다는 정치적인 이유도 있을 수 있겠지만 창덕궁을 활용한 정확한 이유는 아직 모른다. 다만 이유 중 하나로 천문학의 발달이 있었을 것이라 추측된다.

세종 대에 조선의 과학 수준이 매우 높아지는데, 그 중에 천문학이 크게 발전한다. 이순지 같은 사람은 한성의 위도를 알 수 있을 정도로 높은 천문지식을 갖고 있었다. 이를 바탕으로 위도, 경도를 무시하고 실용성을 중심으로 지어진 경복궁보다는 과학적으로 동서남북의 중심이 되는 창덕궁으로 거처를 옮기고 그 표식으로 창덕궁 옆에 관상감을 짓도록 하고, 동서남북의 중심점이자 조선의 중심이 되는 곳에 탑을 세운 것 아닌가 한다. 즉 세상의 중심을 바로 창덕궁에 잡은 것이 아닌가 하는 추측이다. 세조는 세종과 달리 대놓고 명나라를 싫어했던 임금이기에[2] 절 이름도 석가모니 다음으로 지위가 높은 '원각'으로 한 것은 아닐까 하는 생각도 해본다.

세조가 흥복사를 중건하여 원각사를 세울 때 이 근처의 집들 200여 채를 헐어내고 3년에 걸쳐 지었다. 왕궁보다도 오랜 시간이 걸렸고 도성 안에서 궁궐을 제외하고 가장 큰 건축물이다. 전국에서 모은 구리 5만 근으로 만든 큰 종을 설치하고 10미터가 넘는 13층의 석탑도 지었다.[3] 탑이라는 것은 여러 가지 의미가 있는데 그 중에 하나가 바다의 등대처럼 길잡이도 되고, 탑 그림자로 시간도 알 수 있다. 이러한 탑을 지은 것이 과연 원각사라는 절만을 위해서였을까?

원각사지13층석탑 (출처: 국가유산청 국가유산디지털서비스)

2   세조의 아버지 세종이 죽고 나서 시호를 어떻게 할 것인지 논란이 있었다. 처음에는 '세종'으로 하
    자 했는데, 나중에 신하들이 세종이라 하지 말고 문종이라 하자고 다시 의견을 내었다. 이에 세종의
    아들인 문종이 아버지의 업적이 왜 안 되느냐고 강력하게 주장하여서 결국 세종으로 하였다. 임금
    의 시호에서 '세(世)' 자를 쓰는 것은 땅을 넓혔다는 뜻으로 주변국들과 관계를 고려할 때 매우 중요
    한 뜻을 갖기 때문에 쉽게 쓰지 않는다.
3   이 탑에는 석가여래의 진신사리와 새로 번역한 원각경을 안치하였다.
4   국가유산청에 등록된 본래 이름은 '원각사지 10층석탑'이다. 그러나 원각사비(1471)에는 세조가 원
    각사탑을 13층탑으로 건립했다는 기록이 나온다. 이 외에도 『속동문선』 「대원각사비명」에서 '십유

앞서 말한 바와 같이 탑이 지어진 원각사는 한성의 동서남북 교차점에 자리하였고, 한성에서 궁궐 다음으로 큰 건축물이었다. 더욱이 그 근처에 탑을 가릴만한 건물이 없었다면 탑 역시 한성의 여러 기준점이 되는 것이다. 탑의 그림자로 시간도 알 수 있었을 것이고, 방향도 잡을 수 있었을 것이다. 즉 한성에서 가장 큰 해시계가 되었을 것이다. 이는 집집마다 시계가 없던 그 시절에 일반사람도 시간을 알 수 있는 표식이 되었을 것이다. 또한 이곳에서 바로 보신각이 보인다. 여기서 잰 시간으로 보신각에서 매 시마다 종을 칠 가능성도 충분하다.

세종은 그의 둘째 아들인 수양대군에게 많은 것을 맡겼는데, 그 중 하나가 한문으로 된 여러 서적들을 한글로 번역하는 일이었다. 번역 사업들 중에 세종이 죽으면서 묻혔던 것들이 세조가 임금에 오르면서 책으로 만들어진 것이 많이 있다.[5] 이런 번역본들이 원각사를 중심으로 알려졌을 가능성도 충분히 있다고 봐야 한다. 즉 원각사는 세계 최고의 과학적인 글자라 하는 한글을 알리는 장소로도 활용되었을 것이다.

3. 원각사의 새로운 시대 – 왕실의 유흥거리가 되다

세조가 죽은 후 성종이 즉위하면서 명나라의 법을 헌법처럼 여기

삼층(十有三層)'이라는 기록을 확인할 수 있다. 그럼에도 지금까지 원각사지 10층석탑으로 불리고 있다. 따라서 본고 내용에는 원각사탑이 13층 석탑이라고 표기하였다. 참고로 처음 10층설을 제기하여 지금까지 영향을 미치고 있는 사람은 일본의 근대 건축학자인 세키노 타다시(關野貞)이다. 그는 1908년 한국에 왔을 때 원각사탑이 '경천사 13층 석탑을 모방해 만든 13층 대리석탑'이라고 밝혔었지만, 1913년에 의견을 바꾸어 '3중의 기단 위에 탑신 10층이 올려진 대리석탑'이라고 하였다. 참고. 김종목, 2022.01.12., 「"원각사지 '10층'석탑은 '13층'이다"...한성의 흉물에서 유일한 볼거리가 된 사연」, 『경향신문』.

5   임정규, 양홍진, 2023, 서울의 중심 탑골공원 입지의 융합적 분석 (발표자료), 탑골공원 성역화를 위한 학술회의, 서울.

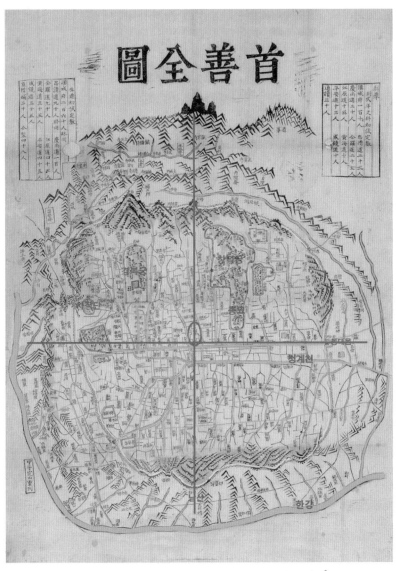

서울의 동서남북 및 수계·도로·성곽이 표시된 수선전도[6]

---

6   임정규, 양홍진, 2023, 서울의 중심 탑골공원 입지의 융합적 분석 (발표자료), 탑골공원 성역화를
    위한 학술회의, 서울.

게 되었다. 그러한 분위기에서 조선의 행정법인 경국대전이 완성되면서 조선은 철저하게 유교적 질서를 따랐다. 이렇게 되자 불교 등은 많은 탄압을 받았는데, 연산군 대에 더욱 심각해졌다. 연산군 대의 대부분 관료들은 과거를 통해서 관직이 오른 사람들이었고, 더구나 세조에 대하여 반감을 가진 관리들도 많았다. 이런 관리들은 원각사를 철거하자는 의견을 내기 시작하였다. 결국 연산군 10년인 1504년에 절을 지키던 승려들을 내쫓고 기생과 악사를 관리하는 장악원(掌樂院)을 이 자리에 옮겨 전국에서 뽑은 기생과 악사들, 그리고 그들을 관리하는 사람들이 살 수 있는 공간으로 만들어 버리고 이름도 연방원(聯芳院)으로 바꾸었다. 당시 그곳에 거주한 사람들이 기생 천여 명, 악사들도 천여 명이 되었다고 한다.[6] 국가의 성지에서 새로운 문화중심지로 바뀐 것인데, 근엄한 종교 시설에서 소비성이 강한 대중문화의 거리가 된 것이다. (이때부터 시작된 전통이 낙원동의 떡집들, 낙원상가의 악기점, 종로의 봉제 산업, 보석 산업을 비롯한 산업으로 이어져 온 것이 아닌가 하는 생각도 해봤다.) 한편으로 비판도 하겠지만 다른 한편 연방원의 설치로 조선의 대중예술과 그 연관되는 산업들이 발전한 것은 분명하다.

연산군이 실각하자 연방원은 폐지되었다. 이 건물은 한성부 청사의 일부로 사용되다가 중종 9년(1514)에 절의 대부분이 헐렸고,[7] 비와 13층석탑만 남게 되었다. 사람들이 이정표와 시계로 활용할 탑은 그대로 남겨 놓았다고 추정된다. 이후 과거 원각사지의 권위는 잊힌 채 지나다니는 사람들의 놀이터나 쉼터가 되었을 것이다. 무엇보다도 이

---

6   이천 명이 넘는 사람들이 거주한 것으로 보아 매우 큰 건물지가 틀림없다.
7   당시 호조에서 '원각사를 헐어서 다른 공공건물을 수리하는 데 쓰자'라는 의견이 받아들여졌다.

자리는 조선시대 육의전(六矣廛)의 중심이었기 때문에 사람들이 모여서 떠들고 토론도 하는 그런 자리가 되었을 것이다. 그러다가 1592년 조일전쟁을 겪었고, 그 후 얼마가지 않아 조청전쟁도 겪었다. 기록에는 남아 있지 않았지만 한양도성을 짓밟고 불을 지른 일본군이나 청나라 군이 한양성내에 보기 드문 넓은 공간을 그대로 뒀을 리는 없다. 13층석탑은 외세에 짓밟히면서도 묵묵히 이들을 내려다보며 방자한 행동들을 기억하였을 것이다.

4. 백탑파의 출연 – 불교를 짓누르던 그 시대, 불탑아래 조선의 선비들이 모이다

영조 대에는 조선학을 하고자 하는 지식인들이 나오기 시작하였다.[8] 이들 중에서는 관복을 입은 사람들도 있고, 관복을 입지 못한 사람들도 있었다. 이들은 어디선가 모여 얘기도 하고 탁배기도 한 잔 해야 했는데 그 좋은 자리가 바로 이 탑골공원 근처였다. 돈과 권력이 있는 북촌·서촌의 사람들과 가진 것이라고는 머릿속의 지식과 자존심밖에 없었던 청계천 남쪽의 남촌 선비들이 오다가다 만날 수 있는 자리였다.[9] 이들은 이곳에서 많은 토론을 하였기에 13층석탑의 하얀 자태에서 이름을 따서 백탑파(白塔派)라고 불려왔다.[10] 대표적으로 탑골에 살던 연암 박지원을 비롯해 이덕무, 유득공, 서상수 등과, 남산 자락에 살며 이들과 교유한 홍대용, 박제가, 백동수 등등이 있다. 이들은 이곳에서 무슨 토론을 하였을까. 박지원은 '조선의 자본주의

---

8   영조는 창덕궁에서 가장 오래 살았던 왕이다.
9   원각사지 13층석탑은 백탑(白塔)으로도 불린다.
10   이런 백탑파에 정약용은 없었다.

와 상업중심주의, 그리고 조선의 역사'를, 박제가는 '나는 공자와 주자를 존경하지 않고 최치원과 조헌을 존경한다'라는 말을, 홍대용은 '세상은 둥글어 돌고 돈다'라는 것을, 유득공은 '발해'를 얘기하지 않았을까?

탑동연첩 (1803) (출처: 서울역사박물관)[11] 탑원도소회지도 (1912) (출처: 간송미술관)[12]
두 그림에서 보이는 하얀 탑이 원각사지 13층석탑

백탑파는 흔히 정조가 발탁하여 정조의 개혁정치를 이끌고 간 사람들로 알려져 있지만 천만에 그건 아니다. 정조 즉위초기에는 정조의 뜻을 따랐을지 몰라도 점점 정조와 멀어진 사람들이다. 정조는 젊은 관리들을 붙잡아 놓고 술을 마시고 담배를 피우면서 '우리는 송나라의 제도를 완성해야 하며 그러기 위해 규장각을 세워야 한다'라고 하였고, '수원 화성에 주나라, 한나라의 꽃이 필 것'이라고 가르쳤던 임금이다. 백탑파가 그런 정조를 좋아할 리 없었던 것이다. 실제

---

11 탑동연첩(塔洞宴帖)은 1803년에 관원들이 탑동에서 가진 모임을 기념하여 그린 그림이다. 탑골은 탑동으로도 불렸다.
12 탑원도소회지도(塔園屠蘇會之圖)는 조선의 궁중화원 안중식이 오세창 집에서 열렸던 도소회를 기념하여 그린 그림이다. 오세창의 집은 원각사탑과 가까워 탑원으로 불렸다.
참고. 손태호, 2020.01.14., 「22. 안중식 '탑원도소회지도(塔園屠蘇會之圖)'」, 『법보신문』.

로 백탑파 사람들은 송나라나 명나라를 벗어나야 하고 풍수에 얽매이면 안 된다고 토론했다. 즉 정조를 정면으로 치받은 것이다.

그러나 그들은 조선의 주류가 되지 못했다. 아니, 성리학에 찌들기 싫어 그들 스스로가 선비가 된 것이다. 그들의 이런 사상은 정조나 순조 대에 짓밟혔지만 그 흐름은 이어지고 있었다. 정조를 비롯한 정약용 등등이 추구하는 정부의 정책은 대부분 실패로 끝난 반면, 박지원이 말하는 상업주의가 점점 성장하고 백성들은 천주교를 비롯한 서양의 사조들에 눈을 떴다. 만백성들의 생각이 점점 열리고 있을 때 나라의 주류들은 전 조선시대를 들어 가장 완고한 성리학의 틀 속에서 팔짱을 끼고 있었던 것이다.

5. 선교사들의 등장 – 종로에 천주님과 십자가가 등장하였다

흥선군은 아들을 갖지 못하고 죽은 철종의 후임으로 그의 둘째아들을 올려 고종으로 만들었다. 철종의 뒤를 물색하던 안동김씨들은 아마도 흥선대원군의 지략에 철퇴를 맞은 느낌이었을 것이다. 그들은 안동김씨의 세도정치를 끝내야만 했고, 흥선대원군이 이끄는 정치에 따라가야만 했다. 임금 수업을 받지 못했던 고종을 대신하여 흥선대원군이 대리청정을 하였고, 이 대리청정은 10년 동안 지속된다. 당시 흥선대원군 집은 바로 탑골공원의 북쪽에 있었는데 거리로 볼 때 불과 몇 백 미터밖에 되지 않았던 운현궁이었다.

이곳은 궁궐과 연결되어 있었으며 흥선대원군은 이 집에서 10여 년 정치하며 세도정치의 폐단을 제거하고 경복궁을 다시 짓는 등 대폭적으로 개혁을 시행하였다. 이러한 활동들은 그 집에 몇 년 동안 식객으로 있던 전봉준에게 그들의 활동은 많은 영향을 주었을 것이다.

서울 운현궁 전경 (출처: 위키백과)

　대리청정이 끝난 후 고종은 조일·조미조약과 조불조약을 맺는데, 이 조약에서 프랑스의 요구로 가톨릭을 자유롭게 전파하게 되자 개신교도 자유롭게 포교할 수 있게 되었다. 이런 분위기가 형성되었을 무렵, 갑신정변 며칠 전에 조선에 들어온 알렌이 임금의 처가 쪽 관리 민영익을 치료해주면서 모든 신뢰를 얻었고, 그 결과 더 많은 개신교선교사들이 들어오게 되었다. 이때 들어온 1세대 선교사들이 아펜젤러, 언더우드, 스크랜튼, 헐버트 등등이다.

전봉준모습 (출처: 한민족문화대백과사전)

아펜젤러(배재학당 설립자) (출처: 광림교회 홈페이지)

이들은 선교했을 뿐만 아니라 조선의 젊은이들을 교육하면서 조선인들 스스로 생존해야 한다는 민족주의를 강조하기도 하였다. 이런 기독교 선교사들의 포교는 많은 사람들에게 영향을 주었는데 이상재, 주시경, 윤치호, 서재필, 이승만 등등이 여기에 포함된다. 훗날 이들은 조선최초의 국민의회형태인 만민공동회의의 주축이 된다.

6. 고종을 위한 서양식 건축- 조선에 서양식 공원이 만들어지다

탑골공원은 영국인 존 맥리비 브라운(John Mcleavy Brown)이라는 사람이 고종에게 건의하여 조성되었다. 브라운은 1893년에 조선에 들어와 재정부분의 고문을 하면서 고종과 자주 만났는데, '사람들이 많이 모이지만 변변한 시설이 없는 원각사에 편의시설을 만들어서 백성들이 모이는 장소로 만들자'라고 건의하고 설득하였다. 고종의 허가에 따라 1897년, 원각사지는 서양식 공원으로 바뀌었고 이름도 '탑(塔)'이라는 의미에서 시작하여 '탑동공원' 혹은 '파고다공원'이 되었

탑골공원 정문(1910년대) (출처: 서울특별시, 2017.02.09., 서울시보 3394호)
탑골공원 정문은 위 설계도처럼 늘 굳게 닫혀 있었다.

다. 공식적으로 '공원(公園)'이라는 이름이 붙은 것은 처음이었기 때문에 한국의 도시역사나 공원역사에서 큰 의미를 갖는다.[13] 대한제국의 공원으로 새로 태어난 탑골공원은 당시 서울 사람들에게 다시 명소로 떠올랐다. 그런데 욕심이 가득했던 대한제국의 황제들은 일반 백성들에게 문을 열어주지 않았다. 공원이 생기기 전까지 많은 사람들이 드나든 자리인데 공사를 잘해놓고 백성들의 자유로운 출입을 막은 것이다.

7. 3·1항쟁 선언 - 모든 백성이 국민이 되는 공화정을 선포하다

1910년 경술국치를 당한 대한제국은 비록 나라는 일본의 통치를 받았지만 국민들의 정신은 일본의 지배를 받지 않았다. 이러한 국민들의 정신이 1919년 3·1항쟁의 원동력이 되었다. 당시 3·1항쟁은 천도교, 기독교, 불교 등 종교인들이 중심이 되어 일어났는데, 탑골공원 옆에 있는 승동교회에서 항쟁을 준비하던 젊은이들이 대표로 독

---

13 인천의 만국공원(萬國公園, 현 자유공원)이 한국 최초의 공원으로 알려져 있다. 그러나 이 공원은 인천이 개항된 1883년 이후, 개항장에 거주하는 외국인들에 의해 지어진 것이고, 공원 조성과 관련된 기록이 남아 있지 않아서 정확한 시기를 알 수 없다. 1889년쯤으로 추정할 뿐이다.

1912년에 새로 지어진 승동교회 건물 (출처: 승동교회 갤러리)

립선언서를 읽으며 3·1항쟁의 횃불을 올렸다.

항쟁은 매우 오랜 시간 이어졌다. 비록 목적은 이루지 못하였지만 '몸은 일본의 통치를 받지만 정신만은 지배받지 않는다'라는 조선 사람들의 뜻을 분명하게 밝혔다. 또 그 정신을 대한제국의 후예들에게 굳게 심어 주었다. 그 결과, 이국땅 중국 상해에 '모든 차별이 없는 대의민주주의 국가를 세우겠다'라는 의지를 표명하는 대한민국임시정부가 수립되었다. 이러한 정신들은 많은 굴곡을 겪으면서도 1945년 해방과 1948년 자유민주주의 환국정부를 세우는 데 밑바탕이 되었다.[14]

그 후 1920년, 탑골공원은 일반 국민들에게 개방되어 서울의 놀이터 중 하나가 되었다. 1909년에 처음으로 일반사람들을 위해 문을 열었던 창경원과 어우러지는 명소이자 진정한 의미의 공원이 된 것이다. 이렇게 바뀐 탑골공원은 1945년 이후에도 많은 사람들이 찾는 놀이공원 혹은 학생들의 소풍 장소가 되었다.

---

14   3·1항쟁은 세계 만민들에게 알려져 많은 사람들에게 영향을 주었는데 대표적인 사건이 중국의 5.4운동이었다. 그러나 5·4운동은 말 그대로 운동으로 끝났고 그 뒤로 이어지지 않았다.

서울대학교 사범대학 부설초등학교의 정문 (2017)
(출처: 서울특별시, 2017.02.09., 서울시보 3394호)

8. 한국사 세우기– 한국사를 바로 세우는 상징이 되다–

탑골공원의 모습은 1960년대에 시작된 '한국사 바로 세우기' 정책 추진 과정에서 한 번 크게 변한다. 외세의 침략에 맞서 싸운 국민들의 항쟁 정신을 기리기 위해 탑골공원이 '3·1 항쟁공원'으로 새롭게 변화한 것이다. 이때 공원의 모습이 많이 바뀌었는데 대표적인 예가 공원의 정문이다. 공원의 정문은 1910~1913년에 설치되었던 것으로 추정되는데[15] 1960년대에 공원을 정비할 때 정문의 기둥 4기를 서울대학교 법대 정문으로 이전하였고 지금은 서울 종로구 연건동의 서울대학교 사범대학 부설초등학교의 정문 기둥으로 사용되고 있다.

---

15   김해경 외 2인, 2013, 「설계도서를 중심으로 본 1910년대 탑골공원의 성립과정」, 『한국전통조경학회지』 31-2.

3
맺음말

　새로운 역사를 선포하는 것은 매우 어렵다. 그렇기 때문에 예나 지금이나 국가적인 의미가 부여되는 건축물을 짓는 일은 생각을 하고 또 하는 것이다. 그리고 한 번 지어지면 그것을 계속 활용하게 된다. 각 시대마다 의미가 달라지기도 하지만, 정신적인 의미가 담겨져 있는 것은 더더욱 중요시하고 그 뜻을 되새긴다. 대표적인 사례로 이스라엘과 아랍권이 싸우는 가장 큰 이유가 바로 그들의 시원인 성전 때문이다.

　필자는 탑골공원성역화 사업에 참여하면서 이런저런 의미를 생각해봤다. 왜 하필 저 자리에 공원이 생겼을까? 대한제국의 붕괴과정에서 마지막 황제들이 거처하던 덕수궁 근처에 공원을 만들 수도 있었는데, 아니 그 지역이 훨씬 더 좋았는데도 불구하고 왜 하필 탑골이었을까 하는 생각을 했다. 그리고 그 공원에서는 무슨 일이 있을까 하는 생각도 같이 해 봤다.

　의문에 대한 답은 탑골공원을 여러 방면으로 연구하는 과정에서 알게 되었다. 공원의 자리는 고려시대 남경을 세우면서 잡은 것이었고, 조선시대에 이르러 창덕궁을 세우면서 동서남북의 기준점을 세운 것이다. 그리고 그곳에 사람들이 많이 모일 수 있도록 절을 세웠으니 아무리 불교를 짓누르는 나라라고는 하지만 그 씨를 말릴 수는 없었을 것인즉, 결국 한성의 많은 백성들이 이곳에 모이게 되었을 것이다. 왕은 그 자리에 모인 백성들로부터 그들의 마음을 읽고, 왕의 마음을 전했던 것으로 보였다. 그래서 이곳에 모인 사람들에게 한글로 된 많은 자료들을 보여줬고, 백성들은 한글을 알게 되었던 것이다. 그러나 명나라에 물질적 사대를 하던 조선이 정신적 사대주의로 들어서며, 이 자리는 달랑 탑 한 기 남고 모두 헐리는 등의 우여곡절을 겪게 된다. 그러나 조선의 몇 선비들은 다시 이곳에 모여 당시 절대 지존이었던 주자를 존경한다 하지 않고, 최치원을 존경한다는 말을 서슴지 않고 하였다. 탑골공원이 폐허가 되어 탑 하나만 남았지만 옛 영화를 간직했던 것처럼 백탑파는 이미 교조적인 성리학의 사회에서 그래도 나는 조선 사람임을 외쳤던 것이다. 이런 흐름은 개화기로 이어지면서 외세침략에 맞서는 국민의 토론마당으로 변하였고, 항쟁의 본터가 되었다.

필자에게 가장 크게 와 닿은 것은 1960년대부터 시작된 우리 역사세우기를 하는 과정에서 대한민국 사람들이 가장 많이 다니는 이곳에 외세의 흔적을 지우고 삼일문을 세워 우리의 얼을 알리고, 잇고자 하였다는 점이다. 그런 목적으로 세워진 삼일문 안에서 오늘날 험한 모습들이 펼쳐지는 모습을 보면서 안타까운 생각이 많이 든다. 이를 어떻게 할 것인가.

* 목차나 주석 등등의 통일이 이루어지지 않은 것은 저자들의 의견이기 때문에 통일하지 않았음을 밝혀둔다.